第一章　绪　论

本章学习目标

- 理解健康、心理健康、心理健康教育的含义
- 理解学前儿童健康、学前儿童心理健康、学前儿童心理健康教育的含义
- 了解精神分析理论、行为主义理论、人本主义理论、认知心理学理论等心理学流派的主要观点
- 了解精神分析理论、行为主义理论、人本主义理论、认知心理学理论等心理学流派的治疗方法

教师专业标准及教师职业资格能力考试要求

- 理解幼儿教育作为人生发展的奠基教育的重要性及特点，能够以正确的教育价值观分析和评判教育现象
- 关爱幼儿，重视幼儿身心健康，将保护幼儿生命安全放在首位
- 了解儿童发展理论主要流派的基本观点及代表人物，并能运用有关知识分析、论述儿童发展的实际问题

引导案例

2004年，上海《大众医学》杂志组织百余名专家，由他们根据自己的临床研究和发现，从34种学前儿童（3~6岁）常见的问题行为中，评出了影响中国学前儿童身心健康发育最常见的十大问题行为：（1）注意力差，容易分心，难以完成任务，在幼儿园坐不住，来回走动；（2）偏食、挑食，吃饭慢，不肯吃硬的食物；（3）明显多动；（4）过分依恋，缠人；（5）不适当的吸吮行为（吸吮拇指、毛巾等物品）；（6）孤僻，难与同伴交往；（7）过分好强，处处争第一，受不了一点挫折和批评；（8）每天痴迷于电视、游戏机达数小时；（9）违拗性严重（不听指令，与家长或老师对着干）；（10）睡眠问题（难入睡、夜啼、夜惊、梦游等）。

研究发现，这些儿童的心理问题与不良行为主要是不当的环境影响与教育造成的。遵循心理学原理，适时地开展学前儿童心理健康教育意义重大。本章将阐述学前儿童心理健康教育的内涵，介绍学前儿童心理健康教育的理论基础。

第一节 学前儿童心理健康教育概述

学前儿童个体生长发育快，发展变化迅速，虽然还没有系统地学习知识和接触社会，但身心健康已成为其发展的一项重要任务。

心理学中所涉及的“儿童”，其年龄跨度为出生至 18 岁。对“学前儿童”的界定，从狭义来讲，是指 3~6 岁在幼儿园学习和生活的儿童；从广义来讲，是指 0~6 岁的儿童，包括婴幼儿期（0~3 岁）和幼儿期（3~6 岁）的儿童。本书的研究对象为广义的学前儿童，略侧重于幼儿期的儿童。

一、学前儿童健康

（一）健康的含义

17 世纪英国伟大的哲学家和启蒙思想家约翰·洛克认为：人生幸福有一个简短而充分的描述：健全的心智寓于健全的身体。凡身体和心智都健全的人就不必再有什么别的奢求；身体和心智如果有一方面不健全，那么即使得到了种种别的东西也是枉然。

1947 年，世界卫生组织的宪章中开宗明义地指出：**健康不仅仅是没有疾病和没有衰弱的表现，而且是生理上、心理上和社会适应方面一种完好的状态。**世界卫生组织提出的衡量健康的十条标准如下：

（1）有充沛的精力，能从容不迫地担负日常生活和繁重的工作，而且不感到紧张、疲劳。

（2）处世乐观，态度积极，乐于承担责任。

（3）善于休息，睡眠好。

（4）应变能力强，能适应外界环境的各种变化。

（5）能够抵抗一般性感冒和传染病。

（6）体重适当，身体匀称，站立时头、肩、臂位置协调。

（7）眼睛明亮，反应敏捷，无眼疾。

（8）牙齿清洁，无龋齿，不疼痛，牙龈颜色正常，无出血现象。

（9）头发有光泽，无头屑。

（10）肌肉丰满，皮肤有弹性。

20 世纪 90 年代，世界卫生组织为健康注入了新的内涵，将“道德的健全”纳入其中。

林崇德等（2003）主编的《心理学大辞典》将健康的状态概括为以下三方面的标准：

（1）生理标准。身体强壮，各系统功能良好且相互协调，目前的检查手段不能发现病理改变。

（2）心理标准。心理功能正常、协调一致，主观感觉良好，精力充沛，情绪稳定，应付环境自如，有积极的人生观。

（3）社会标准。行为符合社会规范，有良好的人际关系，家庭功能和职业功能良好，能享受生活和工作的乐趣。

（二）学前儿童健康的含义

我国儿童教育家、儿童心理学家陈鹤琴先生明确提出“幼稚园第一要注意的是儿童的健康”，他对儿童身体发育、儿童心理发展都作了极为宝贵的个案研究。

2001 年 7 月教育部颁发的《幼儿园教育指导纲要（试行）》明确规定：幼儿园必须把保护幼儿的生命和促进幼儿的健康放在工作的首位。树立正确的健康观念，在重视幼儿身体健康的同时，要高度重视幼儿的心理健康。

2012 年 10 月教育部颁发的《3~6 岁儿童学习与发展指南》第一部分“健康”中指出：健康是指人在身体、心理和社会适应方面的良好状态。幼儿阶段是儿童身体发育和机能发展极为迅速的时期，也是形成安全感和乐观态度的重要阶段。**发育良好的身体、愉快的情绪、强健的体质、协调的动作、良好的生活习惯和基本生活能力是幼儿身心健康的重要标志，也是其他领域学习与发展的基础。**

二、学前儿童心理健康

（一）心理健康的含义

世界卫生组织认为：**心理健康是一种良好的、持续的心理状态与过程，表现为个人具有生命的活力，积极的内心体验，良好的社会适应，能够有效地发挥个人的身心潜力以及作为社会一员的积极的社会功能。**

心理健康的标准总体可归纳为以下六条：

（1）对现实的有效知觉。

（2）自知、自尊与自我接纳。

（3）自我调控能力。

（4）与人建立亲密关系的能力。

（5）人格结构的稳定与协调。

（6）生活热情与工作高效率。

对心理健康标准的理解，主要应该考虑以下几点：首先，判断一个人的心理健康状态时，应兼顾个体内部协调与对外良好适应两个方面。其次，心理健康的概念具有相对性，即心理健康有高低层次之分。低层次的心理健康主要是指没有心理疾病，而高层次（积极）的心理健康不仅指没有心理疾病，而且能充分发挥个人潜能，发展建设性人际关系，从事具有社会价值的活动，追求高层次需要的满足，追求生活的意义。再次，心理健康既是一种状态，也是一种过程。心理健康不是无失败、无冲突、无痛苦，而是能在这些情况下作有效的自我调整，且能保持良好的工作效率。最后，心理健康与否，在一定程度上可以说是一个社会评价问题。不同的社会，由于其主流文化、价值观念、社会规范不同，对于同一行为正常与否往往会作出不同的判断。

（二）学前儿童心理健康的含义

学前儿童的心理健康是指心理发展达到相应年龄组儿童的正常水平。我国的儿科医学专家、儿童心理和教育专家主要从动作、认知、情绪、意志、行为及人际关系等方面衡量学前儿童的心理健康。学前儿童心理健康的标志有以下几点。

1. 动作发展正常

动作发展与脑的形态及功能的发育密切相关，学前儿童躯体大动作和手指精细动作的发展水平处于正常范围是心理健康的基本条件。

2. 认知发展正常

一定的认知能力是学前儿童生活与学习的重要条件。虽然学前儿童的认知发展存在着个体差异，但若某个儿童的认知水平明显低于同年龄儿童，且不在正常范围内，那么该儿童的认知能力是低下的，心理也是不健康的。学前期是儿童认知发展极为迅速的时期，应避免因各种原因造成的脑损伤或不适宜的环境刺激，防止学前儿童产生不健康的心理。

3. 情绪积极向上

积极的情绪状态反映了中枢神经系统功能的协调性，亦表明个体的身心处于良好的平衡状态。学前儿童的情绪具有很大的冲动性和易变性，但随着年龄的增长，儿童对情绪的自我调节能力有所增强，稳定性逐渐提高，并开始学习合理地发泄消极的情绪。如果某个学前儿童经常处于消极的情绪状态，如整天闷闷不乐或暴跳如雷，那么该学前儿童的心理是不健康的。

4. 人际关系融洽

学前儿童之间的交往是维持心理健康的重要条件，也是获得心理健康的必要途径。心理不健康的学前儿童，其人际关系往往是失调的，或自己远离同伴，或成为群体中的不受欢迎者。心理健康的学前儿童乐于与人交往，能与同伴合作，游戏中能够谦让。

5. 性格特征良好

性格是个性中最核心、最本质的表现，它反映在对客观现实的稳定态度和习惯化的行为方式中。心理健康的学前儿童一般具有热情、勇敢、自信、主动、合作等性格特征，而心理不健康的学前儿童常常具有冷漠、胆怯、自卑、被动、孤僻等性格特征。

6. 没有严重的心理卫生问题

学前儿童不健康的心理往往以各种行为方式表现出来，如吮吸手指、遗尿、口吃、多动等。心理健康的学前儿童应没有严重的或复杂的心理卫生问题。

三、学前儿童心理健康教育

（一）心理健康教育的含义

心理健康教育是围绕心理健康开展的教育活动。《心理学大辞典》指出，心理健康教育的主要内容是：普及心理健康基本知识，树立心理健康意识，了解简单的心理调节方法，认识心理异常现象，初步掌握心理保健常识。

关于心理健康教育，可以从广义和狭义两个角度来看。**广义的心理健康教育，是指一切有助于学生心理素质的培养和人格健全的教育活动，包括学校、家庭、社会的有关教育、学科渗透和社会影响等；狭义的心理健康教育，是指在学校范围内的、以心理素质培养和健全人格为目的的专门教育。**我们这里所说的心理健康教育，主要是指后者。

为了更好地理解心理健康教育的含义，可将心理健康教育与指导、咨询、治疗等几种助人活动加以比较，见图 1—1。

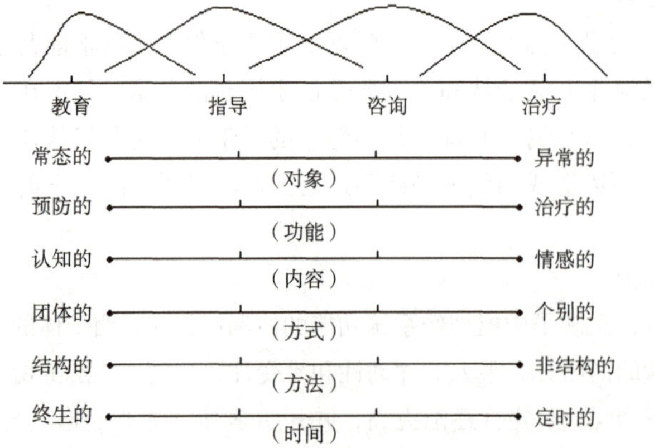

图 1—1　几种不同助人活动的关系比较

资料来源：傅宏主编：《学前儿童心理健康》，南京，南京师范大学出版社，2002。

由图 1—1 可知，心理健康教育从服务对象上看，通常针对正常学生；从功能上讲，重在发展和预防；从内容上看，给认知活动以足够的重视；在活动方式上，多采用团体活动方式进行；在方法上，有更多的结构化的、预先设定的成分；在时间上，是终生的。事实上，心理健康教育与指导、咨询、治疗存在着部分重叠与交叉。就服务范围而言，心理健康教育最广。

（二）学前儿童心理健康教育的含义

学前儿童处在人生发展迅速的重要阶段，学前儿童心理健康教育是学前儿童素质教育的重要组成部分。**学前儿童心理健康教育是指学前儿童教师或其他教育工作者运用心理学等专业知识和技能，为学前儿童提供有针对性的帮助，使其形成健康的心理，表现出良好的社会适应行为，从而促进学前儿童健康发展，为其终身幸福奠定良好的基础。**

学前儿童心理健康教育具有预防和矫治两层含义：一是面向全体学前儿童，开展预防性和发展性的心理健康教育，维护和促进学前儿童的心理健康；二是面向少数有心理问题的学前儿童，开展一定的补救性或矫治性心理咨询和辅导。两者比较，预防比矫治更有积极意义。

需要指出的是，儿童年龄越小，发展的差异性越大，因而在本书中，我们将学前儿童心理健康教育分为 0~3 岁婴幼儿心理健康教育指导和 3~6 岁幼儿心理健康教育指导两部分分别加以陈述。

第二节 学前儿童心理健康教育的理论基础

在学习本节内容之前，我们先来看下面这个小故事。

心理咨询师大战饿狗

阳春三月，春花烂漫，众心理医生结伴出游，正于桃花林中流连忘返，忽见前方黄沙漫漫，原来是一群饿狗飞奔而来。若是寻常人等，估计早已闻风丧胆，然而这不是一群普通人，只见厌恶疗法治疗师首先发话："给我拿根大点的电棒来！谁咬人就电谁，让它在咬人的时候感觉很难受，这样它就会放弃咬人的恶习了。"众狗愕然，止步。

精神分析学派的催眠治疗师接着说："你们很紧张吧，不要紧张。现在跟我念：'汪——汪——汪——'，很好……注意你们嘴部放松的感觉，'汪——放松——'。"众狗昏然欲睡。

系统脱敏治疗师有条不紊地说："看来你们都已经学会放松技巧，现在你们想一下，这里有十个人，你们先把人从最愿意咬到最不愿意咬依次排列出来……"众狗望天苦思。

精神分析师开始解释狗的咬人行为："其实，你们并不想咬人，只是因为你们的口欲期没有发展好，造成了口欲期的固着，只是想发泄俄狄浦斯期的攻击冲动，所以才用咬人来释放你们的焦虑，造成你们阉割焦虑的不是我们，是你们的狗爸爸妈妈没有抚养好你们，现在你们对我们出现了负性移情，你们的防御机制是转移、投射、否认……总之，你们童年有创伤。"众狗潸然泪下。

求助者中心治疗师见此情景，不由眼圈一红，说："别哭了，我能感觉到此时此刻的悲伤、难过，我也有你们这样的感受，实际上，人性和狗性是相通的。你们不要这样迷茫地看着我，我不想告诉你们怎样做，我相信，人有选择自己行动的自由。啊，错了，是狗。狗也有让自己人格——狗格——走向健康的能力。相信我，没错的。"众狗号啕大哭。

合理情绪治疗师待众狗情绪稍稳定之后，接着说："狗朋友们，你们之所以咬人，并不是因为喜欢咬人，而是由于你们的不合理信念，认为人和狗是天敌，这是一种绝对化的错误观念，其实世事无绝对，人和狗也是可以做朋友的……"众狗陷入沉默。

上面故事中几位治疗师的一番话语在调侃中较准确地阐释了行为主义心理学、认知心理学、精神分析和人本主义心理学有关心理治疗的核心思想，这些主要心理学流派的观点对学前儿童心理健康教育的实施有着至关重要的影响。本节主要介绍这四大心理学流派的主要观点。

一、精神分析理论

精神分析理论由奥地利精神病医生弗洛伊德于 1896 年创立。弗洛伊德为古典精神分析学派的代表人物，美国著名精神病医师埃里克森为新精神分析学派的代表人物，下面主要介绍弗洛伊德的精神分析理论、埃里克森的心理社会性理论以及精神分析治疗法。

（一）弗洛伊德的精神分析理论

1. 人格结构

弗洛伊德将人格结构分为本我、自我和超我三个部分。

本我是人格结构的基础，是人格中一个永存的成分，在人的一生中起着重要的作用。本我的活动，追求生物本能欲望的满足，遵循“快乐原则”，它要求毫无掩盖与毫无约束地寻找直接的肉体快感，如婴儿每感饥饿时则要求立即吃奶，而不考虑母亲有无困难。如果欲望的满足受阻或被迟误，就会出现烦恼和焦虑。本我为人格的活动提供能量，这种能量称为力比多，它源自人的生的本能。

自我是现实化了的本我，是个体出生之后，在现实环境中由本我分化发展而产生的。自我感知外界刺激，了解周围环境，储存从外界获得的经验，从而具备了应对现实的功能。弗洛伊德曾把自我和本我的关系比作骑马的人和他的马之间的关系。自我介乎本我与超我之间，按照“现实原则”活动，对本我的冲动和超我的管制具有缓冲和调节的作用。

超我是个体在现实生活中，接受社会文化道德规范的教养而逐渐形成的，是人格结构中居于管制地位的最高部分。超我有两个重要方面，一个是自我理想，另一个是良心。超我代表着人格结构的道德部分，其活动遵循“道德原则”。从个体发展来看，超我在较大程度上依赖于父母的影响。超我一旦形成，自我就要同时协调本我、超我和现实三方面的要求。为此，自我就成为本我与外界关系的调节者，也是本我与超我之间的调节者。即在考虑满足本我本能冲动和欲望的时候，不但要考虑外界环境是否允许，还要考虑超我是否认可。

弗洛伊德还将人格结构分为两个意识层面，即潜意识（无意识）层面和意识层面。居上层者为意识层面，其中包括自我与超我；居下层者为潜意识层面，本我处于其中。弗洛伊德将人格结构中的意识部分比作冰山露在海面上的小小山尖，而潜意识则是海面下看不见的冰山的巨大部分。

2. 人格动力

根据弗洛伊德的人格结构理论，自我是调节者，通过自我调节，使人格各部分之间、人格与环境之间达到一种平衡，实现人格的整合和统一。一个人的行动实际上是这三个“我”互相作用的动力过程。由于本我、自我、超我三者的功能不同、目的不一，人格内部会产生一些矛盾冲突，形成一定的焦虑。为了减轻或消除人格内部的冲突，降低或避免焦虑，以维持人格的整合统一，自我发展了一些防御机制，主要包括：

（1）压抑：指个体将可能不被超我所容的欲念，从意识层面抑制到潜意识层面中，以避免冲突的发生。

（2）转移：指需求无法直接获得满足时，转移对象，以间接方式得到满足。

（3）升华：指将不为社会认可的欲念，改变为表现出符合社会标准的行为。歌德《少年维特之烦恼》写的就是恋爱不成的强烈痛苦之转化。

（4）退化作用：指个体将自己的行为改为以较幼稚的方式表现，借此暂时获得安全以消除焦虑的痛苦。

（5）投射作用：指将自己不为社会认可的欲念加诸别人，借此减少自己因该问题而产生的焦虑。“以己之心，度人之腹”即为一例。

（6）反向作用：指表现出与其内心隐藏的欲念相反的行为，借以减少因欲念存在而产生的焦虑。如刚刚步入青春期的对异性充满倾慕的少男少女有时却表现出相互间的敌意。

（7）合理化作用：指以较为合适的理由，代替个人心中的真实理由，借以缓解尴尬。“酸葡萄”和“甜柠檬”都是一种合理化的心理防御机制。

3. 人格发展

弗洛伊德理论的发展观点是动力观点的延伸，即对心理动力的动态描述。弗洛伊德认为，本我中的“无意识”冲动和性欲在个体发展的不同阶段，总要通过身体的不同部位或区域得到满足并获得快感。而在不同部位获得快感的过程，就构成了人格发展的不同阶段。由于弗洛伊德的人格发展理论总离不开性的观念，故他的人格发展阶段又被称为心理性欲阶段。见表 1—1。

表 1—1　　弗洛伊德的心理性欲阶段

心理性欲阶段	大致年龄	描述
口唇期	出生 ~1 岁	新产生的自我指引婴儿将吸吮行为转向乳房或奶瓶。如果口唇期需要没有得到适当的满足，个体就会发展出一些习惯，如在儿童期吮拇指、咬指甲、啃铅笔，在长大后饮食过度或吸烟等。
肛门期	1~3 岁	如厕训练成为父母与儿童之间的一个主要议题。如果父母坚持在儿童做好准备之前进行训练，或者对儿童要求过少的话，那么肛门期控制问题所带来的冲突就可能会使儿童变得极端秩序井然、清洁干净，或者肮脏不堪、无序混乱。
性器期	3~6 岁	本我的冲突转移到生殖器官，儿童在生殖器刺激中得到了快乐。弗洛伊德提出了男孩的恋母冲突和女孩的恋父冲突，儿童对异性父母感到了一种性的渴求。为了避免惩罚，他们放弃了这种欲望，取而代之的是接纳同性父母的特性和价值观。结果，超我就形成了。在此时建立的本我、自我和超我的关系决定了个体的基本人格。

续前表

心理性欲阶段	大致年龄	描述
潜伏期	6~11 岁	性本能逐渐减弱，超我进一步发展。儿童从家庭以外的成人和与之游戏的同性伙伴那里习得新的社会价值观。
生殖期	青少年期	青春期使生殖器阶段的性冲动再次出现。如果个体在前一些阶段的发展是成熟的，它将导致性成熟、结婚、生育和抚养儿女。

资料来源：[美]劳拉·E·贝克著，桑标等译：《婴儿、儿童和青少年》，上海，上海人民出版社，2008。

弗洛伊德认为，人一生的人格发展，以 6 岁之前的三个时期为基础。在这三个时期中，基本需求中性欲力的满足是以后发展顺利与否的关键。弗洛伊德十分重视早期经验和教育对于人格发展的影响。

（二）埃里克森的心理社会性理论

埃里克森认为人格发展要经历从出生到晚年的一系列阶段，而每个阶段都面临一些需要解决的心理社会问题。根据人一生中出现的心理社会问题，他把人格发展分为八个阶段。每个阶段是否能够顺利解决心理冲突，将决定每个阶段的发展结果是健康的还是适应不良的。表 1—2 所示为埃里克森的心理社会性阶段。

表 1—2　　埃里克森的心理社会性阶段

心理社会性阶段	发展时期	描述
基本的信任对不信任（口唇期）	出生 ~1 岁	在温暖、负责的照料中，婴儿对美好的世界产生了信任或信心。而当婴儿必须要等待很长时间才能得到舒适，或者他们受到苛刻的对待时，就会产生不信任感。
自主对羞耻和疑虑(肛门期)	1~3 岁	儿童希望可以运用新的心智和运动技能自主地进行选择和决定。当父母允许儿童合理、自由地选择，并且没有强迫或羞辱儿童时，自主感就养成了。
主动对内疚（性器期）	3~6 岁	通过假装游戏，儿童获得了成为理想中的人的体验。当父母支持儿童新出现的目的感时，主动（抱负心和责任感）就得到了发展。而危险的是，如果父母过多地要求儿童做出自我控制，那么就会使儿童过于抑制，这也意味着儿童会产生过多的内疚感。
勤奋对自卑（潜伏期）	6~11 岁	在学校里，儿童发展了工作能力以及与他人共事的技能。当儿童在家庭、学校或与同伴共处时的消极经历使他们产生无能感时，他们就会感到自卑。
同一性对同一性混乱（生殖期）	青少年期	青少年在尝试着回答这样的问题，即我是谁、我在社会上处于什么样的位置。个体自主选择的价值观和目标决定了其持久的同一性。青少年期消极的发展结果是对未来的成人角色感觉混乱。
亲密对孤独	始成年期	当同一性追求还在继续的时候，年轻人也在设法与他人建立亲密的联系。由于早期受挫，一些个体不能建立亲密关系并长期保持孤立。
繁殖对停滞	成年期	繁殖意味着通过抚养孩子、照顾他人或从事生产工作以供给后代。而在这些方面表现欠佳的人会感觉没意思，缺乏成就感。
自我整合对绝望	老年期	在最后这个阶段，个体对自己曾经是怎样的一个人进行反思。如果老人觉得自己活得有价值，就会进行自我整合。而与此相反，那些对过去的生活感觉不满意的老人会惧怕死亡。

资料来源：[美]劳拉·E·贝克著，桑标等译：《婴儿、儿童和青少年》，上海，上海人民出版社，2008。

在个体一生的发展过程中，埃里克森重视社会、教育在人格发展中的作用，就发展的每个阶段都提出了具体的任务，倡导形成积极的人格品质，避免形成消极的人格品质。

（三）精神分析治疗法

按照弗洛伊德的理论，一切心理异常或精神疾病主要有两大原因：一是由于人格结构中的本我、自我、超我彼此不和造成心理冲突长期不能纾解，压抑在潜意识中长期累积而形成；二是由于幼年时各个心理性欲阶段发展不顺利所形成的痛苦经历。精神分析治疗法的主要目的就是经由自由联想，将当事人压抑在内心深处的冲突和痛苦释放出来，通过心理分析等，使当事人彻底领悟自己以往行为之所以异样的原因。精神分析治疗法一般有以下五个步骤。

1. 自由联想

自由联想指分析者使当事人在毫无拘束的情境下，尽情说出心中所想到的一切，无论是痛苦的或是快乐的经验，无论是富于逻辑的或是荒诞不经的观念。当事人通常躺在躺椅上，分析者则坐在其后。分析者对当事人所说的一切暂时不予评价，悉心接纳，且边听边记。自由联想过程本身已具有治疗的作用，是精神分析治疗的第一步。

2. 梦的分析

在自由联想时，当事人可能会提到做梦的经历，这对于精神分析治疗而言是一项重要的资料。所谓梦的分析，就是分析者根据当事人在意识状态下“所说的梦”去解析他在潜意识状态下“所做的梦”。

3. 移情分析

在分析治疗过程中，当事人把分析者视为以往生活中的一个重要人物（如父母等），当事人将对待该人物的情感转移到分析者身上。移情作用是当事人一种潜意识的表达，分析者为代替者而已。借此，分析者可以了解当事人以往的人际关系和情感经历。移情分析之后，分析者即可帮助当事人从不真实的情感世界中解脱出来。

4. 抗拒分析

所谓抗拒，是指在自由联想过程中，当事人可能会有意或无意地回避一些话题，不肯听从分析者的指引全部陈述出来，致使分析治疗无法顺利进行。当事人的抗拒表现应成为分析者注意的焦点，其所回避的话题极有可能是当事人心理病因所在。化解当事人的心理抗拒，使他把心中任何隐秘都说出来的方法即为抗拒分析。抗拒分析可使当事人压抑着的矛盾与冲突得到尽情释放，从而纾解其紧张的情绪。

5. 阐释

分析者根据当事人在自由联想、梦的陈述、移情以及抗拒等环节中所获得的资料进行解析，使当事人正视他所回避的话题或了解深层意义，从而领悟到心理困扰的原因。

二、行为主义理论

1913 年，美国心理学家华生发表了《行为主义者心目中的心理学》一文，标志着行为主义的诞生。行为主义主张研究行为，否认意识；主张实验方法，反对内省，认为人的行为都是通过后天学习而获得的。以下主要介绍经典条件作用理论、操作条件作用理论和模仿学习理论，并简要介绍一下行为治疗法。

（一）经典条件作用理论

俄国生理学家巴甫洛夫最先发现了动物的条件反射现象。他在实验室研究狗的消化过程时，无意中发现单以铃声刺激狗，不会引起狗的唾液分泌。但若在给食物前呈现铃声，使铃声与食物多次结合以后，狗只要听到铃声就会分泌唾液，此时的铃声已成为食物的“信号”，这种反射就是条件反射。条件反射就是指在无条件反射的基础上，通过中性刺激与无条件刺激的多次结合，使动物在条件刺激下产生与无条件刺激的相似反应，被称作经典条件作用。巴甫洛夫的这一发现在心理学史上具有十分重要的意义，并被后继者所发展。

华生的行为主义采纳了巴甫洛夫的经典条件作用理论，并将其扩大到用来解释人类与动物的一切行为。华生通过实验，使一个本来喜欢动物的 11 个月大的男孩对白鼠产生恐惧的反应。华生坚信，有什么刺激，必定会产生什么反应。锐意研究可以观察的行为，使他成了一个极端的环境决定论者。他最著名的、被引证得最多的一段话就表明了这一点。他说：“给我一打健康而又没有缺陷的婴儿，把他们放在我所设计的特殊环境里培养，我可以担保，能够把他们中间的任何一个人训练成我所选择的任何一类专家，如医生、律师、艺术家、商界首领，甚至是乞丐或窃贼，而无论他的才能、爱好、倾向、能力，或他祖先的职业和种族是什么。”

（二）操作条件作用理论

操作条件作用理论是由美国心理学家斯金纳提出的，而美国心理学家桑代克则开启了操作条件作用实验研究的先河。桑代克将饥饿的猫置于特别设计的迷箱中，箱外有食物，使猫可见可闻。因箱门关闭，猫需用前爪踏到开门机关，否则无法逃出箱外。猫初进箱时，其动作是紊乱的，在紊乱活动中偶然踏到开门机关，因而获得箱外食物。以后重复练习时，发现猫在箱中的紊乱动作随重复练习次数的增加而逐步减少，而踏到开门机关所需的时间逐步缩短，最后达到一进箱内就能学会“开门”外出取食。根据实验，桑代克认为，动物初次进入迷箱时，其活动不是根据对迷箱性质的理解，而是根据一般的冲动行事，随着错误反应的逐渐减少、正确反应的逐渐巩固，最终形成稳定的刺激—反应联结。

斯金纳是美国著名的行为主义心理学家，他认为，人和动物的行为有两类：应答性行为和操作性行为。应答性行为是由特定刺激所引起的，是不随意的反射性反应；而操作性行为则不与任何特定刺激相联系，是有机体自发作出的随意反应。在日常生活中，人的大部分行为都是操作性行为。经典条件作用论可以解释应答性行为的产生，而操作条件作用论可以解释操作性行为的产生。

20 世纪 30 年代以后，斯金纳改进了桑代克的实验设计，设计了著名的“斯金纳箱”作为研究动物操作行为的实验仪器。箱内有一杠杆，下面有一个食物盘，只要箱内的动物按压杠杆，就会有一粒食丸滚到食物盘内，动物即可得到食物。斯金纳将饥饿的白鼠关在箱内，白鼠在箱内乱跑，活动中偶然压到了杠杆，则一粒食丸滚到食物盘内，白鼠吃到了食丸。以后白鼠再次按压杠杆，又可得到食丸。由于食物奖励了白鼠按压杠杆的行为，白鼠后来按压杠杆的次数迅速上升。

根据此研究结果，斯金纳认为有机体作出的反应与其随后出现的刺激之间的关系对行为起着控制作用，能影响以后反应发生的概率。他把反应之后出现的、能增强反应概率的手段或措施称为强化。如果一个操作（自发反应）出现以后，有强化刺激尾随，则该操作出现的概率就增加；已经形成了的操作，如果出现后不再有强化刺激尾随，则该操作以后出现的概率就减少，甚至消失。

（三）模仿学习理论

模仿学习理论又称社会学习理论，主要是由美国心理学家班杜拉倡议的。班杜拉认为，在社会学习过程中，人不是消极地接受外在刺激，而是经过一系列的主动加工过程，对外在刺激进行选择、组织，并以此调节自己的行动。观察学习是社会学习的一种重要形式，它是通过观察他人所表现的行为及结果而发生的替代性学习。班杜拉对儿童做了大量的实验研究，其中一个经典的小实验是这样的：让三组儿童分别欣赏同一题材而具有不同结局的电影故事。每个故事的前半段，都是看到一个成人正在对一个充满空气的橡皮人拳打脚踢；而后半段则有三种结局分别由三组儿童观看：第一种是成人受到惩罚，第二种是成人受到奖励，第三种是没有结局。两段故事看过之后，三组儿童都被给予橡皮人玩具，任凭他们自由处理。结果发现，看过成人受惩罚的儿童，表现粗暴行为者最少；看过成人受奖励的儿童，表现粗暴行为者最多。实际上，三组儿童都学会了攻击行为，但由于不同的替代强化或替代惩罚，使他们在一定的情境中表现或不表现出与榜样相似的行为。班杜拉认为，观察学习中替代强化或替代惩罚是非常重要的。班都拉将社会模仿学习分为四个过程：（1）注意过程；（2）保持过程；（3）运动再现过程；（4）动机建立过程。我们所强调的“以身作则”“身教重于言教”“耳濡目染”等都是在肯定模仿学习的价值。

（四）行为治疗法

行为治疗法是建立在行为主义学习原理基础上的一种重要的心理治疗方法。它并非指单一的方法，而是多种方法的概称。行为治疗法包括系统脱敏法、厌恶疗法和代币制，具体介绍请见第六章。

三、人本主义理论

人本主义心理学由美国心理学家马斯洛与罗杰斯于20世纪50年代创立，是继精神分析和行为主义两大心理学派别之后的现代心理学的第三大势力。人本主义批评精神分析只研究精神病患者，不考查正常人心理；批评行为主义把人等同于动物，不理解人的内在本性。人本主义主张研究正常人异于动物的一些复杂经验，如动机、价值、生命意义等，认为人类本性是善的，而且人类本性中蕴藏着无限的潜力，主张心理学必须从人的本性出发研究人的心理。以下介绍两位代表人物的主要观点。

（一）马斯洛的人格理论

1. 需要层次

马斯洛的需要层次理论认为，人的各种需要之间有先后顺序和高低层次之分；每一层次的需要与满足，将决定个体人格发展的境界或程度。

马斯洛将人的需要分为两大类、五个层次，如同一座金字塔，由下而上依次是生理需要、安全需要、归属与爱的需要、尊重的需要、自我实现的需要。人在产生高一层次的需要之前，至少必须先部分满足低一层次的需要。第一类需要属于缺失需要，包含前四个层次的需要，可产生匮乏性动机，为人与动物所共有；一旦得到满足，紧张消除，兴奋降低。第二类需要属于生长需要，可产生成长性动机，为人类所特有，是一种超越了生存满足之后发自内心的渴求发展和实现自身潜能的需要。

2. 自我实现

马斯洛需要层次理论中最高层次需要中的“自我实现”是马斯洛人格理论的核心概念。所谓自我实现，是指个体身心各方面的潜能在成长过程中得到充分展现。马斯洛人格发展的理论，把自我实现视为人生追求的最高境界。马斯洛通过对伟大的政治家、科学家、艺术家，如富兰克林、爱因斯坦、贝多芬等著名人物的分析研究，归纳出自我实现者的人格特征，主要有以下几点：

（1）了解并认识现实，持有较为实际的人生观。

（2）悦纳自己、别人以及周围的世界。

（3）在情绪与思想表达上较为自然。

（4）有较广的视野，就事论事，较少考虑个人利害。

（5）能享受自己的私人生活。

（6）有独立自主的性格。

（7）对平凡事物不觉厌烦，对日常生活永感新鲜。

（8）在生命中曾有过引起心灵震动的高峰经验。

（9）爱人类并认同自己为全人类之一员。

（10）有至深的知交，有亲密的家人。

（11）具民主风范，尊重别人的意见。

（12）有伦理观念，能区别手段与目的，绝不为达到目的而不择手段。

（13）有哲学气质，有幽默感。

（二）罗杰斯的人格理论

1. 自我概念

在罗杰斯的人格理论中，有关自我的理论是核心，自我或自我概念是其核心概念。罗杰斯认为，每一个人都生活在一个以自我为中心而又时刻变化着的经验世界里。他把个人经验到的一切称为现象场，自我概念就是现象场中与个人自身有关的所有内容，包含“我是谁”“我能做什么”等，是个人对自己的知觉和认识，是在与环境和他人以及自己的相互作用中形成的，是现象场的产物。自我概念对于一个人的个性与行为具有重要意义。个人总是以自我概念评价每一个经验，努力维护自我与经验之间的和谐。在一个人的自我概念中，没有自我冲突的心理现象称为自我和谐；反之，则为自我不和谐。自我不和谐有两种情形：一种情形是理想自我与现实自我之间的不一致。理想自我是指个人希望自己成为什么样的人，现实自我是指个人认为自己是个什么样的人。另一种情形是在来自别人的有条件积极关注下所获得的评价性经验与自己获得的直接性经验之间的不一致。

2. 积极关注

罗杰斯认为，自我不是与生俱来的，自我的形成有赖于个体与环境的互动。在个体根据直接性经验和评价性经验形成自我概念时，有一种寻求“积极关注”即“好评”的强烈愿望，特别是家庭中的父母、幼儿园中的老师（“重要他人”）给予儿童的尊重、关心、认可等，这些“重要他人”的关心、赞赏也在不断提高儿童自我接受的程度。积极关注又分为两种：有条件的积极关注和无条件的积极关注。

（1）有条件的积极关注。儿童在寻求积极关注的过程中，总会尝试着做些事情，当儿童的行为符合父母或教师的标准或期望时，儿童则被给予积极关注，如赞赏、关爱等；相反，父母或教师就不给予积极关注，对儿童表现出批评、冷淡等。父母或教师所提供的此种关爱和支持不是无条件的，是有条件的积极关注，即只有当儿童做了父母或教师所期望的事情时才能得到关爱和支持。这种有条件的积极关注影响着儿童的自我概念，指导着儿童的行为，使儿童学会放弃自己的真实情感和愿望，回避自己的缺点和不足，压抑着儿童自我实现的潜力，使其自我认识扭曲，心理冲突难以完全避免，若心理防御失败，可能会产生心理适应障碍。

（2）无条件的积极关注。罗杰斯认为，每个人都应当被爱、被认为是有价值的。无论儿童做什么都应该获得全部的、真正的爱，是为无条件的积极关注。当然，罗杰斯也不认为对儿童的任何要求都给予满足，对儿童也应该有一定的标准和相应的训练。对成长中的个体，应尽量提供无条件的积极关注，使其在自然情境中形成自我和谐的自我概念，进而奠定自我实现的人格基础。

（三）人本治疗法

人本治疗法，又名当事人中心疗法，是以治疗的当事人为中心的一种治疗方法，将当事人视为求助者而非病患。当事人中心疗法是根据罗杰斯的自我理论发展而成的。按罗杰斯的观点，个人自我概念中的冲突与矛盾是导致心理失调的原因，该治疗法的目的是协助当事人由认识自我进而重建真实的自我概念，最终帮助当事人达到自我实现的理想人生境界。其实施步骤如下。

1. 营造理想的氛围

人本治疗法是一种以关系为导向的方法，首要之举是使当事人感到处在一种自然、和谐、自由的氛围中。这一氛围的形成有赖于当事人、治疗者以及两者之间的关系。当事人必须承认自己在自我概念与自我经验之间有矛盾之处，愿意表露自己的感受，主动希望求得帮助。罗杰斯曾指出，治疗的成功不是依赖于治疗者技巧的高低，而是依赖于治疗者是否具有某种态度。治疗者除应具有较强的专业素养外，还应以真诚、无条件积极关注和共情的态度对待当事人。唯有如此，良好的“心理咨询关系”方可建立。

2. 掌握真实的经验

在治疗者以良好的态度鼓励当事人对自己的情感体验作自由表述后，治疗者应继续鼓励当事人以他的真实自我为基础，以独立、开放的态度去重新体认以前的经验。

3. 找回失去的信心

在心理治疗之初，当事人在陈述问题之后总希望治疗者直接给出问题的答案。治疗者必须遵循“非指导”的原则，绝不可越俎代庖。只有当事人自行尝试解决问题、获得成功经验后，方能找回他失去的信心。

4. 走出自己的天地

鼓励当事人不再为取悦他人而听凭他人裁决，而应从亲身体验中形成自己的价值观。一个人能对事理做独立的价值判断是其人格独立的具体表现，唯有人格独立的人，才会有自己的生活天地。

5. 培养成长的能力

治疗者应使当事人明了，在不乏挫折的人生旅途中，除未雨绸缪或随机应变外，难有良方。人本治疗法借心理治疗的过程，协助当事人澄清自己的观念，修正前进的方向，从生活实践中不断培养自我成长的能力。

四、认知心理学理论

认知心理学是现代心理学的一个新方向。认知心理学出现在20世纪初，在50年代后得到迅速发展。早期的认知心理学以瑞士著名心理学家皮亚杰为代表，皮亚杰通过临床访谈，揭示了儿童思维发展的规律。随着信息论、控制论和系统论的诞生，认知心理学侧重于以信息加工的观点与术语来揭示人类的认知过程，也被称为信息加工心理学。1967年，美国心理学家奈塞尔出版了《认知心理学》一书，标志着现代认知心理学的诞生。

（一）皮亚杰的认知发展理论

1. 认知发展过程

“适应”是皮亚杰理论中的核心概念，正如身体结构适应环境一样，心理结构也在发展，以更好地适应外部环境。皮亚杰认为，个体的每一个心理反应，不管是指向外部的动作，还是内化了的思维动作，都是一种适应，人类发展的本质就是对环境的适应，这种适应是一个主动的过程，是一种动态的平衡过程。他认为，一切认识都离不开认知结构的同化和顺应作用。皮亚杰以同化和顺应这两个概念来解释主体认知结构与环境刺激之间的关系。同化就是主体把刺激整合于自己的认知结构之内；认知结构由于受到被同化刺激的影响而发生改变，就叫做顺应。同化与顺应之间的关系是一种对立统一的关系；同化与顺应之间的平衡过程，就是认识上的适应。

2. 认知发展阶段

皮亚杰认为，随着儿童大脑的发育和经验的增加，个体认知发展经历了四个主要的阶段，每个阶段都以不同质的思维方式为特色。见表 1—3。

表 1—3　皮亚杰的认知发展阶段

阶段	发展时期	描述
感知运动阶段	出生 ~2 岁	婴儿借助他们的眼睛、耳朵、手和嘴巴作用于世界,从而进行“思考”。结果，他们创造了解决感知动作问题的方法，如推一个操作杆以听音乐盒的声音、寻找隐藏的玩具、把物品放入或拿出容器等。
前运算阶段	2~7 岁	学前儿童以符号来表征他们先前感知运动时期的发现，语言和假装游戏自此发展。不过，此时他们的思维缺乏后两个阶段所具有的逻辑性。
具体运算阶段	7~11 岁	儿童的推理变得更有逻辑性。学龄儿童懂得了柠檬汽水或橡皮泥即使改变了形状，其数量仍保持不变。他们也能将物品组织为具有类和子类的等级。然而，他们的思维不具有抽象性，因而还未达到成人的智力水平。
形式运算阶段	11 岁以上	抽象化的能力使青少年能运用真实世界中不存在的物品，即运用符号来进行推理，比如学习高等数学就是如此。他们也会思考能够解答某一科学问题的所有可能的结果，而不仅仅是那个最明显的结果。

资料来源：[美]劳拉·E·贝克著，桑标等译：《婴儿、儿童和青少年》，上海，上海人民出版社，2008。

（二）认知治疗法

认知可以影响人的心理健康，古代史料中就有记载。《战国策》中有一篇《触龙说赵太后》，赵太后因赵国小王子将为秦国人质，情绪极度抑郁，后经触龙的解释说明，赵太后情绪转变，可以理解为触龙使用的是一种认知性的疏导疗法。

认知治疗法是以认知论为理论基础发展而成的心理治疗方法，是多种心理治疗方法的总称，以美国心理学家艾尔伯特·艾里斯的理性情绪疗法为代表。具体介绍请见第六章。

小资料

联合国《儿童权利公约》中所规定的儿童权利

权利种类	描　述
避免伤害的受保护权	受到免遭各种形式的虐待和忽视的保护 受到不参与武装冲突的保护
生存和发展权	所能获得的最高标准的健康 在生理、心理、精神、道德和社会发展各方面适宜的生活标准 一个充满融洽、理解和爱的家庭环境 旨在培养生理能力、智力、人格以及对其自身文化定位、家乡、其他文化和所在环境的尊重
参与社会和自主权	休息、休闲、与年龄相适宜的游戏以及娱乐活动；参与社会活动和艺术活动 寻找、接受和传递任何不违背他人权利、公共健康和道德的信息和观念的自由 对所有影响儿童的事务表达个人观点 保护隐私、家庭和通信免受干预 思想、良心、宗教的自由，遵从适当的养育要求和国家法律并且顺应儿童能力发展的需要

资料来源：[美] 劳拉 · E · 贝克著，吴颖等译：《儿童发展》，南京，江苏教育出版社，2002。

本章小结

作为本书的绪论部分，本章主要阐述了与学前儿童心理健康教育有关的一系列概念和学前儿童心理健康教育的理论基础。与学前儿童心理健康教育有关的概念主要有健康、心理健康、心理健康教育、学前儿童健康、学前儿童心理健康和学前儿童心理健康教育等；学前儿童心理健康教育的理论基础主要列举了精神分析理论、行为主义理论、人本主义理论和认知心理学理论的主要观点。

知识结构图

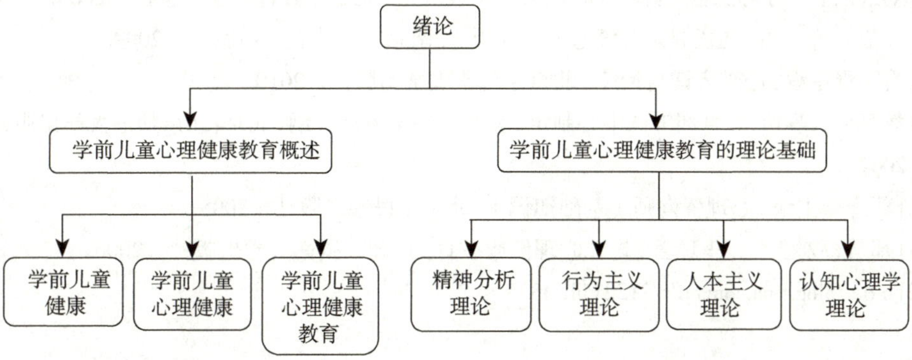

关键概念

健康	学前儿童健康
心理健康	学前儿童心理健康
心理健康教育	学前儿童心理健康教育
弗洛伊德的精神分析理论	埃里克森的心理社会性理论
经典条件作用理论	操作条件作用理论
模仿学习理论	马斯洛的人格理论
罗杰斯的人格理论	皮亚杰的认知发展理论

讨论及思考题

1. 什么是健康？
2. 简述心理健康的标准。
3. 谈谈你对学前儿童心理健康的看法及判断标准。
4. 书中所介绍的四种心理学流派的理论，你最认同哪一种？请说明理由。
5. 你现在正处于埃里克森心理社会性阶段的哪一阶段？你的发展任务是什么？将自我经验与发展任务比较，有无困扰？

参考文献

[1] [美] 劳拉 · E · 贝克著 . 婴儿、儿童和青少年 . 桑标等，译 . 上海：上海人民出版社，2008.
[2] 钱铭怡编著 . 心理咨询与心理治疗 . 北京：北京大学出版社，1994.
[3] 朱敬先著 . 健康心理学 . 北京：教育科学出版社，2002.
[4] 张春兴著 . 现代心理学 . 上海：上海人民出版社，1994.
[5] 傅宏主编 . 学前儿童心理健康 . 南京：南京师范大学出版社，2002.
[6] 刘云艳著 . 幼儿心理素质教育的理论与实践研究 . 北京：教育科学出版社，2009.
[7] 顾荣芳著 . 学前儿童健康教育论（第 3 版）. 南京：江苏教育出版社，2009.
[8] 雷秀雅主编 . 心理咨询与治疗 . 北京：清华大学出版社，2010.
[9] 教育部人事司，教育部考试中心制定 . 教育心理学考试大纲 . 北京：北京师范大学出版社，2002.
[10] 郭念锋主编 . 心理咨询师（基础知识）. 北京：民族出版社，2005.
[11] 郑雪，刘学兰，王玲著 . 幼儿心理健康教育 . 广州：暨南大学出版社，2006.
[12] http://blog.sina.com.cn/u/2122111343.

第二章　学前儿童心理发展与心理健康的影响因素

本章学习目标

- 了解学前儿童动作发展、语言发展、认知发展、情感发展、人际交往和人格发展的特点
- 掌握学前儿童心理健康的影响因素

教师专业标准及教师职业资格能力考试要求

- 理解婴幼儿发展的含义、过程及影响因素等
- 了解婴幼儿身心发展的年龄阶段特征、发展趋势，能运用相关知识分析教育的适宜性
- 掌握幼儿身体发育、动作发展的基本规律和特点，并能够在教育活动中应用
- 掌握幼儿认知发展的基本规律和特点，并能够在教育活动中应用
- 掌握幼儿情绪、情感发展的基本规律和特点，并能够在教育活动中应用
- 掌握幼儿个性、社会性发展的基本规律和特点，并能够在教育活动中应用

引导案例

著名的教育家蒙台梭利在她所著的《童年的秘密》一书中记载了她在一次旅行中的经历。一名1岁半的孩子哭闹不停，大家都在帮助母亲哄孩子，但是没有效果。蒙台梭利走过去，帮助母亲把放在手臂上的衣服穿好，孩子立即停止了哭闹。蒙台梭利根据自己多年对儿童的观察，了解到这个孩子正处于秩序敏感期，所以当物体没有放在它应该放的位置时，孩子就会感到不安。

在《童年的秘密》一书中，蒙台梭利详细而生动地描绘了儿童的生理和心理特征。她认为，儿童具有丰富的潜能，但儿童只有在一个与他的年龄相适应的环境中，他的心理才会自然地发展，并展现他内心的秘密。要施行科学、有效的学前儿童心理健康教育，必须了解学前儿童心理发展的特点及影响学前儿童心理健康的因素，本章将从这两方面进行阐述。

第一节　学前儿童心理发展特点

依据教育部印发的《3~6 岁儿童学习与发展指南》和《上海市 0~3 岁婴幼儿教养方案》等，对 0~6 岁学前儿童的心理发展特点从动作发展、语言发展、认知发展、情感发展、人际交往和人格发展六个方面给予说明。

一、学前儿童动作发展

（一）0~1 个月

（1）有很强的吮吸、拱头和握拳的本能反应。

（2）常常会很用力地踢脚和活动四肢。

（3）俯卧时尝试着要抬起头来。

（二）2~3 个月

（1）直立位头较稳，能较自如地转动。

（2）托起来坐时，头能和身体同时起来。

（3）俯卧时抬头 45°。

（4）头可随看到的物品或听到的声音转动，幅度逐渐增大。

（5）仰卧位能变为侧卧位。

（6）能将两手碰在一起。

（三）4~6 个月

（1）靠坐稳，独坐时身体稍前倾。

（2）双脚会有意识地蹬踢。

（3）俯卧抬头 90°，能抬胸，双臂支撑，学习翻身。

（4）扶腋下能站立，扶其站起时，能在短时间内自己支撑。

（5）双手能拿起面前玩具，能把玩具放入口中。
（6）能主动抓住玩具，开始将玩具从一只手换到另一只手，但仍显笨拙。
（7）喜欢把东西往嘴里塞。
（8）能自己双手扶奶瓶吮吸。
（9）会扯纸。

（四）7~9个月

（1）会趴着，手脚并用地爬。
（2）扶腋下能站立，站立时腰、髋、膝关节能伸直。
（3）能用拇指和食指捡起小物体。
（4）能拨弄桌上的小东西（如花生米、葡萄干等）。
（5）有意识地摇东西（如拨浪鼓、小铃等），会双手拿起两物对敲。
（6）会将物体从一只手换到另一只手。

（五）10~12个月

（1）会用四肢爬行，且腰部不贴地面。
（2）自己扶物能蹲下取物，不会复位。
（3）自己扶栏杆能站起来，自己会坐下。
（4）独自站稳，自己扶物可迈步。
（5）独走几步即扑向大人怀里。
（6）手指协调能力更好，如可以打开包糖的纸。
（7）能用手抓笔，点点涂涂。

（六）13~18个月

（1）走得稳，能停、能走，也能改变方向。
（2）自己能蹲，不扶物就能复位。
（3）开始跑，但不稳。
（4）能一手扶栏杆上几级楼梯。
（5）模仿成人的动作，如敲击、扫地。
（6）会用2~3块积木垒高，能抓住一支蜡笔用来涂画。
（7）能用双手端碗，试着自己用小勺进食。

（七）19~24个月

（1）连续跑3~4米，但不稳。
（2）双脚能同时跳起。
（3）开始做原地跳跃动作。
（4）一手扶栏杆自己上下楼梯。

（5）能踢大球。
（6）能蹲着玩。
（7）能双手举过头顶掷球。
（8）用鞋带串大珠子。
（9）会把 5~6 块积木垒高。
（10）自己上床（矮床）。
（11）会跨骑在四轮小车上。
（12）能自己用汤匙吃东西。
（13）能根据音乐的节奏做动作。

（八）25~30 个月

（1）能后退、侧走和奔跑。
（2）能轻松地立正蹲下，会迈过低矮的障碍物。
（3）能双脚交替上下楼梯。
（4）能从楼梯末级跳下。
（5）能单脚站立（2~5 秒）。
（6）能将球朝一定的方向滚。
（7）能将球用力往远处扔。
（8）会转动把手开门，旋开瓶盖取物。
（9）能用大号蜡笔涂涂画画，自己画垂直线、水平线。
（10）会骑三轮童车。
（11）在成人提醒下如厕，学着自己洗手、擦脸。
（12）学着一页一页翻书。
（13）学着自己穿鞋、解衣扣、拉拉链。

（九）31~36 个月

（1）能双脚交替灵活地走楼梯。
（2）能沿着直线双脚交替行走。
（3）能走一条短的平衡木，能跨过一定高度的障碍物。
（4）能跟随音乐、儿歌做模仿操，动作较协调。
（5）能单脚站立（5~10 秒）。
（6）能双脚离地连续跳跃 2~3 次。
（7）能举起手臂，将球朝一定目标投掷。
（8）用积木、大积塑拼搭或插成物体，并尝试命名。
（9）能模仿画圆、十字形。
（10）能正确使用汤匙。

（十）3~4 岁

（1）能沿地面直线或在较窄的低矮物体上走一段距离。
（2）能双脚交替灵活地上下楼梯。
（3）能身体平稳地或双脚连续向前跳。
（4）分散跑时能躲避他人的碰撞。
（5）能双手向上抛球。
（6）能双手抓杠悬空吊起 10 秒左右。
（7）能单手将沙包向前投掷 2 米左右。
（8）能单脚连续向前跳 2 米左右。
（9）能快跑 15 米左右。
（10）能行走 1 千米左右（途中可适当停歇）。
（11）能用笔涂涂画画。
（12）能熟练地用勺子吃饭，尝试用筷子。
（13）能用剪刀沿直线剪，边线基本吻合。
（14）在他人帮助下能穿脱衣服和鞋袜。

（十一）4~5 岁

（1）能在较窄的低矮物体上平稳地走一段距离。
（2）能以匍匐、膝盖悬空等多种方式钻爬。
（3）能助跑跨跳过一定距离，或助跑跨跳过一定高度的物体。
（4）能与他人玩追逐、躲闪跑的游戏，能连续自抛自接球。
（5）能双手抓杠悬空吊起 15 秒左右。
（6）能单手将沙包向前投掷 4 米左右。
（7）能单脚连续向前跳 5 米左右。
（8）能快跑 20 米左右。
（9）能连续行走 1.5 千米左右（途中可适当停歇）。
（10）能沿边线较直地画出简单图形，或能边线基本对齐地折纸。
（11）会用筷子吃饭。
（12）能沿轮廓线剪出由直线构成的简单图形，边线吻合。
（13）能自己穿脱衣服、鞋袜，扣纽扣。

（十二）5~6 岁

（1）能在斜坡、荡桥和有一定间隔的物体上较平稳地行走。
（2）能以手脚并用的方式爬攀登架 / 网等。
（3）能连续跳绳，能躲避他人滚过来的球或扔过来的沙包。
（4）能连续拍球。
（5）能双手抓杠悬空吊起 20 秒左右。

（6）能单手将沙包向前投掷 5 米左右。
（7）能单脚连续向前跳 8 米左右。
（8）能快跑 25 米左右。
（9）能连续行走 1.5 千米以上（途中可适当停歇）。
（10）能根据需要画出图形，线条基本平滑。
（11）能熟练使用筷子。
（12）能沿轮廓线剪出由曲线构成的简单图形，边线吻合且平滑。
（13）能使用简单的劳动工具或用具。
（14）会自己系鞋带。

二、学前儿童语言发展

（一）0~1 个月

（1）有不同的哭声。
（2）对说话声很敏感，尤其对高音敏感。

（二）2~3 个月

（1）开始将声音和形象联系起来，试图找出声音的来源。
（2）对成人逗引有反应，会发出“咕咕”声，而且会发 a 、o、e 音。
（3）常喜欢咬书或拉扯图书，有时会安静地看图书。

（三）4~6 个月

（1）咿呀作语，开始发辅音，如 d、n、m。
（2）叫他名字会转头看。
（3）看见熟人、玩具能发出愉悦的声音。
（4）开始注意看图书，常抓起书试着放进嘴里。

（四）7~9 个月

（1）能反复发出“Ma ~Ma”“Ba~Ba”等元音和辅音，但无所指。
（2）试着模仿声音，发音越来越像真正的语言。
（3）会试着翻书，喜欢以前听过的故事。

（五）10~12 个月

（1）能懂得一些词语的意义，如问：“灯在哪儿呢？”，会看灯。
（2）向其索要东西知道给。
（3）能按要求指向自己的耳朵、眼睛和鼻子。

（4）能说出常用词汇，如“爸爸”“妈妈”。

（5）出现难懂的话，自创一些词语来指称事物。

（6）用动作表示同意或不同意（点头、摇头）。

（六）13~18 个月

（1）喜欢重复别人说过的话。

（2）模仿常见动物的叫声。

（3）能用少量词汇表达一定的意思，如说“抱”表示要大人抱抱。

（4）开始用两三个字组成的动宾结构的句子表达意思，如“宝宝吃”“妈妈抱”“要去”等。

（5）用伴随表情和字词、动作进行交流。

（七）19~24 个月

（1）对声音的反应越来越强烈，喜欢听重复的声音，如一遍又一遍地听一首歌、读一本书等。

（2）能说几个字的简单句，如“囡囡要糖”等。

（3）在有提示的情况下，会说“请”和“谢谢”。

（4）能分辨一本书的封面及基本结构，开始辨认书中角色的名字，会主动看图讲简单的话。

（八）25~30 个月

（1）听完故事能说出讲的是什么人、什么事。

（2）会用几个形容词。

（3）会用“你”“我”“他”，会用连续词“和”“跟”，会使用副词“很”“最”。

（4）能说出常见物品的名称和用途，词汇量发展迅速，会使用七八个词组成的句子进行简单的叙述。

（5）会背诵简单的儿歌，且发音基本正确。

（九）31~36 个月

（1）认识并说出常见的物品、动物名称，词汇量较丰富。

（2）运用字词的能力迅速增加。

（3）能说出有几个词的复杂句子。

（4）开始运用“你们”“他们”“如果”“但是”等词。

（5）知道一些礼貌用语，如“谢谢”和“请”。

（6）喜欢自己看图画书。

（十）3~4 岁

（1）别人对自己说话时能注意听并做出回应。

（2）能听懂日常会话。

（3）愿意在熟悉的人面前说话，能大方地与人打招呼。

（4）基本会说本民族或本地区的语言。

（5）愿意表达自己的需要和想法，必要时能配以手势动作。

（6）能口齿清晰地说儿歌、童谣或复述简短的故事。

（7）与别人讲话时知道眼睛要看着对方。

（8）说话自然，声音大小合适。

（9）能在成人的提醒下使用恰当的礼貌用语。

（10）主动要求成人讲故事、读故事书。

（11）喜欢跟读韵律感强的儿歌、童谣。

（12）爱护图书，不乱撕、乱扔。

（13）能听懂短小的儿歌或故事。

（14）会看画面，能根据画面说出图中有什么、发生了什么事等。

（15）能理解图书上的文字是和画面对应的，是用来表达画面意义的。

（16）喜欢用涂涂画画表达一定的意思。

（十一）4~5岁

（1）在群体中能有意识地听与自己有关的信息。

（2）能结合情境感受到不同语气、语调所表达的不同意思。

（3）方言地区和少数民族幼儿能基本听懂普通话。

（4）愿意与他人交谈，喜欢谈论自己感兴趣的话题。

（5）会说本民族或本地区的语言，基本会说普通话。

（6）少数民族聚居地区幼儿会用普通话进行日常会话。

（7）能基本完整地讲述自己的所见所闻和经历的事情。

（8）讲述比较连贯。

（9）别人对自己讲话时能回应。

（10）能根据场合调节自己说话声音的大小。

（11）能主动使用礼貌用语，不说脏话、粗话。

（12）反复看自己喜欢的图书。

（13）喜欢把听过的故事或看过的图书讲给别人听。

（14）对生活中常见的标识、符号感兴趣，知道它们表示一定的意义。

（15）能大体讲出所听故事的主要内容。

（16）能根据连续画面提供的信息，大致说出故事的情节。

（17）能随着作品的展开产生喜悦、担忧等相应的情绪反应，体会作品所表达的情绪、情感。

（18）愿意用图画和符号表达自己的愿望和想法。

（19）在成人提醒下，写写画画时姿势正确。

（十二）5~6岁

（1）在集体中能注意听老师或其他人讲话。

（2）听不懂或有疑问时能主动提问。

（3）能结合情境理解一些表示因果、假设等相对复杂的句子。

（4）愿意与他人讨论问题，敢在众人面前说话。

（5）会说本民族或本地区的语言和普通话，发音准确、清晰。

（6）少数民族聚居地区幼儿基本会说普通话。

（7）能有序、连贯、清楚地讲述一件事情。

（8）讲述时能使用常见的形容词、同义词等，语言比较生动。

（9）别人讲话时能积极、主动地回应。

（10）能根据谈话对象和需要，调整说话的语气。

（11）懂得按次序轮流讲话，不随意打断别人。

（12）能依据所处情境使用恰当的语言，如在别人难过时会用恰当的语言表示安慰。

（13）专注地阅读图书。

（14）喜欢与他人一起谈论图书和故事的有关内容。

（15）对图书和生活情境中的文字符号感兴趣，知道文字表示一定的意义。

（16）能说出所阅读的幼儿文学作品的主要内容。

（17）能根据故事的部分情节或图书画面的线索猜想故事情节的发展，或续编、创编故事。

（18）对看过的图书、听过的故事能说出自己的看法。

（19）能初步感受文学语言的美。

（20）愿意用涂画和符号表现事物或故事。

（21）会正确书写自己的名字。

（22）写写画画时姿势正确。

三、学前儿童认知发展

（一）0~1个月

（1）无意识地对一两种味道有不同反应。

（2）眼睛能注释红球，但持续的时间很短。

（3）喜欢注视人脸。

（4）听力较灵敏。

（二）2~3个月

眼睛能注意并追随移动的较大的物体。

（三）4~6个月

（1）看见熟悉的人与陌生的人有不同的反应。

（2）会用目光找寻物品，如手中玩具掉了，会用目光找寻。

（四）7~9个月

（1）会用很长的时间来审视物体。

（2）注意观察大人的行为，喜欢模仿大人的动作。

（3）会寻找隐藏起来的东西，如拿掉玩具上的盖布。

（4）能分辨地点。

（5）尝试做出一系列有计划的行为以完成一件事，如从椅子上起来，爬向玩具，挑出彩球。

（五）10~12个月

（1）会用手指向自己感兴趣的东西。

（2）对发出声响的玩具感兴趣。

（3）喜欢凝视图画。

（4）故意把东西扔掉再捡起，把球滚向别人。

（5）手眼逐渐协调，会将大圆圈套在木棍上，从杯子中取物放物。

（6）感知分辨能力进一步提高，如区分动物和车、把红色的物体归为一类。

（7）尝试使用工具来解决问题，如用一根棍子拨回物体。

（8）形成物体永恒性概念。

（六）13~18个月

（1）味觉、嗅觉更灵敏，触觉更敏感。

（2）指认熟悉的物品和人。

（3）喜欢将容器填满和倒空。

（4）知道简单的因果关系。

（5）在一堆物品中挑出与其他不同的物品。

（6）反复摆弄物体，出现假动作，如用玩具电话做出打电话的样子。

（7）开始知道书的概念，如喜欢模仿翻书页。

（七）19~24个月

（1）开口表示个人需要。

（2）能记住生活中熟悉物品放置的固定位置。

（3）能按指示做2~3件连续的事，如把球扔出去，然后跑去追。

（4）能口数1~5。

（八）25~30个月

（1）会捏、团、撕，随意折纸。

（2）喜欢玩橡皮泥。
（3）会指认圆形、方形和三角形。
（4）知道红色，并能正确指认。
（5）用积木垒高或连续组成简单的物体形状（如桥、火车）。
（6）游戏时能用物体或自己身体部位代表其他物体（如手指当牙刷）。
（7）知道“大、小”“多、少”“上、下”，会比较多少、长短、大小。
（8）能数到 10。
（9）开始理解事件发生的先后顺序。

（九）31~36 个月

（1）能用纸对折。
（2）知道黄色、绿色，并能正确指认。
（3）会问一些关于“是什么”“为什么”“是谁”“在哪里”的问题。
（4）会回答简单的问题。
（5）会解决简单的问题，如搬椅子、爬上去、取东西。
（6）在成人引导下，能理解故事主要情节。
（7）知道家里人的名字和简单的情况。
（8）能口数 6~10，口手一致数 1~5。
（9）能分辨“里”“外”。
（10）开始区别“一个”和“许多”。

（十）3~4 岁

（1）喜欢接触大自然，对周围的许多事物和现象感兴趣。
（2）经常问各种问题，或好奇地摆弄物品。
（3）对感兴趣的事物能仔细观察，发现其明显特征。
（4）能用多种感官或动作去探索物体，关注动作所产生的结果。
（5）认识常见的动植物，能注意并发现周围的动植物是多种多样的。
（6）能感知和发现物体和材料的软硬、光滑和粗糙等特性。
（7）能感知和体验天气对自己生活和活动的影响。
（8）初步了解和体会动植物和人们生活的关系。
（9）感知和发现周围物体的形状是多种多样的，对不同的形状感兴趣。
（10）体验和发现生活中很多地方都用到数。
（11）能感知和区分物体的大小、多少、高矮、长短等量的方面的特点，并能用相应的词表示。
（12）能通过一一对应的方法比较两组物体的多少。
（13）能手口一致地点数 5 个以内的物体，并能说出总数，能按数取物。
（14）能用数词描述事物或动作，如我有 4 本图书。

（15）能注意物体较明显的形状特征，并能用自己的语言描述。

（16）能感知物体基本的空间位置与方位，理解上下、前后、里外等方位词。

（十一）4~5 岁

（1）喜欢接触新事物，经常问一些与新事物有关的问题。

（2）常常动手、动脑探究物体和材料，并乐在其中。

（3）能对事物或现象进行观察比较，发现其相同与不同。

（4）能根据观察结果提出问题，并大胆猜测答案。

（5）能通过简单的调查收集信息。

（6）能用图画或其他符号进行记录。

（7）能感知和发现动植物的生长变化及其基本条件。

（8）能感知和发现常见材料的溶解、传热等性质或用途。

（9）能感知和发现简单的物理现象，如物体形态或位置变化等。

（10）能感知和发现不同季节的特点，体验季节对动植物和人的影响。

（11）初步感知常用科技产品与自己生活的关系，知道科技产品有利也有弊。

（12）在指导下，可感知和体会有些事物可以用形状来描述。

（13）在指导下，可感知和体会有些事物可以用数来描述，对环境中各种数字的含义有进一步探究的兴趣。

（14）能感知和区分物体的粗细、厚薄、轻重等量方面的特点，并能用相应的词语描述。

（15）能通过数数比较两组物体的多少。

（16）能通过实际操作理解数与数之间的关系，如 5 比 4 多 1，2 和 3 合在一起是 5。

（17）会用数词描述事物的排列顺序和位置。

（18）能感知物体的形体结构特征，画出或拼搭出该物体的造型。

（19）能感知和发现常见几何图形的基本特征，并能进行分类。

（20）能使用上下、前后、里外、中间、旁边等方位词描述物体的位置和运动方向。

（十二）5~6 岁

（1）对自己感兴趣的问题总是刨根问底。

（2）能经常动手、动脑寻找问题的答案。

（3）探索中有所发现时感到兴奋和满足。

（4）能通过观察、比较与分析，发现并描述不同种类物体的特征或某个事物前后的变化。

（5）能用一定的方法验证自己的猜测。

（6）在成人的帮助下能制定简单的调查计划并执行。

（7）能用数字、图画、图表或其他符号记录。

（8）探究中能与他人合作与交流。

（9）能察觉到动植物的外形特征、习性与生存环境的适应关系。

（10）能发现常见物体的结构与功能之间的关系。

（11）能探究并发现常见的物理现象产生的条件或影响因素，如影子、沉浮等。
（12）感知并了解季节变化的周期性，知道变化的顺序。
（13）初步了解人们的生活与自然环境的密切关系，知道尊重和珍惜生命，保护环境。
（14）能发现事物简单的排列规律，并尝试创造新的排列规律。
（15）能发现生活中许多问题都可以用数字的方法来解决，体验解决问题的乐趣。
（16）初步理解量的相对性。
（17）借助实际情境和操作（如合并或拿取）理解“加”和“减”的实际意义。
（18）能通过实物操作或其他方法进行 10 以内的加减运算。
（19）能用简单的记录表、统计图等表示简单的数量关系。
（20）能用常见的几何形体有创意地拼搭和画出物体的造型。
（21）能按语言指示或根据简单示意图正确取放物品。
（22）能辨别自己的左右。

四、学前儿童情感发展

（一）0~1 个月

（1）出生后 1~2 天就有笑的反应，是反射性的而非社会性的。
（2）哭自出生后就有，也多属于生理反射性的。

（二）2~3 个月

哭的时间减少，哭声分化，用哭声表示不同的需求。

（三）4~6 个月

（1）开始怕羞，会害羞地转开脸和身体。
（2）高兴时大笑。

（四）7~9 个月

懂得成人的面部表情，对成人说“不”有反应，受责骂不高兴时会哭。

（五）10~12 个月

（1）发声时，会模仿他人的手势，面部伴有表情。
（2）准确地表现出高兴、生气和难过。
（3）以哭引人注意。

（六）13~18 个月

（1）情绪不稳定，变得容易受挫，受挫折时常常发脾气。

（2）情绪易受感染，看到别的小孩哭时，会表现出痛苦的表情或跟着哭。

（七）19~24个月

（1）能区别成人表情中蕴含的情绪。

（2）情绪变化趋于稳定，能初步调节自己的情绪。

（八）25~30个月

（1）会发脾气，常用“不”表示独立。

（2）初步意识到他人的情绪，开始表达自己的情感。

（九）31~36个月

（1）害怕黑暗和动物。

（2）大吵大闹和发脾气已不常见，且持续时间短，开始能控制自己的情绪。

（3）对成功表现出高兴的情绪，对失败表现出沮丧的情绪。

（4）开始对故事里的人物投入感情，表达同情。

（十）3~4岁

（1）情绪比较稳定，很少因一点小事哭闹不止。

（2）有比较强烈的情绪反应时，能在成人的安抚下逐渐平静下来。

（3）知道和自己一起生活的家庭成员与自己的关系，体会到自己是家庭的一员。

（4）能感受到家庭生活的温暖，爱父母，亲近与信赖长辈。

（5）能说出自己家所在街道、小区（乡镇、村）的名称。

（6）认识国旗，知道国歌。

（十一）4~5岁

（1）经常保持愉快的情绪，不高兴时能较快缓解。

（2）有比较强烈的情绪反应时，能在成人的提醒下逐渐平静下来。

（3）愿意把自己的情绪告诉亲近的人，一起分享快乐或求得安慰。

（4）喜欢自己所在的幼儿园和班级，积极参加集体活动。

（5）能说出自己家所在地的省、市、县（区）名称，知道当地有代表性的物产或景观。

（6）知道自己是中国人。

（7）奏国歌、升国旗时能主动站好。

（十二）5~6岁

（1）经常保持愉快的情绪，知道引起自己某种情绪的原因，并努力缓解。

（2）表达情绪的方式比较适度，不乱发脾气。

（3）能随着活动的需要转换情绪和注意力。

（4）愿意为集体做事，为集体的成绩感到高兴。

（5）能感受到家乡的发展变化并为此感到高兴。

（6）知道自己的民族，知道中国是一个多民族的大家庭，各民族之间要互相尊重、团结友爱。

（7）知道国家的一些重大成就，爱祖国，为自己是中国人感到自豪。

五、学前儿童人际交往

（一）0~1 个月

（1）当看见人的面部时活动减少。

（2）哭闹时听到看护者的呼吸声能安静。

（3）对他讲话或抱着时表现安静，当抱着时，会表现出独特的、有特征性的姿势（如紧紧蜷曲像一只小猫）。

（二）2~3 个月

（1）逗引时出现动嘴巴、伸舌头、微笑和摆动身体等情绪反应。

（2）看见主要看护者的脸会笑。

（3）自发微笑迎人，见人手足舞蹈表示高兴，笑出声。

（4）能辨别不同人说话的声音及同一人带有不同情感的语调。

（三）4~6 个月

（1）随着看护者情绪的变化而改变自己的情绪。

（2）看到看护者时，会双手举起，期望被抱；能辨别陌生人，对熟悉的人有偏爱。

（3）当将其独处或别人拿走他的小玩具时会表示反对。

（4）会用哭声、面部表情和动作与人沟通。

（四）7~9 个月

（1）喜爱家庭人员，对熟悉的、喜欢他的成人伸出手臂要求抱。

（2）喜欢玩躲猫猫一类的交际游戏，而且会笑得非常激动、投入。

（3）喜欢和看护者玩重复的游戏，如拍手、再见、躲猫猫等。

（4）当从他处拿走东西时，会遭到强烈的反抗。

（5）看见陌生人会表现出各种行动，如盯看、躲避、哭等。

（五）10~12 个月

（1）喜欢重复的游戏，如玩拍手游戏、躲猫猫。

（2）显示出一定的独立性，如不喜欢被人搀扶和抱着。

（3）更喜欢情感交流活动，还懂得采取不同的方式。

（4）能玩简单的游戏，惊讶时发笑。

（5）对主要看护者表现出明显的喜爱，开始听从看护者的劝阻。

（6）对同龄人表现出极大的兴趣，会互相凝视或彼此触摸。

（六）13~18 个月

（1）喜欢单独玩或观看别人的游戏活动。

（2）开始理解并遵从简单的行为规则。

（3）对常规的改变和所有的突然变化表示反对，表现出情绪不稳定。

（4）在照片中能辨认出家庭主要成员。

（七）19~24 个月

（1）当父母或看护者要离开房间时会感到沮丧，与父母分离有恐惧。

（2）会帮忙做事，如学着把玩具收拾好。

（3）交际性增强，较少表现出不友好和敌意。

（4）开始和其他小朋友一起游戏。

（5）游戏时能模仿父母更多的细节动作，想象力增强。

（八）25~30 个月

和同伴一起玩简单的游戏，会相互模仿，有模糊的角色扮演意识。

（九）31~36 个月

（1）和同伴或家人一起玩角色游戏，如“过家家游戏”。

（2）能和同龄小朋友分享，如把玩具分给别人。

（3）兄弟姐妹或同伴之间会比赛和产生嫉妒。

（十）3~4 岁

（1）愿意和小朋友一起游戏。

（2）愿意与熟悉的长辈一起活动。

（3）想加入同伴的游戏时，能友好地提出请求。

（4）在成人指导下，不争抢、不独霸玩具。

（5）与同伴发生冲突时，能听从成人的劝解。

（6）对群体活动有兴趣。

（7）对幼儿园的生活好奇，喜欢上幼儿园。

（十一）4~5 岁

（1）喜欢和小朋友一起游戏，有较固定的玩伴。

（2）喜欢和长辈交谈，有事愿意告诉长辈。

（3）会运用介绍自己、交换玩具等简单技巧加入同伴游戏。

（4）对大家都喜欢的东西能轮流分享。

（5）与同伴发生冲突时，能在他人的帮助下和平解决。

（6）活动时愿意接受同伴的意见和建议。

（7）不欺负弱小。

（8）愿意并主动参加群体活动。

（9）愿意与家长一起参加社区的一些群体活动。

（十二）5~6 岁

（1）有自己的好朋友，也喜欢结交新朋友。

（2）有问题愿意向别人请教。

（3）有高兴的或有趣的事愿意与大家分享。

（4）能想办法吸引同伴和自己一起游戏。

（5）活动时能与同伴分工合作，遇到困难能一起克服。

（6）与同伴发生冲突时能自己协商解决。

（7）知道别人的想法有时和自己不一样，能倾听和接受别人的意见，不能接受时会说明理由。

（8）不欺负别人，也不允许别人欺负自己。

（9）在群体活动中积极、快乐。

（10）对小学生活有好奇和向往。

六、学前儿童人格发展

（一）0~1 个月

刚出生的婴儿没有自我意识，分不清自己和客体的区别。

（二）2~3 个月

开始注视自己的手，并出现吮指现象。

（三）4~12 个月

主体我出现：会对着镜子中的镜像微笑、发音，会伸手试拍自己的镜像。

（四）13~18 个月

（1）客体我出现：能在镜中辨认出自己。

（2）会依附安全的东西，如毯子等，个别孩子吮拇指习惯达到高峰，特别在睡觉时。

（五）19~24个月

（1）开始用名字称呼自己。

（2）对自己独立地表现一些技能感到骄傲。

（3）不愿把东西给别人，只知道是“我的”。

（六）25~30个月

（1）有简单的是非观念，知道打人、咬人、抓人不好。

（2）知道自己的全名，用“我”来表示自己。

（七）31~36个月

清楚地知道自己是男孩还是女孩。

（八）3~4岁

（1）能根据自己的兴趣选择游戏或其他活动。

（2）为自己的好行为或活动成果感到高兴。

（3）自己能做的事情愿意自己做。

（4）喜欢承担一些小任务。

（5）长辈讲话时能认真听，并能听从长辈的要求。

（6）身边的人生病或不开心时表示同情。

（7）在提醒下能做到不打扰别人。

（8）在提醒下能遵守游戏和公共场所的规则。

（9）知道不经允许不能拿别人的东西，借别人的东西要归还。

（10）在成人的提醒下能爱护玩具和其他物品。

（九）4~5岁

（1）能按自己的想法进行游戏或其他活动。

（2）知道自己的一些优点和长处，并对此感到满意。

（3）自己的事情尽量自己做，不愿意依赖别人。

（4）敢于尝试有一定难度的活动和任务。

（5）会用礼貌的方式向长辈表达自己的要求和想法。

（6）能注意到别人的情绪，并有关心、体贴的表现。

（7）知道父母的职业，能体会到父母为养育自己所付出的辛劳。

（8）感受规则的意义，并能基本遵守规则。

（9）不私自拿不属于自己的东西。

（10）知道说谎是不对的。

（11）知道接受了的任务要努力完成。
（12）在提醒下能节约粮食、水电等。

（十）5~6 岁

（1）能主动发起活动或在活动中出主意、想办法。
（2）做了好事或取得了成功后还想做得更好。
（3）自己的事情自己做，不会做的愿意学。
（4）主动承担任务，遇到困难能够坚持而不轻易求助。
（5）与别人的看法不同时，敢于坚持自己的意见并说出理由。
（6）能有礼貌地与人交往。
（7）能关注别人的情绪和需要，并能给予力所能及的帮助。
（8）尊重为大家提供服务的人，珍惜他们的劳动成果。
（9）接纳、尊重与自己的生活方式或习惯不同的人。
（10）理解规则的意义，能与同伴协商制定游戏和活动规则。
（11）爱惜物品，用别人的东西时也知道爱惜。
（12）做了错事敢于承认，不说谎。
（13）能认真、负责地完成自己所接受的任务。
（14）爱护身边的环境，注意节约资源。

小资料

儿童发展的 8 个敏感期

奥地利著名动物习性学家考拉德·劳伦兹在研究中发现，小鸭出生后的最初阶段，有追随第一眼所见到的动物的行为特点，并且将之作为一种行为方式固定下来，终生不变。劳伦兹把这一印象的获得称为“母亲印刻”，并且把发生“母亲印刻”的这段时间称为“关键期”。

心理学引用了这一概念，关键期（或敏感期）指个体发展过程中环境影响能起最大作用的时期。在这一时期，在适宜的环境影响下，行为习得特别容易、发展特别迅速。但这时如果缺乏适宜的环境影响，也可引起病态反应，甚至阻碍日后的正常发展。在关键期的开始及结尾阶段，机体对环境的敏感度较低，在中间阶段最高。

儿童的各项智能在每个时期的发展是不平衡的，父母应了解儿童智能发展的规律，做到心中有数。

1. 语言敏感期（0~6 岁）

当儿童开始注视大人说话的嘴型，并发出咿呀学语的声音时，就开始了他的语言敏感期。语言能力影响儿童的表达能力，因此，父母应经常和儿童说话，多给儿童讲故事或多用“反问”的方式加强儿童的表达能力。

2. 秩序敏感期（2~4 岁）

儿童需要一个有秩序的环境来帮助他认识事物、熟悉环境。儿童的秩序敏感力常常表现在对秩序性、生活习惯、所有物的要求上。如果成人没能为儿童提供一个有秩序的环境，儿童便没有一个基础来建立自己对各种关系的知觉。

3. 感官敏感期（0~6 岁）

儿童从出生起，就会借助听觉、视觉、味觉、触觉等感官来熟悉环境。3 岁前，儿童通过潜意识的“吸收性心智”吸收周围事物；3~6 岁，儿童通过感官来分析、判断环境中的事物。成人可以在生活中随机引导儿童运用五官感受周围事物。尤其当儿童充满探索欲望时，应尽可能满足其需求。

4. 对细微事物感兴趣的敏感期（1.5~4 岁）

儿童常能捕捉到周围微小事物的奥秘。如儿童对泥土里的小昆虫或衣服上的细小图案产生兴趣，这正是培养儿童具有巨细无遗的习性的好机会。

5. 动作敏感期（2~6 岁）

2 岁是儿童最活泼好动的时期，父母应充分让儿童运动，使其肢体动作正确、熟练，并帮助儿童均衡开发左、右脑。除了大肌肉的训练外，小肌肉的练习（即手眼协调的细微动作的训练）不仅能使儿童养成良好的生活习惯，也有利于智力发展。

6. 社会规范敏感期（2.5~6 岁）

2.5 岁的儿童逐渐脱离以自我为中心，而对结交朋友、群体活动感兴趣。这时，父母应帮儿童明确生活规范、日常礼仪。

7. 读写敏感期（3.5~5.5 岁）

如果儿童在语言、感官、肢体动作等敏感期内得到了充分的学习，其书写、阅读能力就会自然产生。此时，父母可为儿童多选择一些读物，使儿童养成爱读书的习惯。

8. 文化敏感期（6~9 岁）

儿童对文化学习的兴趣起于 3 岁；到 6~9 岁则出现想探究事物奥秘的强烈需求。这个时期，儿童的心智就像一块肥沃的土地，准备接受大量的文化种子。成人可在该时期提供丰富的文化资讯。

资料来源：罗家英主编：《学前儿童发展心理学》，北京，科学出版社，2011。

第二节 学前儿童心理健康的影响因素

影响学前儿童心理健康的因素十分复杂，目前，比较受认同的观点是：人与生俱来的生物因素、外部环境中的社会因素以及一些既有的心理因素共同影响着学前儿童的心理健康。

一、生物因素

影响学前儿童心理健康的生物因素主要有遗传素质、胎儿孕育和生理成熟等。

（一）遗传素质

遗传素质主要是指那些与生俱来的解剖生理特征，如有机体的构造、形态、感官和神经系统的特征等。遗传素质是儿童心理发展的生物前提、自然条件和可能性，如先天失明的儿童不可能拥有视力，大脑发育不全的儿童的心理发展水平远低于大脑发育正常的儿童。有关遗传素质对心理发展的影响，布沙尔（1990）的双生子研究是较好的例证。表 2—1 所示为分养与合养的同卵双生子在某些特征上的相似性，相似程度在表中用相关系数 r 来表示。相关系数越大，相似程度越高。在此，有这样一个逻辑假设：若个体的差异是由环境引起的，则在相同环境下成长的合养同卵双生子与分养同卵双生子相比，其个体特征应更相似。但是，实际结果并非如此。将分养同卵双生子每种特征的相关系数与合养同卵双生子的相关系数相除，所得数值列在表的最后一列，这列数值表示两类同卵双生子在每种特征相似性上的差异。如果两个相关系数相同，则相除以后的结果是 1；如果它们完全不同，则相除以后的结果会接近 0。结果发现，两者在每种特征上的相关系数惊人地相似，即其比值大多接近于 1，几乎没有低于 0.8 的，个别的甚至大于 1。

表 2—1　　分养与合养的同卵双生子在某些特征上的相似性比较

特征	r分养	r合养	r分养/r合养
生理			
脑电波活动	0.80	0.81	0.987
血压	0.64	0.70	0.914
心率	0.49	0.54	0.907
人格			
多维人格问卷（MPQ）	0.50	0.49	1.020
加利福尼亚人格问卷	0.48	0.49	0.979
智力			
韦氏成人智力量表	0.69	0.88	0.784
瑞文智力测验	0.78	0.76	1.030
社会态度			
宗教信仰	0.49	0.51	0.961
无宗教信仰社会态度	0.34	0.28	1.210
心理兴趣			
斯特朗—坎贝尔兴趣问卷	0.39	0.48	0.813
明尼苏达职业兴趣量表	0.40	0.49	0.816

资料来源：黄希庭著：《心理学导论》，北京，人民教育出版社，2007。

布沙尔在评价了大量有关“先天—后天”的研究例证后作出总结，从整体上看，人格中 40% 的变异和智力中 50% 的变异都以遗传为基础。

林崇德（2006）对 24 对同卵双生子和 24 对异卵双生子的遗传效应在智力、学习能力、气质和性格上的差异进行过相关研究，结果表明差异均显著和极显著，说明遗传的影响也是客观存在的。

有许多遗传因素导致儿童智力低下的例证。如唐氏综合征（也叫“先天愚”或“三色体病”），每 1 000 个新生儿中就会出现一例。由于在遗传的过程中，第 21 对染色体上多了一条染色体，导致儿童躯体和智力上的缺陷，唐氏综合征患者的子女的患病率比正常人高。再如苯丙酮尿症，每 8 000 个新生儿中就会出现一例。由于在遗传的过程中，血液中缺乏一种分解苯丙氨酸的酶，导致损害中枢神经系统，造成儿童严重的智力低下。该类患儿若发现早且及时按照特定食谱进餐，通常能达到中等智力水平和正常的生命周期。此外，对神经系统的微观研究也证明了遗传因素与某些心理和行为异常的关系。比如，五羟色胺是一种重要的神经递质，与许多精神障碍有关（如焦虑症、情绪障碍、强迫症等）。对五羟色胺的研究发现，五羟色胺的水平受遗传因素影响，低水平五羟色胺与精神障碍临床表现的严重程度相关，焦虑和情绪障碍的易感性、暴力行为等都受其影响（孙建英，2005）。最新的研究表明，人体第 7 号和第 15 号染色体上来自父方的显性基因出现紊乱是引发孤独症的原因之一。

（二）胎儿孕育

胎儿孕育的阶段始于卵子的受精，终于分娩，整个孕期经历的时间约为 9 个月或 38 周。新生命在母体子宫内的时间按发展顺序可分为受精卵期（0~2 周）、胚胎期（2~8 周）和胎儿期（8~38 周）。其中，胚胎期被认为是最引人注目的怀孕阶段。在胚胎期，每一个器官都有其形成的特定时期，若在特定时期因某种原因未能及时形成，以后将无法弥补，会造成器官发育的不完善。若孕妇在该阶段患风疹，会导致胎儿盲、聋、心脏缺陷以及智力落后等。由孕期风疹引起的大脑异常增加了胎儿成年期患严重精神病的风险，特别是精神分裂症。若孕妇情绪不佳引起强烈焦虑，可导致胎儿早产、流产、唇裂以及三岁前的焦躁、易怒等。胎龄在 37 足周以前出生的活产婴儿称为早产儿或未成熟儿，其出生体重大部分在 2 500g 以下，头围在 33cm 以下。早产儿容易受到父母等周围人的过度保护，剥夺了他们应有的学习机会，使得其除生理上有一些不良表现外，还会有口吃、敏感、害羞、易怒、注意力不集中等，长大后的社会适应比较消极和依赖。此外，母亲的自责心态也会加剧对孩子不良的养护态度。可见，对育龄女子孕期的保健教育十分有必要。表 2—2 列出了怀孕期间应该做的与不应该做的事。

表 2—2　　健康怀孕的应为与不应为

应为	不应为
怀孕前，确保你已经接种过一些对胚胎有危险的传染病疫苗，如风疹。大多数疫苗在孕期接种是不安全的。	在咨询医生之前服用药物。
一旦怀疑自己怀孕，要尽快去看医生——在月经延期后的几周内就去。	抽烟。如果怀孕后你已经抽了一段时间，那么就应减少抽烟量，最好戒掉。如果家里有其他人抽烟，就要求他们戒掉或者到外面去抽。
坚持整个孕期都接受常规的孕期检查。	饮酒。如果你发现难以戒酒，就求助于医生、当地家庭服务机构或离你最近的匿名戒酒者分会。
从医生那里、当地图书馆和书店获取一些关于孩子出生前发育和保健的文献资料，咨询任何你不理解的问题。	从事那些可能使胚胎或胎儿接触到危险环境——如辐射或化学污染——的活动。如果你从事的职业必须接触这些，就要求更安全的工作安排或者离职。
饮食要营养均衡，依据医生的处方来补充维生素和矿物质，怀孕前和怀孕后都要这样。平均起来，每个孕妇应该在妊娠头三个月每天增加 100 卡路里，妊娠中三个月每天增加 265 卡路里，末三个月每天增加 430 卡路里。	从事那些可能让胚胎或者胎儿接触到有害传染病的活动，如弓形体病。
通过适度锻炼保持身体健康。如果可能的话，就参加一个准妈妈的专门训练班。	孕期减肥。
避免情绪压力。如果你是一个单身妈妈，就找一个可以获得情感支持的亲戚或朋友。	孕期体重增加过多。体重增加过多与并发症相联系。
获得充分的休息。过于劳累的母亲有妊娠并发症的危险。	
和你的丈夫一起参加怀孕分娩教育课。当父母知道期待的是什么时，分娩前的九个月能成为生命中最欢乐的时光之一。	

资料来源：[美] 劳拉·E·贝克著，桑标等译：《婴儿、儿童和青少年》，上海，上海人民出版社，2008。

对每一个胎儿而言，分娩都是一个十分重要的关卡。一般而言，经由自然分娩的胎儿比难产或手术分娩者，更易于顺利适应崭新的环境。手术分娩所使用的麻醉药品会妨碍胎儿出生后的适应，使新生儿体重不易增加。分娩过程困难的胎儿，长大后较神经质或焦虑；过于仓促的分娩，会导致过早接触氧气，对新生儿智力发展也有不良影响。而顺利分娩且痛苦较少的母亲会以轻松愉快的态度对待子女。

（三）生理成熟

生理成熟是指机体生长发育的程度，它为儿童心理发展提供自然物质前提，使心理活动的出现或发展处于准备状态。当某种生理结构和机能达到成熟时，适时的刺激就会引发相应的心理活动，并促使它发展。反之，如果机体尚未成熟，即使对它施加刺激，也不一定能生效。美国儿童心理学家格塞尔的双生子爬楼梯实验提供了经典性的论断。

1929 年，格塞尔选择双生子 T 和 C 作为被试。他首先对双生子 T 和 C 进行了行为基线的观察，确认他们的发展水平相当。在他们出生第 48 周时，对 T 进行爬楼梯、搭积木、肌肉协调和运用词汇等训练，而对 C 则不作训练。训练持续了 6 周，其间 T 比 C 更早地显示出某些技能。到了第 53 周，当 C 达到爬楼梯的成熟水平时，对他开始集中训练，发现只需要进行少量训练，C 就赶上了 T 的熟练水平。进一步观察发现，55 周时 T 和 C 的能力没有差别。这一实验表明，儿童的学习取决于生理上的成熟，成熟之前的学习和训练难有显著效果。

我国心理学家李惠桐在生理成熟与最佳学习期的研究中，发现“成熟早期”（指 10% 的儿童在自然条件下达到该项动作的年龄）进行训练优于“成熟中期”（指 50% 的儿童在自然条件下达到的年龄），“成熟中期”优于“成熟晚期”（指 90% 的儿童在自然条件下达到的年龄）。当然，“成熟晚期”的训练总比不学习、不训练要好。“成熟早期”是某项动作早期训练、学习的关键期，这一原则对于学习语言、训练适应性行为、个人—社会行为等都是适用的。

儿童机体的发育水平和速度存在着个体差异。一项研究表明，发育过于缓慢将对儿童的心理健康产生不利影响，晚熟者更多地感到自己的不足，有较多的被拒绝感和依赖性；而早熟者则表现出独立、自信，在与人相处中能承担成人的角色。

二、社会因素

人类发展生态学家将整个社会看成是一个相互联系、相互制约的生态系统。美国心理学家布朗芬布伦纳认为儿童是在一个复杂的关系系统中发展着的，而这个系统受多层外界环境的影响，由此提出了生态系统理论。布朗芬布伦纳将社会生态系统分为 4 个层次，由小到大分别是：微系统、中系统、外系统和宏系统。

环境最里层的是微系统，它包含儿童所处的直接环境中的活动和互动模式。布朗芬布伦纳强调，要在这一层次上理解儿童的发展，就应当谨记所有的关系都是双向的。即成人影响着儿童的反应，但儿童决定性的生物和社会的特性及生理属性、人格和能力也影响着成人的行为。

第二个层次是中系统，它涵盖家庭、学校、邻居、托儿所等微系统之间的联系。布朗芬布伦纳认为，如果微系统之间有较强的、积极的联系，发展可能实现最优化。相反，微系统间的非积极的联系会产生消极的后果。

第三个层次是外系统，它由那些会影响儿童在直接环境中经历的社会环境所组成。这些社会环境可以是正式的，如父母的工作场所；也可以是非正式的，如父母的人际网络。

最外层的是宏系统，它包含文化价值观、规律、习俗和资源。宏系统实际上是一个广阔的意识形态，它规定如何对待儿童，教给儿童什么以及儿童应该努力的目标，对儿童的需求所赋予的优先权影响着其在深层环境水平上得到的支持。

在这四个系统中，布朗芬布伦纳认为微系统是最直接的也是最重要的生态系统，对儿童心理健康影响最大，它由家庭、幼儿园、社区等组成。为此，在影响学前儿童心理健康的社会因素中，我们主要介绍家庭、幼儿园和社区。

（一）家庭

家庭是儿童最早接触的社会环境，是儿童长期生活的场所，也是儿童个性实现社会化的主要场所。家庭环境中的家庭结构、父母的管教方式、家庭的物理环境、家庭的子女数量、电视、网络等与儿童的心理健康关系密切。

1. 家庭的结构

随着社会的发展以及我国计划生育国策的实施，我国家庭结构有了很大的变化，三代同堂的大家庭减少，核心家庭增加，也出现了少量的单亲家庭。家庭结构对儿童心理健康的影响目前研究较多的是离异的单亲家庭。

许多研究表明，离异家庭的儿童在智力、同伴关系、亲子关系、情绪障碍、自我控制和问题行为方面，与完整家庭的儿童相比都存在显著差异（林崇德，1992；董奇等，1994）。

父母离婚之后，对儿童来说，有四种情境：

（1）父母不再结婚，儿童归属于父亲，如此就形成父亲之下的单亲教养环境。

（2）父母不再结婚，儿童归属于母亲，如此就形成母亲之下的单亲教养环境。

（3）父母再婚，儿童归属于父亲，如此就形成儿童家有继母、外有生母的情形。

（4）父母再婚，儿童归属于母亲，如此就形成儿童家有继父、外有生父的情形。

在四种情境下，儿童的命运将各不相同。父母离婚后不再婚者，常继续争执，且不惜拿儿童作为斗争的工具，使良好的单亲教养家庭环境难以形成；父母离婚后再婚者，生父母、继父母关系以及可能出现的同父（母）异母（父）同胞关系，使儿童难以妥善应对。有研究者分析发现，对儿童的心理发展而言，父母离婚事件本身并非影响儿童心理发展的唯一因素，父母离婚后包括儿童在内的新建立家庭的生活环境的改善才是最重要的因素。当夫妻之间恩断义绝时，离婚未必对儿童不利；为维持夫妻名分而不离，也未必对儿童有利。离婚对男童的影响要大于女童，离婚对学前儿童的影响要大于其他年龄组儿童。母子亲情关系是儿童一生人际关系的基础，学前儿童在周岁前是人性发展的关键期，不论何种家庭，此阶段母亲最好停职在家；对就业的母亲，在家时间则应尽量与儿童相处，悉心养育儿童。

研究表明，来自两代人家庭的儿童在好奇心、坚持性、伙伴威望、人际关系及劳动态度上均优于来自三代人家庭的儿童。这主要与三代人家庭中祖（外祖）父母对儿童的溺爱等因素有关。第四军医大学的学者汪萍等对 443 例 1~3 岁隔代抚养的儿童和 443 例 1~3 岁父母抚养的儿童进行对照研究，发现前者在智力发展和适应社会能力上不如后者，认为隔代抚养对儿童心理行为发展有不良影响。

《我国农村留守儿童、城乡流动儿童状况研究报告》中提到，根据《中国 2010 年第六次人口普查资料》样本数据推算，全国有农村留守儿童 6 102.55 万人，占农村儿童的 37.7%，占全国儿童的 21.88%。与 2005 年全国 1% 抽样调查估算数据相比，五年间全国农村留守儿童增加约 242 万人。学龄前农村留守儿童（0~5 岁）达 2 342 万人，在农村留守儿童中占 38.37%, 比 2005 年的学龄前农村留守儿童增加了 757 万人，增幅达 47.73%。五年间，学龄前留守儿童规模快速膨胀。调查显示，0~5 岁的农村学龄前留守儿童中 47.08% 的父母外出，在这些儿童中，与祖父母一起居住的比例最高，占 38.85%；有 6.33% 的留守儿童与其他人一起居住；还有 1.9% 的留守儿童单独居住；其余 52.92% 的留守儿童或父亲外出或母亲外出。学龄前儿童心理健康问题的原因之一正是由于忙忙碌碌的父母的忽视。我国农村学龄前留守儿童数量庞大，家庭、社会都应特别关注这类儿童的成长、发展。

2. 父母的管教方式

美国心理学家鲍伦德以学前儿童及其父母为研究对象，多次到家庭访视并观察多个时机亲子互动情况。鲍伦德发现，所有父母对子女管教时，其言行特征或多或少都离不开四种向度：管束、冀望、教导、关爱。以父母们实际管教子女时在这四个向度上所表现的高低程度为标准，鲍伦德将大多数父母的管教方式分为以下三大类型：

（1）专制型父母。专制型父母管教方式的特征是，子女在家庭中的一切活动，悉由父母安排决定，子女只能无条件服从。有关行为标准的是非对错，也全由父母独裁判决，子女只能无条件遵守。子女行为如有偏差，父母径予惩罚，不必向子女解释理由。与前述四个向度核对，专制型父母在管束与冀望两个向度上居于高层，而在教导与关爱两个向度上则居低层。换言之，管而不教，严而苛刻，是专制型父母管教方式的主要特征。

（2）威信型父母。威信型父母管教方式的特征是，父母为子女所订规矩，非但合情合理，而且以身作则，能够说到做到。对行为规范之要求、对价值标准之解释前后一致，能使子女易知易行。亲子间遇有争执，父母不以独裁专断方式处理，而以说理方式，让子女表达意见，最后的决定让子女心悦诚服。与前述四个向度核对，威信型父母在管束、冀望、教导、关爱四个向度上均居高层。换言之，管之、望之、教之、爱之四者兼具，是威信型父母管教方式的特征。

（3）宽容型父母。宽容型父母管教方式的特征是，对孩子的行为表现，父母不刻意订立规范；对孩子的欲望与要求，父母也不刻意予以限制；在孩子的能力培养上，父母也不刻意要求标准，而改以接纳的态度，让孩子随其兴趣与个性自由发展。对生长在既需要方向又需要能力的现代社会的人来说，此种管教方式只顾眼前而不考虑未来，已不合时宜。与前述四个向度核对，宽容型父母的特征是，关爱有余，教导宽松，而管束与冀望则显然不足。

根据鲍伦德的研究与建议，在现今的社会里，威信型父母的管教方式是最有利于儿童健康成长的。鲍伦德的建议，不只是理论，实际的调查研究已证实由威信型父母管教出来的儿童是同年龄儿童中最优秀的群体，能够培养出具有工具性能力的儿童。所谓工具性能力，是指儿童在对人、对事的行为上，较多表现出肯独立、负责任、尚勤奋、重成就等性格特征。

3. 家庭的物理环境

派克（R.D.Parke, 1980）把家庭环境分成两种变量：社会变量和物理变量。社会变量是指人与人之间的关系，如成人（父母或其他人）←→儿童，成人←→兄弟姐妹←→儿童，他们间的影响是相互的。物理变量主要是指除人之外的物质条件及其组织和安排。对儿童发展影响较为密切的有玩具、书本、电视、房间布置和生活的条理性等。此外，还有不特指某样东西的背景刺激。如安静的家庭和喧闹的家庭，宽敞的家庭和拥挤的家庭，都会对儿童的心理有影响。不少研究已表明，如果儿童居住的地方噪音太多，不论是来自家庭内部的还是外部的，儿童既无法控制它，又无法回避它，往往与儿童早期认知发展和以后学业成绩呈负相关。父母本身不仅是儿童的社会刺激来源，也是物理环境的中介物，是儿童物理环境的提供者和组织者。父母对儿童的影响有很大部分是通过物理环境作用于儿童的间接影响，所以父母要十分重视家庭环境的组织。许多发展不良的学前儿童的家庭环境往往以无规律和不可预测性为特征。父母要为儿童创建一个安全、有序且充满吸引力，能引导儿童去探究、发现世界，并进入人际关系的家庭环境。

4. 家庭的子女数量

自 20 世纪 80 年代以来，我国家庭形态发展变化的主要特征之一就是家庭规模的日益小型化。首先，纵向来看，2010 年第六次全国人口普查数据显示：目前我国平均每个家庭户的人口为 3.10 人，比 2000 年第五次全国人口普查的 3.44 人减少 0.34 人。核心家庭所占比例又有所增加。

一项调查研究呈现了独生子女家庭的好处与坏处，详见表 2—3。

表 2—3　独生子女家庭的好处和坏处

好处		坏处	
父母提及的	孩子提及的	父母提及的	孩子提及的
有时间做自己感兴趣的事情、追求事业	没有兄弟姐妹竞争	在健康的关注与过度的放任之间难以把握平衡	体验不到亲密的兄弟姐妹关系
经济压力小	更多的私人空间	作为一名父母，“成功”只有一次机会	感到来自父母的成功压力过多
不必担心在孩子们中“最喜欢谁”	享有更多的财富，亲子关系更亲密	万一孩子死亡，就会无儿无女	父母年老时没人帮助照料他们

资料来源：[美]劳拉·E·贝克著，桑标等译：《婴儿、儿童和青少年》，上海，上海人民出版社，2008。

在独生子女的核心家庭结构中，以往以父亲或家族中的长者为核心的形态转向了以孩子为核心的形态。父母在抚育子女上无法进行尝试和比较，缺少学习机会，手脚放不开，这种家庭结构还减少了父母对子女进行公平教育的机会。由于独生子女较早就获得了家庭的中心位置，享有了更多的权利，更容易形成自我中心的意识，缺乏尊重他人和忍受压力的经验，不重视同伴关系，即使有所重视也不乏较强的“利己性”。这种家庭结构问题在孩子长大之前还不明显，对独生子女的打击通常来自以后（如在学校中），即当其不能在学习中成为关怀的中心时。

独生子女家庭是有一定风险的家庭，我国上百万失独家庭也带来了诸多的社会问题。从人口优化、家庭稳定以及经济社会发展的角度来看，子女过少（或过多）是不适宜的。中国共产党第十八届中央委员会第三次全体会议通过的《中共中央关于全面深化改革若干重大问题的决定》中指出：坚持计划生育的基本国策，启动实施一方是独生子女的夫妇可生育两个孩子的政策，逐步调整完善生育政策，促进人口长期均衡发展。

对于二胎的有条件放开，我们首先要考虑的是一、二胎的间隔时间，美国的最佳生育间隔倡议（Optimal Birth Spacing Initiative，OBSI）建议最佳生育间隔为3~5年，更有利于母亲与孩子的存活和健康。随着二胎子女的降临，父母要关注大孩子（原先的独生子女）的心理感受，不要使大孩子觉得新生弟妹夺去了父母全部的爱，以免出现大孩子因“失宠”伤心恐慌而对父母、对新生弟妹的愤怒以及由此表现出的对弟妹的敌意行为和企图引起父母注意与关心的不适应行为，如吸吮指头、尿床、偏食、不听话、爱发脾气等。有研究发现，母子感情的亲密度与嫉情呈正相关，母亲应斟酌情况，在不损害子女心理健康的范围内，与子女保持适当距离，如此子女就不会过分依赖母亲，也不会因弟妹的来临而产生嫉情。而且，在母亲怀孕较明显时，父母就要开始使大孩子做迎接弟妹的心理准备。

5. 家庭中大众传媒的享用

时代的发展使得大众传媒充斥人们生活的各个领域。毋庸置疑，大众传媒中的电视、网络以其生动的画面配以语言、音乐的传播形式吸引着儿童的注意，开拓了儿童的视野、丰富了儿童的想象、激发了儿童的思维，有着传统教育方式不可比拟的优势。但是，过分膨胀的信息资源有时也会变成一种心理负担。“遥控器宝宝”“游戏沉迷儿童”的存在使得人们不能忽视大众传媒对儿童的消极影响。大众传媒中的一些媒体出于自身的商业目的，节目中不乏色情、暴力等违规内容；还有一些虽是合规的，但却是儿童不宜的内容。学前儿童辨别是非的能力不强、自我控制力不够，具有很强的模仿力，故大众传媒中的电视、网络的不良信息对他们的危害是极大的。即使是合适的节目内容，若不加时间控制，使儿童沉迷其中，其危害性同样值得警惕。单元房、独生子女本身已构成了儿童孤独的客观条件，“遥控器宝宝”“游戏沉迷儿童”更增加了自我封闭的趋势，削弱了家庭中的互动关系，隔绝了儿童与同伴的交往，影响他们融入社会生活。因此，父母对电视、电脑中供儿童收看（听）、使用的内容要加以选择，应有利于儿童的成长，这是信息的性质要求。此外，对时间的控制也非常重要，电视并非不可看，网络并非不可上，关键是父母要引导儿童知道如何自控。不能自控，则施以他控，不可放任。

对儿童来说，“亲子共视”电视、电脑是最好的使用方式。在观赏过程中，父母可及时对不适当节目做出调整。同时，父母也可对一些节目辅以说明，使儿童明确虚拟生活与现实生活的区别，明确成人世界与儿童世界的界限，逐步培养儿童正确的价值观，由此也可增加亲子间的良好互动。

(二)幼儿园

幼儿园是对学前儿童最早系统实施保育、教育的场所，接受幼儿园教育也是现代社会文明的标志之一。世界卫生组织指出，学校是促进学生心理健康最适宜的场所。幼儿园中的物质环境、课程、师生交往、同伴交往对幼儿的心理健康有着重要的影响。

1. 幼儿园的物质环境和课程

幼儿园的物质环境包括幼儿园的建筑、活动场地、绿地、玩具等条件。罗斯在《新的学校建筑》一书中曾指出道德行为是教育的主要目的，道德教育以美感教育为必要前提，而美感教育则以美丽的事物为媒介。可见，在学校的物质环境中，学校建筑负有教育的使命。如果说教学是一种艺术，那学校应是一座大艺术馆，以达“境教”之目的。更应强调的是，幼儿园校舍建筑及附属设施建设要严格执行国家的设计规范、建筑规范、环保规范、安全规范等，在紧急情况出现时师生避险、疏散的需要尤应考虑周详。物质环境的创设为幼儿园总务行政的工作范畴，与此相应，幼儿园的教务行政应做好课程的设置与实施工作，课程的结构蕴涵着人才培养规模的特有蓝图。《幼儿园教育指导纲要（试行）》要求各省、市根据自己的实际情况制定课程标准，提倡幼儿园编制园本课程，要反映幼儿的发展需要、反映幼儿所处地域的文化等。

2. 幼儿园的教师

研究表明，幼儿教师的心理健康状况越好，幼儿行为问题越少，反之亦然。《幼儿园教师专业标准》对幼儿教师个人修养和行为的要求是：

（1）富有爱心、责任心、耐心和细心；

（2）乐观向上、热情开朗，有亲和力；

（3）善于自我调节情绪，保持平和心态；

（4）勤于学习，不断进取；

（5）衣着整洁得体，语言规范健康，举止文明礼貌。

心理学家兰·肯（Ran Kin）从心理卫生角度提出优秀教师应具备的条件有：

（1）喜欢儿童；

（2）自我调节良好，可为学生心理健康之表率；

（3）具有教育和心理卫生方面的知识；

（4）明了儿童成长与发展的途径，并能应用不同的技术了解儿童及儿童的需要；

（5）能鉴定有严重问题的学生，并知道在什么地方及如何使他们得到帮助。

著名教育家乌申斯基指出：在教育中，一切都应该以教育者的个性为基础，因而教育的力量只能从人的个性这个活的源泉流出来。教师个性特征中更多受先天影响的气质因素对儿童的影响不可小视。

如果一位胆汁质的教师急躁或粗暴地对待儿童，那么儿童不但立即会感到恐惧，而且在以后的生活中也容易染上消化道疾病或其他代谢失调，甚至会患风湿病或相关的疾病。

如果一位黏液质的教师纵容他的气质，则儿童会因为缺乏来自教师的反应而饱受精神窒息之苦，因为教师习以为常的冷漠阻止了儿童思想和感情的自由交流。当儿童长大以后，他可能会因此而患上神经错乱症。

如果一位抑郁质的教师通过可谓阴冷的感情生活来影响所教的儿童，儿童无法自由地表达情感并得到相应的反应，而是被迫压抑或隐藏热情。在后来的生活中，他可能会患上呼吸和血液循环不规则的症状或心脏不适或连带症状。

如果一位多血质的教师表现出典型的特征，那么儿童在短期内的问题可能是无所适从和无方向感，以及缺乏在教育层面和个人层面上的指导，而长期的问题可能会是出现倦怠、缺乏热情、缺乏意志力和在面对困难时缺乏坚持不懈的品质。

在师生互动的过程中，教师不仅是施动者，影响着儿童的发展，教师又是受动者，儿童的气质也对教师起着某种强化作用。

3. 幼儿园的同伴

儿童实际上生活在两个世界里，一个是包括父母、教师等人在内的成人世界，另一个就是同伴世界。同伴关系是儿童在交往过程中建立和发展起来的一种人际关系。同伴在学前儿童人格和社会性发展中起着成人无法取代的独特作用，给儿童找到友好相处、共同游戏的同伴比让他孤零零地坐拥一屋子的玩具更重要。首先，同伴交往促进了儿童的社会认知和社会交往技能的发展。其次，同伴交往有利于儿童自我概念的形成。再次，同伴交往可以满足儿童归属和爱的需要及尊重的需要。最后，同伴交往可以培养儿童良好的人格。

在婴儿期，儿童的社会交往非常有限。进入幼儿园以后，儿童开始主动寻求同伴，喜欢与同伴共同参与一些活动。3~4 岁的儿童，其依恋同伴的强度及与同伴建立起友谊的数量有显著增长。儿童的友谊多半建立在地理位置接近（邻居）、喜爱共同的活动或拥有有趣的玩具的基础上，所以很容易建立，也很容易破裂。成人尤其是父母、教师，一定要珍惜儿童的同伴关系，不要轻易否决儿童所交的朋友，不妨先听听他为什么交这个朋友，再提出自己作为旁观者的感想供儿童参考，这才是避免儿童“结交坏朋友，失去好朋友”的正确做法。

4. 幼儿园与家庭教育的一致性

幼儿园和家庭是儿童生活与活动的两大环境，因此，两者之间的相互关系组成了影响儿童身心发育的一种生态环境。幼儿园和家庭要紧密联系、相互配合，在对儿童的教育原则上保持高度一致，对儿童提出适宜的发展要求与学习任务，这将有益于儿童行为的统一和人格的完整。相反，如果幼儿园与家庭在教育方式和要求等方面缺少协同、相互脱节，甚至各行其道，两方面教育的作用就会彼此牵制或者相互抵消。这样可能会使儿童无所适从，使他们难以获得健全的发展。

（三）社区

整个社会就是由或大或小的社区组成，任何一个社区都是规模不等的具体小社会，是整个社会一定的缩影。3~6 岁的学前儿童多数进入幼儿园，由幼儿园承担了心理健康教育的任务。当前的早教机构分布不均（中小城市偏少，农村多为盲区），保教水平不一，缺乏规范管理，使得学前儿童中 0~3 岁的儿童的心理健康教育对社区有了新的期待和要求。

社区资源条件的好坏对贫富家庭的影响不完全一致。一般认为，居住在贫民区的家庭贫困儿童，与迁居到资源相对丰富的社区的家庭贫困儿童相比，后者在身心健康等方面能得到更好的发展。与富裕家庭儿童相比，社区资源较为丰富对贫困家庭儿童的影响更大，因为富裕家庭可以选择本社区以外的较远社区的优质资源。

在确保社区禁止兜售不洁食品、劣质玩具、非法出版物的基础上，在进一步丰富社区配套资源时，要重视社区心理健康教育，培养人们的健康心理，从而达到预防身心疾病的目的。解决社会公共安全卫生问题，也有利于构建和谐社区。

2012 年 12 月 26 日颁布的《中华人民共和国精神卫生法》第二十条规定：村民委员会、居民委员会应当协助所在地人民政府及其有关部门开展社区心理健康指导、精神卫生知识宣传教育活动，创建有益于居民身心健康的社区环境。乡镇卫生院或者社区卫生服务机构应当为村民委员会、居民委员会开展社区心理健康指导、精神卫生知识宣传教育活动提供技术指导。第六十七条规定：师范院校应当为学生开设精神卫生课程；医学院校应当为非精神医学专业的学生开设精神卫生课程。县级以上人民政府教育行政部门对教师进行上岗前和在岗培训，应当有精神卫生的内容，并定期组织心理健康教育教师、辅导人员进行专业培训。

三、心理因素

影响学前儿童心理健康的心理因素主要有需要、气质和自我意识等。

（一）需要

需要是影响儿童心理健康心理因素中最重要、最积极的因素。**需要是个体内部的一种不平衡状态，表现为对内外环境条件的欲求，是个体活动的内在动力。**任何需要都是在一定的社会和教育条件下产生的，是对一定客观现实的反映。在儿童主体和客观事物的相互作用过程中，由社会和教育向儿童提出的要求引起的新的需要与儿童已有心理发展水平之间存在着相互依存、相互促进的关系，新的需要与原有心理水平的矛盾斗争形成了儿童心理发展的动力。需要是不断发展的，得到满足的需要产生新的需要。合理的需要若不能得到适当的满足，新的更高的需要将不能产生，儿童心理发展受阻，心理健康问题也将随之呈现。

从马斯洛的“需要层次理论”来看，人的需要分为五个层次，依次是生理的需要、安全的需要、归属与爱的需要、尊重的需要和自我实现的需要。从个体发展的角度来看，层次越低的需要出现得越早，层次越高的需要出现得越晚。

对学前儿童来说，最重要的是满足1~4层的需要，否则就难以产生“自我实现的需要”。为了让儿童自发地产生努力做某事的愿望，父母和教师应检查儿童前四个层次的需要是否得到了较好的满足。生理的需要主要是满足儿童饮食、睡眠等维持生存和健康所必需的最基本的需要。不规律的饮食习惯容易导致低血糖，从而引起肾上腺素分泌增多，容易使儿童陷入一种亢奋状态并出现注意力不能集中、坐立不安等症状；而高质量的睡眠对刺激提高自我控制力的物质分泌很有帮助。生理的需要在一切需要中是最优先的。安全的需要主要是满足儿童免于威胁、伤害、痛苦的需要。婴儿出生以后，除了明显地表现出对生理需要的追求外，也以一种较原始的方式显示出对安全的需要。对于那些“令人头疼的儿童”，他们反复出现的不当言行引起父母不断的打骂，父母这些带有“管教”性质的虐待，可能会给儿童带来肉体和精神上的痛苦。归属与爱的需要会因为儿童被家庭、幼儿园接纳以及和身边的人构建和谐的关系而得到满足。当儿童怀疑这些需要未被满足时，就可能产生焦虑的体验。父母和教师要认真听儿童讲话，经常和儿童沟通，注意儿童发生的细微变化，使儿童感受到父母和教师关注自己、关心自己。自尊需要的满足主要通过父母和教师对儿童的肯定评价，使儿童能够对自己作出肯定的评价。父母和教师要发现并放大儿童的优点及长处，减少对儿童有负面影响的言行，使儿童不仅喜欢自己的优点及长处，也能接纳自己的缺点与短处。培养儿童的自尊有利于他们应对将来可能遇到的挫折和失败。

需要可以表现为不同的形态，如动机、兴趣、理想等。其中，动机与需要有着更为密切的联系。动机是引起和维持个体的活动朝向某一目标，以满足个体需要的内在动力，满足需要是产生动机的基础和前提。个体在有目的的行动中，若针对一个或数个目标存在着两个以上相互排斥的动机或不能全部予以满足的动机，就会产生动机冲突。动机冲突主要有四种类型：双趋冲突、双避冲突、趋避冲突、多重趋避冲突。动机冲突在学前儿童身上也时有发生，如儿童刚买了一件十分喜欢的玩具，他既想与小朋友一起分享，但又担心别人弄坏玩具，此时即处在趋避冲突之中。此类动机冲突处理还比较容易，而有些复杂的动机冲突若不能及时解决，给儿童的心理健康会带来威胁。

（二）气质

气质是指人心理活动动力方面比较稳定的心理特征，它表现为心理活动的速度、强度、稳定性和指向性等方面的特点和差异组合。气质在很大程度上受先天和遗传因素的影响，具有较突出的生物性和稳定性。儿童出生之后就表现出这种先天的气质差别。

托马斯和切斯等人在对婴儿进行大量追踪研究的基础上，根据其确立的气质九维度标准（见表2—4），将婴儿的气质类型划分为三种：容易型、困难型、迟缓型。

表 2—4　托马斯和切斯划分婴儿气质类型的主要维度

气质维度	表现
活动水平	儿童在睡眠、游戏、进食等日常生活中身体活动的数量
节律性	儿童生理功能、日常行为的规律性
趋避性	儿童对新事物的初始反应
适应性	对新事物在初始反应后的长期调节反应
反应强度	对刺激做出反应的强度大小
反应阈限	引发儿童反应的刺激量的大小
注意持久性	儿童坚持某项活动的时间长短
注意分散度	外来刺激对儿童活动的干扰的难易程度
心境	儿童日常生活中高兴与不高兴的数量的多少

1. 容易型

这一类婴儿较多，约占研究对象的 40%。这类婴儿的生理功能规律性强，易接受新事物和陌生人，情绪多为积极性，反应中等，适应快，易抚养，容易受到父母最大的关怀和喜爱，将来不易出现行为问题。

2. 困难型

这一类婴儿人数较少，约占研究对象的 10%。这类婴儿生理功能不规律，对新事物和陌生人退缩，情绪烦躁易怒，常大声哭闹，适应慢，较难抚养，在养育过程中容易使亲子关系疏远，易出现行为问题。

3. 迟缓型

这一类婴儿人数不多，约占研究对象的 15%。这类婴儿不像困难型婴儿那样常大声哭闹，对新事物和陌生人的最初反应是退缩，适应慢，反应强度低，出现消极情绪多。在没有压力的情况下，他们也会对新事物缓慢地发生兴趣，在新环境中能逐渐地活跃起来。这类婴儿会随着年龄的增长及父母抚爱和教育情况的不同而发生分化。

以上三种类型涵盖了约 65% 的婴儿，另有 35% 的婴儿往往具有上述两种或三种气质类型的混合特点，称为中间型。

儿童的这些先天的气质类型的差异会直接影响父母的教养方式，进而影响亲子关系，最终影响儿童的行为发展。杨丽珠的进一步研究表明，儿童气质的不同方面在影响母亲教养方式中所起的作用是不同的，有的发挥积极影响，有的是消极影响。

影响母亲教养方式的积极气质因素包括：积极乐观的心境、较高的适应性和较高的注意持久性。影响母亲教养方式的消极气质因素包括：高活动水平、高趋向性、高反应强度、高注意分散度和低适应性等。高活动水平容易引发母亲采取放任性教养方式，高趋向性容易引发母亲采取专制性教养方式。

由于儿童的气质对母亲的教养方式有直接影响，因此，母亲应正确对待母子之间相互影响的关系，避免儿童气质对母亲教养方式的消极影响，在相互作用中发挥主导作用，自觉调节自身的情绪，从儿童的实际出发，选择有效的教养方式，促进儿童气质的良好发展。

另一类气质类型的划分为传统的气质类型的划分：胆汁质、多血质、黏液质和抑郁质四种典型的气质类型。除了这四种典型的气质类型外，还有部分属混合气质。其中，四种典型的气质类型占一半多。奥地利社会哲学家鲁道夫·斯坦纳认为，儿童极端单一气质类型会带来一些危险后果，见表2—5。

表2—5　　儿童极端单一气质类型会带来的危险后果

主要气质	较小的危险	较大的危险
胆汁质	控制不住脾气	狂热，癖好
多血质	特征不稳定	间歇性精神错乱，精神失常
黏液质	特别冷淡	低能、弱智、白痴
抑郁质	特别压抑	妄想，抑郁症

四种气质类型中更容易带来不良后果的是胆汁质和抑郁质。胆汁质儿童的极端化发展可能与一些更具有攻击性和破坏性的行为有关；而抑郁质在极不稳定的情况下易发生紧张、胆怯、抑郁、强迫等具有神经症焦虑的倾向的障碍。

就气质类型而言，并无好坏之分，但每种气质类型都有其积极和消极的方面。如胆汁质倾向于大胆、坦率、热情，但又有些粗心、莽撞和刚愎自用；多血质活泼开朗、机敏灵活，但往往不够踏实、心思多变；黏液质比较稳定、踏实、有耐心，但不够活泼、比较固执、迟缓；抑郁质细致、谨慎、多思多想，但怯懦、孤僻、易退缩。教师和父母要巧妙地利用不同气质类型儿童的心理特点因势利导。

鲁道夫·斯坦纳特别强调，教师应当顺应儿童的基本气质，而且在任何情况下都不要反其道而行之。他指出，如果促使儿童发展其相反的素质，则效果必然是比无用还要坏，这里所说的相反素质是指不自然的、不是其本身素质的表现。任何使儿童产生“平衡的”个性的企图都是无效的，而且肯定是有害的。他建议把班上的儿童按照不同的气质分成几个组，并且用适当的方式来对待每个组，这样对整个班级、儿童和教师都会十分有利。如胆汁质的儿童在周围儿童吵吵嚷嚷的行为中感到厌倦了，因而倾向于安静下来；抑郁质的儿童处在静默沉思中，最终会发现他们这一伙人太疲倦了，因而会振作起来并开始注意他们周围所发生的事情。把气质相似的儿童归入同一组，儿童的气质倾向并非像预料的那样会加强或突出，反而会趋向减弱和缓和。

（三）自我意识

自我意识是人对自己，以及自己与客观世界关系的一种意识。具体来说，自我意识是对生理自我、心理自我、社会自我的反映。在个体的心理发展中，自我意识的发展是个性形成和发展的重要条件。如果一个人的自我意识不能获得发展，那么个性的发展就难以实现。同时，自我意识也是个性结构的重要组成部分，对个性的发展具有重要的调节作用。

自我意识由自我认识、自我体验和自我监控三种成分构成。自我认识包括自我观察、自我分析和自我评价等；自我体验包括自尊感、自信感和成败感等；自我监控包括自我检查、自我监督和自我控制等。学前儿童自我意识的发展主要表现在自我认识与评价和自我控制两方面。

1. 自我认识与评价

儿童在 2、3 岁时，开始掌握“我”这个词，意识到自己是各种心理和行动的主体，这是儿童自我意识发展中的一个重要转折。在这一时期，随着自我意识的发展，儿童会向父母的好意安排挑战，对父母的帮助、指导或阻止等会用“不”来反抗，儿童进入了第一个反抗期。研究表明，经过了反抗期的儿童，成人以后自主性强；而那些未经历反抗期的儿童，在成人以后表现出自主性和主动性缺乏的倾向。父母或教师不能因为受此烦扰而企求儿童没有反抗期。如果在特定阶段儿童没有表现出反抗行为，多与父母的教育方式有关，或是过于严厉，抑制了儿童自主的欲望；或是过于宠爱，有求必应，剥夺了儿童自我发展的机会。

在儿童形成自我概念的过程中，性别认知是重要的一个方面。儿童要成为合格的社会成员，就必须知道自己的性别和社会对不同性别的期望。2 岁时，儿童能说出自己的性别；5 岁左右，儿童能够把某些特定的人格特点与性别联系在一起，如男孩应该勇敢，女孩应该文静。在儿童成长过程中，父母给孩子起名、买衣服和玩具、与孩子玩游戏和谈话等，都在传递着社会对不同性别儿童的期望和标准。男孩与女孩相比，会面临更大的社会压力，如人们普遍鄙视男孩的“娘娘腔”而不太在意女孩成为“假小子”。不要对儿童说任何混淆性别意识的话，如“这个男孩长得很秀气，像个女孩”或“这个女孩长得像个男孩”等，虽然言者无心，但儿童听多了会怀疑自己究竟是男孩还是女孩，对性别意识有扭曲作用，还可能引起有偏差的性行为，如同性恋等。

幼儿园阶段的儿童虽然已开始评价自我和他人，但由于尚未掌握准确的标准，没有足够的识别和判断能力，他们对许多事情的评价都是唯成人的意见是从，因此，教师和家长对儿童的评价要慎重，千万不要以为儿童年幼而妄言。儿童的自我评价可以分为三类：适当的评价、过高的评价和过低的评价。自我评价适当的儿童是积极、富有朝气、机智和好与人交往的；自我评价过高的儿童很容易形成过分自信、高傲、势利眼、不讲策略和难以相处等性格特征；自我评价过低的儿童很容易形成自卑、退缩和不合群等性格特征。对自我评价过低的儿童，父母和教师要给予特别的关注。首先，父母和教师要从点点滴滴的小事上培养他们的自尊心；其次，教育儿童同伴对他们采取友善、热情的态度，消除其紧张情绪和不安心理，同时要让他们从同伴和集体的评价中切切实实感受到自己的价值；最后，鼓励他们大胆和别人交往，同时在交往的技能、技巧上给予具体指导，帮助其取得成功，逐步提高自我评价能力，促进自我意识的发展。

2. 自我控制

在自我控制方面，由于学前儿童大脑皮质兴奋机制相对抑制机制占有较大优势，其自我控制处于较低水平。4~5 岁是儿童自我控制发展的重要转折期，应重视培养儿童的自我控制度。自我控制度适宜的儿童的特点是“管得住，放得开”，能随环境的变化改变自己的控制程度，有较强的灵活性，已养成等待和忍耐的习惯，这类儿童也称为弹性儿童；而自我控制度过低的儿童则无法延迟满足，易分心，易冲动，情绪表现有自发性，人际交往有攻击性；自我控制度过高的儿童没有主见，不分心，兴趣狭窄、刻板，对新环境缺乏探究兴趣，很少或不愿表达自己的需要和情绪，有很强的抑制性和一致性。

从以上分析可以看出，个体在婴儿期的发展重点是自我与非自我界限的建立，以及自我与其他物体间关系的觉察；在幼儿期的发展重点是自我控制与环境控制，帮助儿童了解自己，知道自己喜欢做什么、能够做什么，增强儿童自我控制的能力。

学前儿童身心发展的进程主要依赖于个体的遗传素质，但变幻不定的环境因素却不停地影响着其身心发展，而且在影响学前儿童心理健康的因素中，不同因素对不同时期的儿童所起的作用也不尽相同。因此，没有人可以对一个正常个体未来的健康状态作出有保证的预言，教育者在实施教育行为时需要科学、合理地进行综合分析。

小资料

爸爸如何与孩子玩游戏

和孩子玩游戏可不是妈妈的专利哦！大多数的爸爸真的很喜欢和孩子在一起，但是他们私下常会抱怨：“我真是伤透了脑筋——等到他会丢球的时候，玩些两人同乐的运动还算简单，但是现在他还是个婴儿，我能和他玩些什么呢？”

以下我们就提供一些小秘诀，帮助爸爸和 0 ~ 1 岁的孩子玩在一起。

0~3 个月

发育特征：孩子在出生的前几个月，无法长时间集中注意力，他对不移动的物体会很快就失去兴趣。

1. 和孩子说话，唱歌给他听

若孩子比较喜欢妈妈的声音，爸爸也别心灰意冷，孩子通常比较喜欢音调较高的女性声音，特别是自己妈妈的声音。女性对孩子说话会变化尾音，加入一些持续的渐强与渐弱以及夸张的声音；但是，爸爸说话的音调较低，尾音也较少有变化，孩子往往觉得爸爸的声音比妈妈的声音“安静”。

我的儿子一岁之前，每天我都会和他进行一段特殊的散步兼歌唱时间：

（1）我抱着他，让他的头靠着我的下颚，等他再大一些，则让他靠着我的肩膀。

（2）我们一起散步 10 到 15 分钟，我唱歌给他听。

（3）几次后，我就发现孩子对某些曲子比较感兴趣，记得要把它们记下来，重复给孩子听，次数越多越好，孩子往往会比较喜欢一些自创的歌曲。

2. 一起洗澡

准备一缸水温适中的水，和孩子共浴。让孩子躺在你的胸前，身体一半泡在水里，一半露出水面，你也可以搓搓孩子的身体，把水泼在他的四肢和身体上，他还可以学会玩水，享受水带给他的舒适。要对付一个吵闹不休的婴儿，在睡觉前和他共浴是一个不错的方法。

3~6 个月

发育特征：孩子在三个月后，会开始喜欢玩自己的手，这个阶段是孩子伸展自己、碰触他人的阶段。

1. 拉扯游戏

孩子三个月大后，和他玩游戏就容易多了，因为从这时起，孩子会做的动作多了，而且这些动作更有目的性，好像在动作中加了更多的思考。在出生后前三个月内，孩子的肌肉比较紧张，手脚会朝自己的身体弯曲；三个月大后，他开始喜欢玩自己的手，喜欢玩爸爸的胡须、头发和眼镜，也会不停地碰触你的脸部、鼻子和耳朵。

给孩子一个手环或类似手环的圆环，他就可以做很多游戏了。我很喜欢和我的儿子玩拉扯的游戏。孩子月龄越大，他抓手环的力度也会越来越大，这时候就得增加取回手环的难度。

孩子睁大眼睛与张开手臂时，表示他渴望和你一起玩。当孩子非常兴奋或对某件事感兴趣时，他就会把手臂张开或抬高。你会感到他正用手传递给你“来吧！”的讯息，这是他的游戏邀约。由孩子主动提出的游戏，往往更具学习效益，也容易维持较长的时间，这可是游戏的重大原则。

2. 积木游戏

孩子 5~6 个月大时，会发展出伸手和抓东西的技巧，这时便可以开始让他玩积木。试试下面的方法，来延长孩子玩积木时集中注意力的时间：

（1）把孩子放在一张紧挨着桌面的高椅上，在他伸手可及的范围内铺上一条毛巾或桌布。

（2）上面放三块长宽高皆一寸的正方形积木，你可以选用黑白相间或色彩对比强烈的积木。

（3）爸爸站在桌子的一端，请妈妈或家人站在桌子的另一端，将桌布或毛巾来回拉动，在孩子面前慢慢地移动积木。

（4）孩子会觉得这些移动的物体很有趣，而伸出他胖胖的小手来抓取这些移动的积木。他直接命中目标的几率，会令你大吃一惊呢！

6~9 个月

发育特征：在这个阶段，孩子会发展出一个主要技巧——爬行（所谓“七坐八爬”）。这个技巧能让亲子间进行更多有趣的游戏。

1. 爬到爸爸的身上

孩子 6~9 个月大时，开始学会爬。你可以躺在地板上，把孩子放在身体的一侧，然后在另一侧摇动一个吸引他的玩具，鼓励孩子从你的身上爬过去拿玩具。他很快就会觉得在爸爸身上爬来爬去很有趣。等到 8~9 个月大时，孩子就会爬到一半停下来坐在爸爸的肚皮上。你可以用肚皮把孩子弹上弹下，让他高兴得咯咯笑。

2. 和孩子一起爬

趴在地板上，把孩子放在旁边，和他一起爬行。你会发现，用这种方式，孩子的爬行动作往往最快速、最平衡。这样一来，不但能让孩子发展出移位技巧，也是一种解决问题的练习。

3. 和孩子进行“拿玩具游戏”

将一个对孩子颇具吸引力的玩具放在一段距离之外，鼓励他自己爬过来拿；放玩具的距离可以逐渐拉大。假如孩子想要一个远在几米外的玩具，他必须学会灵活使用身体的各个部位，才能拿到玩具。

9~12 个月

发育特征：这个阶段的孩子会主动找你玩，在你走进家门时，他会朝你爬过来，抓着你的裤脚努力站起来。

孩子这时已经能够移动自如，也能做更多的动作。大部分的孩子从 9 个月开始就不会那么黏妈妈，他们越来越喜欢和爸爸在一起，这种倾向也会激起爸爸对孩子的兴趣。

1. 和孩子玩藏玩具的游戏

在孩子的初期发展阶段，他不会记得视线之外的事物，所以假如你把玩具藏在手里，孩子会觉得玩具不见了。到了 9~12 个月大时，孩子会发展出“物体恒在”的智能，也就是说，即使东西现在不在视线之内，他也会记得看过的东西。这时，你就可以和孩子玩“藏玩具”的游戏了：在孩子面前把一件他喜欢的玩具藏在一只手里，然后把双手都放在背后，再把双手伸到前面来，玩具仍藏在同一只手里。

先和孩子玩一些简单的游戏，再慢慢增加游戏的复杂度（例如：让孩子看到你将玩具藏在棉被中，再让孩子去找），这可让你了解孩子心智发展的程度以及现在的能力。

2. 玩球

孩子很喜欢捡球与丢球的动作。你要选择一个手掌大小、轻一点的小塑胶球，比如乒乓球。乒乓球从硬质地板弹回会发出声响，而且它弹跳的速度很快。先对孩子讲解游戏规则，比如让孩子把球捡起来丢给爸爸。爸爸先下“捡球”的命令，等孩子拿到球后，再告诉他“把球丢给爸爸”。这个阶段的孩子还无法同时理解两个指令，得分开说。

3. 玩配合动作的游戏

孩子喜欢模仿并回应伴随动作的有趣词句，比如“拍手”游戏后，当你在不动双手的情况下说出“拍手”，孩子通常会知道字眼的暗示，开始拍手，你就好像触动了早已储存在他脑海中的记忆模式。然后，你就得加入这个游戏来强化他的动作。

当孩子对游戏不感兴趣后，可别以为孩子对你也不感兴趣了。一岁大的孩子的平均注意力集中时间不超过一分钟，他很快就会想换另一种游戏玩玩。你也可以利用上述这些游戏来测试孩子是否有发展迟缓的情况。

资料来源：罗家英主编：《学前儿童发展心理学》，北京，科学出版社，2011。

本章小结

本章主要说明了 0~6 岁的婴幼儿在动作发展、语言发展、认知发展、情感发展、人际交往和人格发展方面表现出的特点，以此反映学前儿童心理发展的特点；此外，本章还揭示了影响学前儿童心理健康的三大因素：生物因素、社会因素和心理因素。

知识结构图

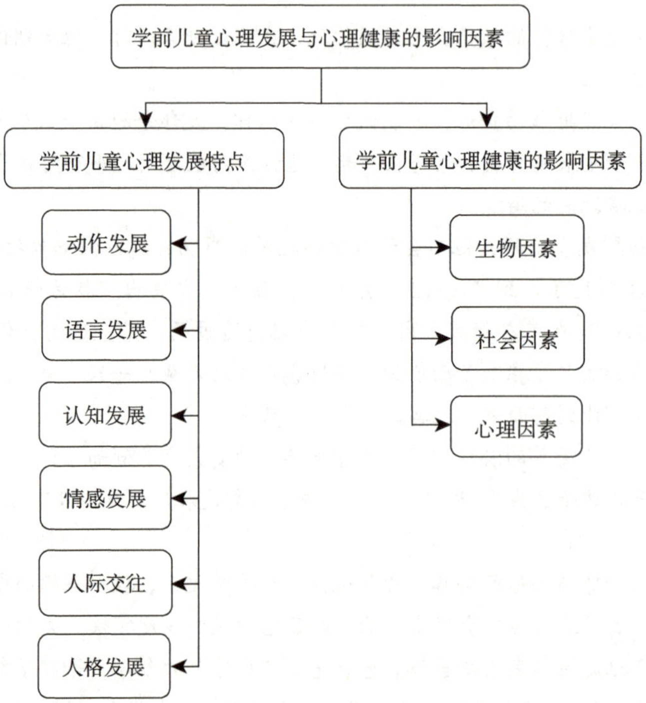

关键概念

学前儿童动作发展　　学前儿童语言发展
学前儿童认知发展　　学前儿童情感发展
学前儿童人际交往　　学前儿童人格发展
生物因素　　社会因素
心理因素

讨论及思考题

1. 你认为哪些时期是学前儿童动作发展、语言发展、认知发展、情感发展、人际交往和人格发展的重要阶段？

2. 幼儿园应该如何与家庭配合，对学前儿童心理健康实施有效的影响？

3. 请谈谈独生子女和非独生子女心理的不同发展特点。

4. 根据在幼儿园的实习或工作情况，谈谈学前儿童在生活、学习、游戏等活动中表现出的不良心理和行为。

案例分析

新学期到了，带班的李老师发现，所在班级的小朋友团团爱洗手，每次洗手的时候他的时间都比其他小朋友稍长些。于是，她就对同班的另一位老师说："团团这孩子爱洗手，一定是有洁癖。"说这话时，团团也在旁边。回家后，团团看到妈妈正在洗手，就对妈妈说："妈妈，你有洁癖。"团团的妈妈听了这话，疑惑地说："你听谁说的？"团团回答说："老师说我爱洗手有洁癖，那妈妈也有洁癖。"团团的妈妈听了感到很奇怪，难道爱洗手就是有洁癖吗？虽然她觉得不太可能，但也不敢确定，就带着团团去专门的心理机构进行了咨询。经过诊断，没有发现团团有洁癖的迹象。医生告诉她，仅通过洗手的时间稍长些是无法判断孩子是否有洁癖的，团团的妈妈这才放心。不过，她也很生气，为什么老师说出这么不负责任的话呢？于是，她到幼儿园找到了李老师。李老师听了团团妈妈的叙述后，十分不安，很抱歉地说道："团团妈妈，真是对不起。我近期正在看一本与儿童心理健康有关的书，看到团团的动作，就与书中某个描述洁癖的片段联系了起来，顺口就说团团有洁癖，没想到会给您和孩子带来这么多的麻烦，我以后一定注意。"事情总算在友好的气氛中得以解决。

根据案例，试分析影响学前儿童心理健康的因素，并针对幼儿教师提出你的教育建议。

参考文献

[1] [美] 劳拉·E·贝克著．婴儿、儿童和青少年．桑标等，译．上海：上海人民出版社，2008.
[2] [日] 高山惠子著．儿童教养难题家园互动解决方案．张洁，译．北京：中国青年出版社，2010.
[3] [英] 吉尔伯特·蔡尔兹著．做适合人的教育：斯坦纳教育理论和实践．王荣亨，译．北京：新世界出版社，2012.
[4] [美] 赫根汉著．人格心理学导论．何瑾，译．海口：海南人民出版社，1986.
[5] 朱智贤著．儿童心理学．北京：人民教育出版社，2000.

[6] 罗家英主编 . 学前儿童发展心理学 . 北京 : 科学出版社，2011.
[7] 黄希庭著 . 心理学导论 . 北京 : 人民教育出版社，2007.
[8] 张春兴著 . 现代心理学 . 上海 : 上海人民出版社，1994.
[9] 朱敬先著 . 健康心理学 . 北京 : 教育科学出版社，2002.
[10] 刘金花主编 . 儿童发展心理学 . 上海 : 华东师范大学出版社，2006.
[11] 刘云艳著 . 幼儿心理素质教育的理论与实践研究 . 北京 : 教育科学出版社，2009.
[12] 李季湄，冯晓霞主编 .《3~6 岁儿童学习与发展指南》解读 . 北京 : 人民教育出版社，2013.
[13] 王振宇主编 . 心理学教程 . 北京 : 人民教育出版社，2001.
[14] 王萍主编 . 学前儿童问题行为及矫正 . 北京 : 清华大学出版社，2013.
[15] 傅宏著 . 儿童青少年心理治疗 . 合肥 : 安徽人民出版社，2000.
[16] 顾荣芳著 . 学前儿童健康教育论（第 3 版）. 南京 : 江苏教育出版社，2009.
[17] 姚梅林，郭芳芳主编 . 幼儿教育心理学（第 2 版）. 北京 : 高等教育出版社，2012.
[18] 上海市人民政府教育局 . 上海市 0~3 岁婴幼儿教养方案，2008.

第三章　0~3 岁婴幼儿心理健康教育指导

本章学习目标

- 结合婴幼儿的发展特点，熟记婴幼儿心理健康教育的目标与具体内容
- 牢固掌握婴幼儿心理健康教育的原则与方法，并能灵活运用
- 了解婴幼儿心理健康教育的途径，并能运用具体策略解决具体问题
- 学习婴幼儿认知、情绪情感、社会交往和人格（主要指自我意识）四个方面的教育要点与注意事项，能根据婴幼儿的年龄特征与发展状况，提供具体的教育建议
- 初步学会拟定婴幼儿心理健康教育的游戏活动方案

教师专业标准及教师职业资格能力考试要求

- 了解婴幼儿心理发展的基本规律、年龄阶段特征、个体差异及影响因素的相关知识，熟悉婴幼儿认知、情绪情感、社会性和个性发展的特点
- 了解 0~3 岁婴幼儿保教的有关知识与基本方法，能据此分析婴幼儿教育中的现象与问题及教育的适宜性

引导案例

有一个著名的阿尔伯特惧怕实验。实验者拿出一只白鼠递给阿尔伯特，他开始伸手去摸白鼠。正当他的手碰到那只白鼠时，实验者猛敲一次铁棒，他吓了一跳，开始哭泣。为了不过分伤害阿尔伯特的健康，实验停止了一周。一周后，白鼠在没有铁棒敲击声的条件下出现，阿尔伯特不敢接近。接着，实验重复几次，在第五次单独呈现白鼠时，阿尔伯特一看到白鼠就啼哭，并迅速爬开。很明显，阿尔伯特对白鼠产生了惧怕情绪。不仅如此，当出现以前没有引起惧怕的兔子和白面具时，他也反应强烈。可见，惧怕白鼠已经“泛化”到一些其他有共同特征的对象上。

阿尔伯特惧怕实验证实了早期环境与经验影响学前儿童的心理发展。美国心理学家怀特认为：孩子头三年经验的重要性，远远超过我们过去所想象的，没有什么工作比抚育头三年的孩子更重要。意大利著名儿童教育家蒙台梭利也指出：儿童出生后头三年的发展，在其程度和重要性上，超过儿童整个一生中的任何阶段，人的功能在 0~3 岁这一阶段实际上比 3 岁以后直到死亡的各个阶段的总和还要长，从这一点上来讲，我们可以把这三年看作是人的一生。阿尔伯特惧怕实验的研究者——著名的行为主义心理学家华生曾说过：“儿童的情绪为家庭所造成，父母们将是这种情绪的种植者、培养者。当儿童到了 3 岁时，他的全部的情绪生活和倾向，便已打好了根基。这时父母们已经决定了这些儿童将来是变成一个快乐健康而品质优良的人；或是一个怨天尤人的神经病患者；或是一个睚眦必报、作威作福的桀骜者；或是一个畏首畏尾的懦夫。”可见，婴幼儿的心理健康是人的心理良性、持续发展的根本前提，0~3 岁婴幼儿的心理健康教育不容忽视。

那么，婴幼儿的心理健康教育到底指向什么？针对婴幼儿的心理发展特点，我们应该如何进行心理健康教育？本章将从 0~3 岁婴幼儿心理健康教育的目标、内容、原则和方法、途径、游戏活动方案五方面进行阐述。

第一节 0~3 岁婴幼儿心理健康教育的目标

自《国家中长期教育改革和发展规划纲要（2010—2020 年）》提出“重视 0 至 3 岁婴幼儿教育”，我国出台了一系列促进学前教育发展的文件，号召各地各教育部门关注 0~3 岁婴幼儿教养工作。2013 年，教育部办公厅还下发了《关于开展 0~3 岁婴幼儿早期教育试点的通知》，决定在上海市、北京市海淀区等 14 个地区开展 0~3 岁婴幼儿早期教育试点，0~3 岁婴幼儿早教事业空前发展。虽然目前仍缺少专门针对 0~3 岁婴幼儿教养的全国性政策法规，但北京、上海、江苏、广州、福建等经济发展较快的省市出台了地方性早教行政法规和规章，为 0~3 岁婴幼儿教养提供了重要指导。这些地方性早教行政法规和规章将成为本章内容的基本依据，如《北京市学前教育条例》《上海市 0~3 岁婴幼儿教养方案》《江苏省 0~3 岁婴幼儿教养方案（试行）》等。保教人员和家长应认真学习各地方的早教行政法规和规章，充分掌握 0~3 岁婴幼儿的心理发展规律和特点，将其科学、灵活地运用至日常教养中，营造良好的环境，提供积极的心理体验机会，促进每一个 0~3 岁婴幼儿的健康、快乐成长。

一、0~3 岁婴幼儿心理健康教育的总目标

基于 0~3 岁婴幼儿心理发展的特点和规律，结合早教行政法规和规章的内容，0~3 岁婴幼儿心理健康教育的总目标可确定为以下六条：

（1）安全感强，有一定的适应能力。

（2）情绪稳定、愉快，乐意、敢于表达自己的需求和情感。

（3）生活规律，形成良好的秩序感，养成基本的生活习惯。

（4）好奇心强，积极运用感官，乐于探索周围环境与事物。

（5）喜欢与人交往，懂得分享。

（6）乐于帮忙做事，有初步的独立自理能力。

二、0~3 岁婴幼儿心理健康教育的年龄目标

儿童年龄越小，每个发展阶段的差异性越大，教育应该充分考虑不同年龄婴幼儿的心理发展特征，提出不同阶段的目标要求。

（一）0~1 岁

（1）与照顾者建立稳定的依恋关系，能用不同的方式表达自己的需要。

（2）喜欢和成人进行情感交流和游戏。

（3）对周围的环境和事物产生好奇，积极运用感官感受外物。

（4）建立初步的生活规律。

（二）1~2 岁

（1）情绪愉悦，能识别他人情绪，并喜欢用不同的方式与人交流沟通。

（2）具有强烈的好奇心，喜欢通过多感官和动作探索周围的世界。

（3）建立基本的生活规律，能理解和遵从简单的行为规则。

（4）能用名字称呼自己，尝试自己做简单的事情，并为自己独立的表现感到骄傲。

（三）2~3 岁

（1）情绪较为稳定，乐于表达并能初步调节自己的情绪，可有意识地控制自己的行为。

（2）操作喜欢的或觉得好奇的事物时有一定的专注力，能安静、独立地玩耍。

（3）形成良好的秩序感，初步养成良好的生活习惯。

（4）能够并喜欢和同伴交往，懂得轮流与分享，初步体验与同伴共同游戏的乐趣。

（5）知道自己的性别，学会用“我”称呼自己。

（6）有强烈的自主独立的愿望，自己动手服务的主动性、积极性高，能独立地使用汤匙吃东西、整理玩具、穿脱简单的衣服，形成初步的生活自理能力。

第二节 0~3岁婴幼儿心理健康教育的内容

一、认知发展

婴幼儿的认知发展包括其感知觉、注意、记忆、思维、言语和想象等能力发生、发展的整个过程，内容非常丰富，范围比较广泛。婴幼儿认知能力的发展是语言、社会性、情感、个性发展的基础。教养者需要从以下三个方面支持和促进婴幼儿认知的发展。

（一）保护强烈的好奇心与兴趣，支持探索行为

案例：妈妈每次带彤彤出来都会推上小车，因为带彤彤走着出门的时间总是会超出预期。妈妈曾经和邻居抱怨："彤彤看个蚂蚁能看上半个小时，用小木棍戳泥巴能花很长时间，从斜坡下来偏要走上几个来回才能继续往前走，有一次从下楼到小区门口用了一个小时，还是我连哄带骗的。要是有时间就算了，可是我一个人带她，得洗衣做饭，她也不理我，我只能强硬抱走她，她经常赖在地上哭。哎！今后尽量少出门，或者带小车出门，减少她的哭闹。"

孩子天生具有对周围环境的好奇心与探索世界的欲望，自然界的万物对他们有神奇的吸引力。他们通过感官和动作积极地与周围的环境相互作用，主动建构对世界的认知、对他人的认知、对自己的认知。在这个过程中，好奇心和兴趣能使他们的注意力更加持久，探索的时间也逐渐延长，更能主动吸收和学习，还能促发他们的想象、思维和创造性。好奇心和兴趣得到满足也会带来愉快的情绪体验，快乐和兴趣的相互补充是智力活动的最优情绪背景，也是建立人际间情感联结的基础。案例中的彤彤对蚂蚁、泥土、斜坡等的兴趣和各种探索行为不但未得到妈妈的理解和支持，反而受到阻碍和抑制。长期这样，孩子的认知发展会受到限制，孩子也会变得被动、怯懦和呆板。教养者需要保护孩子宝贵的好奇心和兴趣，支持和鼓励他们主动、自由地探索和学习。

（二）积累丰富的感性经验

感性经验指在感性认识阶段所获取的经验，是对事物表面现象或外部联系的认识。

人们的认识始于感性经验。婴幼儿主要通过感官和动作直接作用于客体进行主动、自由的探究和学习，从而积累丰富、直接的感性经验。在以上案例中，当观察蚂蚁时，彤彤逐渐积累着关于蚂蚁外形特征、蚂蚁爬行的经验；当用小木棍戳泥巴时，彤彤可能获取的是“泥巴是软的”和使用工具的经验；当从斜坡来回上下时，她便能学会如何在上下坡时控制自己的身体，并感受到自己的能力，体验游戏的快乐和成就感。教养者需要通过提供丰富、适宜的环境刺激、游戏和自发探索的机会，帮助和支持婴幼儿积累丰富的感性经验。楼必生在《科学教育：先学前儿童潜能开发》中提出 11 条认知经验，将其整理如下：

（1）积累关于事物、事物属性及作用的经验，比如逐渐认识、指认和命名身边的事物，逐渐认识事物的颜色、形状、大小、软硬、冷热等。

（2）积累关于事物关系的经验，比如钥匙和门等的配对关系，上下、里外等空间关系，先后、早中晚等时间关系。

（3）积累关于常见科学现象的经验，比如知道风、雨、雪等现象，感受季节变换带来的变化。

（4）积累关于自己与环境、外物关系的经验，比如通过推、拉、敲、踢、撕等改变外物状态，知道冷了穿衣服、饿了吃东西、下雨要打伞。

（5）积累关于简单解决问题的经验，比如通过爬凳子去够书柜里的玩具。

（三）发展注意力、感知觉、记忆、思维和想象

认知能力的发展与全脑结构的发育和功能建构顺序完全一致，形成了一个从注意—感觉—知觉—记忆—思维—想象的发展过程。从发展的程序看，这一过程的全部出现需要经过 1~2 年的时间。婴儿出生不久就有注意或定向反射，注意在认知活动中最先发挥作用，对认知的其他部分产生推进作用。感知觉的发育从出生就开始了，并在出生的前几年迅速发展，绝大部分的基本感知觉能力在婴幼儿期完成发展。在婴幼儿早期的认识活动中，感知觉占主导地位，是婴幼儿获得外界环境信息、认识自我的开始，是记忆、思维和想象等心理活动产生和发展的基础。1 岁前婴儿的记忆已经得到发展，并出现思维的萌芽，开始发现问题并试图解决问题，比如 12 个月的婴儿会尝试使用棍子拨回滚到沙发下面的球。随着动作的迅速发展，1~2 岁的婴幼儿活动范围也逐步扩大，出现许多自发的探索活动，该阶段动作思维非常明显。1.5~2 岁的婴幼儿，动作开始内化为心理表象，可以通过同类动作操作所留下来的心理表象的迁移解决熟悉的问题。这一阶段，记忆发展速度非常快，推进着心理表象的产生，想象也开始出现，典型标志是假装游戏、积木的搭建、语言的联想等，比如把纸当成饭菜，哄布娃娃睡觉。2~3 岁的婴幼儿，各种能力继续协调发展和提升，动作思维开始向形象思维过渡。

结合婴幼儿认知各方面的发展进程与特点，教养者需要提供婴幼儿感兴趣、丰富的事物或玩具，选择适宜的游戏活动，发展婴幼儿的注意力，充分调动和运用他们的感觉器官，有意识地训练他们的记忆，积累丰富的心理表象，保护刚刚萌发的想象能力，促进思维的发展。

二、情绪情感发展

情绪情感是伴随人的需要是否得到满足而产生的体验。情绪情感对婴幼儿的生存、发展都具有非常重要的意义，而且年龄越小，情绪在心理活动中的地位越高。自婴儿与母体分离，情绪反应就成为其重要的生存适应方式。通过情绪信息的传递，婴儿从成人那里得到最合适的哺育。情绪情感能激发和指导婴幼儿的行为，驱使其去做或不去做某种行为。情绪对婴幼儿心理活动的动机作用是非常强烈和明显的，是婴幼儿心理活动的激发者和驱动器，也对婴幼儿的认知活动起着推动、促进或抑制、延缓的作用。情绪还是婴幼儿人际关系的组织者，在其社会交往的发起、维持，自己社会行为的保持、调整中起着重要的作用。婴幼儿的情绪情感对其个性的形成也有很大的影响。在与不同人、不同事物的较长时期的接触中，由于成人对其的不同态度、方式，婴幼儿逐渐形成了对不同人、不同事物的不同的情绪状态，这些情绪状态逐渐稳固下来，成为稳定的情绪特征。自婴儿出生，教养者就应该关注并积极回应他们的情绪情感反应，发展其积极的情绪体验，引导其乐意并正确表达自己的情绪情感。

（一）发展积极的情绪体验

情绪分为积极的正性情绪和消极的负性情绪，快乐和兴趣是最基本的积极情绪，哭和惧怕是最基本的消极情绪。消极情绪也具有重要的适应价值，但是随着年龄增长，在良好的抚养、教育条件下，消极情绪会逐渐减少。如果消极情绪占主要成分，孩子将形成消极、懦弱的性格，探索和操作会受到限制，智力发展会受到阻碍。相反，积极的情绪状态对他们的身心发展非常有益。比如快乐的笑容是最有效和最普遍的社会性刺激，它是人际交往的纽带。快乐一般与成就感直接联系，孩子们总是从自己的活动和活动的成功中得到快乐，并从中得到对世界、社会和人的信心，得到对人的宽容和忍耐的力量，得到应对环境的能力。快乐有助于婴幼儿形成乐观的个性，帮助他们成为心理功能完备的人。成人需要创设支持婴幼儿感知和操作的环境，开展丰富的游戏与活动，提供更多的体验成功和快乐的机会，帮助婴幼儿建立正性情绪体验。

（二）引导情绪情感的正确表达

案例：晓晓 28 个月大，是个较活泼的女孩，进入托班已经一个多月了，对托班的生活适应良好。一天，午睡后晓晓哭闹不止，老师抱起她询问了很久，她都不予理睬，继续哭泣，一直到妈妈来接。第二天，老师通过妈妈才了解到，晓晓午睡起床穿鞋时，牛牛踢翻了她喜欢的米奇鞋子并从上面踩了过去。

哭和笑是婴幼儿最初的情绪表达方式，通常表达饥饿、疼痛、不称心、惊吓、发怒或愉悦。在成熟和后天环境的作用下，先天的情绪不断分化和发展，婴幼儿表达情绪情感的方式方法也逐渐丰富起来。4~6 个月，孩子便已经会用哭声、面部表情和动作与成人沟通。随着年龄的增长和语言的发展，他们逐渐会用拍手、蹦跳等表示高兴，用拥抱、亲吻等动作来表示对他人的喜欢，还逐渐学会用语言表达自己的需要和状态，甚至会用多种方式表达同一种情绪情感。情绪情感的大胆表达和正确表达既有助于保持积极的情绪状态，也有助于人际交往的良性发展。案例中的晓晓因没有及时、大胆地表达出对牛牛行为的愤怒和委屈，无法解决牛牛行为带来的压力，只能借助于哭泣来宣泄。教养者需要认真观察婴幼儿，引导他们乐意、大胆地表达自己的需要和情绪情感，并能用较为合理的方式表达。

（三）引导消极情绪的控制与自我调节

案例：2岁的小磊和天天都答应妈妈到玩具店逛逛但不买玩具。才过一会儿，小磊挑了动画片里的一把枪，“妈妈，就买一个吧！”妈妈说：“我们说好不买的，前天刚买过一个玩具。”小磊放回枪，可是嘟着嘴巴，哼哼唧唧地往前走。不一会儿，天天抱起护理公仔，妈妈拒绝了。天天说：“我就想要这个娃娃，妈妈买一个！”无论妈妈怎么劝说，天天都坚持要。妈妈一生气抱走了天天，天天大哭起来，小磊也跟着大哭起来，两个妈妈不知所措……走到商场门口，当两个孩子看到做促销活动的玩偶袋鼠时，才咯咯地笑起来。

2岁的天天因愿望未得到满足大哭大闹，不分场合也不能自制，小磊先控制了自己的情绪，但因为受到天天的传染而跟着哭。后来，他们又因喜欢的玩偶形象破涕而笑。这个案例展示了婴幼儿明显的情绪特点：（1）冲动性，自制力差，年龄越小，冲动越明显。（2）情境性，即随外部情境、条件的变化而变化。（3）外露性，年龄越小，情绪越外露。（4）暂时性，某种情绪的持续时间不会太长。

随着年龄的增长和语言的发展，婴幼儿逐渐学会控制与调节自己的情绪。6个月前的婴儿会通过吸吮和回避的方式调节消极情绪。7~12个月的婴儿的消极情绪会更经常地出现，他们会通过滚动、撕咬或躲避等方式进行自我调节。1~3岁的幼儿通过转移注意力或者控制刺激物的方式调节情绪。但是总体而言，婴幼儿的情绪控制能力和自我调节能力还比较差，教养者应通过正确的教育与榜样示范等方法，引导婴幼儿学习控制消极情绪，发展一定的情绪调节能力。

三、社会交往

0~3岁婴幼儿的人际关系主要包括与父母的亲子关系和同伴关系两个方面。在与父母、同伴的交往互动中，婴幼儿逐渐实现社会化，同时也获得个性、情感、能力等多方面的发展。在这一时期，社会交往教育主要包括以下两个方面。

（一）建立安全性依恋关系

美国心理学家艾里克森提出著名的“心理社会阶段理论”，指出人一生的人格发展经历八个阶段，0~1岁的孩子正处于基本的信任与不信任的心理冲突时期，对周围世界和人的基本信任感是形成健康的个性品质的基础，是以后各阶段发展的基础。在这一时期，与固定的教养者建立稳定、可靠的安全依恋关系是解决心理冲突的重要任务。**所谓依恋，是指婴幼儿寻求并企图保持与另一个人亲密的身体联系的一种倾向，依恋是婴幼儿与抚养者**

之间一种积极的、充满深情的感情联结。

小资料

依恋的类型

艾斯沃斯和他的同事设计了经典的“陌生情境”实验，以儿童在陌生环境中的表现作为依恋性质评定的方法，将儿童依恋分为以下三类：

A 类型：回避型。这类儿童被称为“无依恋的儿童”，母亲是否在场对他们在陌生情境中的探究行为没有影响。母亲离开时，儿童没有明显的分离焦虑；母亲回来了，也不主动寻求接触。陌生人的安慰效果与母亲差不多，不表现出明显的陌生焦虑。

B 类型：安全型。这类儿童与母亲在一起时，能主动去探究；母亲离开时，他们的探究行为会明显减少；母亲返回时，会主动寻求与母亲的接触和安慰，但很快平静下来，继续游戏行为。

C 类型：反抗型。母亲在场时，很警惕；母亲离开时，会表现出极度的反抗；当母亲返回时，会寻求与母亲的接触，但又产生反抗，重新投入游戏比较困难。

研究发现，B 类的依恋关系质量高，是良好、积极的依恋关系，大多数儿童属于这种类型，A、C 两类的依恋关系质量低，各占 25% 和 10%，是消极、不良的依恋关系。

资料来源：刘金花主编：《儿童发展心理学》，上海，华东师范大学出版社，2006。

哈洛的婴猴“母爱剥夺实验”

美国动物心理学家哈洛对刚出生的“婴猴”实施了“母爱剥夺”实验。他们将刚出生的“婴猴”脱离母亲的哺养，单独关在笼子里。笼子里有两个“代理妈妈”：一个用铁丝编成，身上装有奶瓶；另一个用绒布做成，身上不带奶瓶。小猴饥饿时在铁丝妈妈身上吃奶，但当小猴歇息或恐惧时便趴到绒布妈妈身上去。研究发现，小猴不仅需要食物，还有一种先天的需要便是与母亲亲密的身体接触。哈洛称之为“接触安慰”。从这个实验推断人类婴儿也具有接触安慰的先天需要。与正常生长的同龄伙伴相比，在这种缺乏真实母亲养护的环境中成长起来的猴子，缺乏群体性行为，不合群，富于侵犯性，怯于探索环境，且不能适应未来的生活。实验发现，母爱剥夺的后果是很严重的，而且今后要花很大力气才能有所弥补。弗洛伊德曾研究过第二次世界大战期间欧洲一些孤儿的依恋发展，发现由于战时看护孤儿的护士不稳定，导致这批孤儿无法形成对照看者的正常依恋，只能相互抱成团，相依为命，对社会适应造成很大困难。斯皮茨对孤儿院孩子进行的研究进一步说明了这一点。这些孩子都在3~12个月时被母亲抛弃，他们被放在一个大的病房内，至少七八个孩子都由一个护士照看。他们哭泣，对周围环境退缩，体重减少，很难入睡。从这些实验研究中我们可以看到，安全依恋感的建立对婴儿以后的人格完善化起着重要的作用，一方面使其自身在顺应性和灵活性上成为适应良好的人，另一方面能使其认知、智慧和创造性得到最大发展，使其可能成为进取、聪颖的人。部分幼儿会在2岁后进入托幼机构，研究发现，和托幼机构的教师建立安全依恋的关系有助于他们迅速渡过分离焦虑期。因而，建立稳定、安全、高质量的依恋关系成为0~3岁婴幼儿心理健康教育的首要任务。

（二）发展同伴关系，形成初步的社会交往能力

案例：茜茜和豆豆都2岁多了，同住一个小区，家长经常带她们一起玩。一天，茜茜拿着一袋动物饼干，豆豆看见了也想吃，就伸手去抓，茜茜立即躲开。豆豆："茜茜，给我一个吧！"茜茜:"这是我的,不给！"豆豆追着要,茜茜妈妈也劝茜茜,茜茜仍然拒绝……豆豆大哭起来，妈妈说："饼干是茜茜的，那我们拿这个和她换吧！"豆豆拿着山楂片和茜茜成功地换到了几块动物饼干，两个孩子相视而笑。

在案例中，茜茜维护自己的动物饼干、豆豆坚持要吃饼干都是"自我中心"的重要表现。"自我中心"是婴幼儿时期一种自然、正常的心理特征，会随着年龄的增长逐渐减弱。妈妈指导豆豆用交换的方式获取属于茜茜的饼干，既尊重了茜茜的权利，也帮助豆豆克服了"自我中心"。可见，同伴交往能帮助婴幼儿克服"自我中心"，学会与同伴交往的社会技能，可逐渐产生礼貌、谦让、分享等亲社会行为，降低、减少消极、不友好的行为。婴幼儿在同伴交往中能体验到更多的快乐，宣泄并调节不良情绪，表现出更明显的积极情感模式，因而，同伴交往能促进婴幼儿情绪情感的良性发展，对婴幼儿的个性发展和社会化过程也起着重要的影响作用。

婴儿在6个月之后就会通过注视、触摸等表现出对同龄人的兴趣。随着婴幼儿活动、认知能力的增长及活动范围的扩大，其与同伴交往的时间和数量越来越多。婴儿早期的社会性交往通常是积极的，到1岁左右则有近半数的同伴交往是攻击性、冲突性行为，如打架、揪头发、推人等。随着年龄的增长及同伴交往经验的积累，婴幼儿之间的语言交流与互动逐渐增多，但是他们还不能很融洽地在一起游戏，会常常吵架、闹矛盾、扭打。因而，教养者一方面要营造宽松的环境，提供充分的同伴交往机会，发展婴幼儿的同伴关系；另一方面，要帮助婴幼儿形成初步的社会交往技能，发展友好、礼貌、分享、轮流等积极的社会交往行为。

小资料

同伴？还是成人？

伊克曼和同事曾做过这样的研究：选择10~12个月、16~18个月、22~24个月的幼儿三组，让他们与自己的母亲及另一对母子在游戏房玩，观察幼儿究竟喜欢跟谁玩。结果发现，随着年龄的增长，幼儿更喜欢与同伴玩，没有一个人愿意与陌生成人玩，甚至在同伴与自己的母亲之间，更倾向于与同伴玩。

资料来源：刘金花主编：《儿童发展心理学》，上海，华东师范大学出版社，2006。

四、人格发展

人格又称为个性，是指一个人比较稳定的、具有一定倾向性的各种心理特点或品质的独特组合，是一个复杂的、多层次的结构。根据婴幼儿的个性特点与发展任务，人格教育包括以下几个重要内容。

（一）增进自我认识

自我认识的对象包括自己的身体、自己的动作和行动、自己的内心活动。有研究表明，最早的自我认识在9个月时就已经出现。15个月左右，幼儿开始对自己的身体特征具有比较稳定的认识。18~24个月，幼儿有了用语言表达自我的能力，语言中出现包含“我”“我的”以及自己名字的句子，并能把自己的照片和他人的区分开来，能意识到自己具有的特征属性，这标志着其自我意识的发展产生了重大飞跃。1岁后，幼儿对物的“所有权”意识也逐渐增强。24个月时，幼儿就开始认识到自己的内部状态和动作能力，比如“宝宝饿”“宝宝肚子疼”“宝宝自己吃饭”等。20~25个月，幼儿向成人发号施令的行为增多，如“要吃棒棒糖”“拿小勺子”等，这代表幼儿已经意识到他们具有影响他人的能力。当幼儿开始使用“你”“我”等人称代词时，便把自己当做主体来认识，这是自我意识发展中的一个重要转折。

小资料

与学前儿童自我意识发展有关的研究

刘金花等人（1993）运用阿姆斯特丹创造的给幼儿点胭脂、照镜子，从幼儿对镜子映像的反映变化探究自我认识的萌芽。研究发现，幼儿自我认识发生的趋势为：

（1）戏物（镜子）。9 到 10 个月的婴儿很少注意镜子中自己的映像，对镜子感兴趣，玩弄镜子。这说明此阶段的婴儿不能把自己和周围世界区分开来，还不能意识到自己的存在。

（2）（镜像）“伙伴”游戏。1 岁及以后几个月的幼儿对镜中自我很感兴趣，亲吻、微笑，与镜中自我做游戏。

（3）相倚性探索。在 18 个月左右，幼儿特别注意并探索镜子里的映像与镜子外的东西的对应关系。

（4）自我认识出现。18~24 个月，幼儿借助镜子立即去摸自己鼻子的人数迅速增加，表明其出现了自我意识。

资料来源：罗家英主编：《学前儿童发展心理学》，北京，科学出版社，2011。

自我的发展是婴幼儿社会化的重要组成部分，也是体现婴幼儿社会化的一个重要方面。婴幼儿自我意识的发展与语言的掌握使婴幼儿日益显示出成熟的社会成员的雏形，是婴幼儿从自然人向社会人转化的关键一步和标志。因而，教养者需要帮助婴幼儿增进他们对自己的身体特征、性别、能力、心理活动等方面的认识和理解，促进其自我意识的进一步发展。

（二）增强自主独立性

独立性的表现伴随着自我意识的发展在幼儿 2~3 岁时变得尤为明显。艾里克森指出，1~3 岁的幼儿进入基本的自主感对基本的羞耻感与怀疑感的心理冲突时期。在 1 岁左右，幼儿开始学会独立行走和说话，他们的活动范围逐渐扩大，能比较独立地探索周围的世界，希望在各类活动中认识、体验和展示自己的力量，感受自己影响环境的能力，他们有了非常强烈的自主独立的愿望。在这个阶段，幼儿希望挣脱成人的控制和束缚，面对成人的帮助，经常会斩钉截铁地说：“不！”“不要！”“我自己！”“我来！”。这个阶段的幼儿进入了所谓的“第一个反抗期”，成人与幼儿的冲突也会非常激烈。这一阶段，听之任之、放任自流的教育不利于幼儿的社会化，过分控制、过分严厉的教育又会使他们产生无能的怀疑感。因而，教养者应该理解与顺应幼儿的心理需要，支持他们去干力所能及的事情，获得初步的生活自理能力，以增强他们的自主独立感，使其主动、自信、勇敢。此外，也应该适度控制与教育，以使其建立秩序感和规则意识，形成初步的生活习惯。

1. 发展自己动手做事的兴趣和自我服务的积极性

我们不难发现，1~3 岁的幼儿喜欢用扫帚扫地，喜欢自己搬凳子，喜欢尝试自己穿脱衣服，要求自己吃饭等，他们独立行事的愿望越来越强烈。教养者需要给幼儿提供充分的自己动手和帮助成人做事的机会，保护他们自我服务与服务他人的兴趣和积极性，也让幼儿在无数次的尝试中，积极发展生活技能，增强对客观世界的控制能力和自己的潜能，体验成功的快乐，从而促进自我意识的发展。

2. 建立秩序感与规则意识

案例：到洗漱时间了，妈妈端着小凳子喊豆丁来洗漱。豆丁冲过来，哭着说：“我要自己拿凳子！”妈妈立即说：“好好好，给你！”豆丁继续哭：“不行，我要自己去拿！”妈妈把小凳子送回原位。“豆丁，我们先洗小屁屁了！”妈妈温柔地说道。豆丁又大叫起来：“奶奶都是先帮我洗脚的。”按照豆丁的意思，妈妈更换了洗屁股和洗脚的顺序。洗完脸，准备要洗手了，豆丁又大叫起来：“我都是站在凳子上自己洗的！”

在这个案例中，豆丁形成了固定的洗漱顺序，也就是秩序。蒙台梭利提出，孩子对秩序的敏感在出生后的第一个月便已出现，2~4岁是对秩序极度敏感的时期。秩序感是一种内部感觉，以区别各种物体之间的关系，也是一种生命的需要，当得到满足时，孩子就产生了真正的快乐。秩序一旦形成便养成规则与习惯，它们将会转化为素养体现在生活的任何方面。教养者需要尊重婴幼儿的这一内在心理需要，在日复一日有规律的生活照料中提出恰当的规则要求，并一以贯之地执行，帮助婴幼儿建立良好的生活秩序与规则意识。

3. 获得基本的生活能力，养成基本的生活习惯

婴幼儿正处于自我意识的萌发期，有强烈的独立做事的愿望，加之动作的迅速发展以及一日生活的循环往复，使得他们有可能学习并获得基本的生活能力。习惯是自动化了的行为模式，婴幼儿从小养成好的习惯不但使操作技能到位，而且可以减少与成人、与环境的冲突，保持良好的情绪。教养者应该帮助婴幼儿逐渐获得基本的生活技能，养成基本的生活习惯，以增强其自主独立感。3岁左右的孩子应养成以下几方面的习惯：

（1）勤喝水。

（2）不偏食、不挑食，能用碗勺独立、安静地进餐。

（3）作息规律，能自己穿脱鞋子和简单的衣服。

（4）能控制大小便，保持裤子干爽、清洁，能明确表达大小便的要求。

（5）喜欢洗澡、洗脸，能正确洗手，饭后漱口、早晚刷牙。

第三节 0~3 岁婴幼儿心理健康教育的原则和方法

一、0~3 岁婴幼儿心理健康教育的原则

家庭是 0~3 岁婴幼儿的主要教养场所，心理健康教育主要由家长承担，也有部分家长因为工作等原因将孩子送入托幼机构。无论是家长还是教师，在实施 0~3 岁婴幼儿心理健康教育时应根据婴幼儿的年龄特点，遵循以下几个原则。

（一）以养为基础、教养合一的原则

《说文·食部》中记载："养，供养也。"意即供食养护。《汉语大字典》将"养"解释为"供给人食物及生活必需品，使之能生活下去。"3 岁前的婴幼儿是非常稚嫩娇弱的，需要成人科学的养护和精心的照顾；他们的身体也正处于迅速生长的时期，需要足够的食物和营养支持生理的快速发展。因而，满足 0~3 岁婴幼儿生存的基本需要，促进他们的生理发育成熟与身体健康是早期教养的重点工作。心理健康教育应以"养"为基础。研究证实，科学、合理和温馨的生活照顾能帮助儿童与教养者建立安全依恋的关系，这有助于儿童社会性和智力的发展，提高儿童利用学习机会的能力。

孩子出生后不久，当妈妈把他抱起，他会停止哭闹并把头转来转去寻找奶头，嘴巴会跟着动起来，便形成了对吃奶姿势的条件反射，孩子也和母亲建立了最初的条件联系。这在心理学上标志着儿童心理的发生。随后，儿童的心理伴随着生理的快速发展逐渐获得成长，生理的健康状况与早期养护的质量直接影响儿童心理的发展。

案例：妞妞在 3 个多月的时候喜欢上吸吮围兜、衣领，6 个月以后，她抓到什么都喜欢放到嘴里，妈妈觉得脏极了，经常制止妞妞。1 岁多时妞妞还喜欢吸吮手指，妈妈狠狠地打过她的小手。可是妞妞现在 3 岁多了，她对吸吮手指的热情依然不减……

通过和妞妞妈妈的交谈与分析发现：早期的喂养方式不当是妞妞吸吮手指的主要原因。妞妞出生后不久因为总喝不到母乳而哇哇大哭，妈妈很心疼，就用吸奶器将母乳吸出后放到奶瓶里喂妞妞。在两三个月时，妈妈因为总要吸奶感到痛苦，可是妞妞怎么也

无法接受吸吮母乳。就这样，通过吸奶器吸取母乳喂养坚持到妞妞4个多月时停止了。心理学家弗洛伊德的心理性欲发展阶段理论指出，0~18个月的婴幼儿通过吸吮、咀嚼、吞咽、咬等口腔的刺激活动获得性的满足，口腔一带是获得快感的中心。吸吮母乳是婴幼儿得以生存的重要技能，同时是婴幼儿获得心理满足的重要途径。如果这一时期的婴幼儿没有得到心理上的充分满足，就会把吸吮手指当作代替。当然，2岁以后的儿童吸吮手指的习惯被视为不良行为，它产生的原因是多方面的，具体的问题分析与对策将在第五、六章进行阐释。

因而，**0~3岁婴幼儿的心理健康教育应该坚持以“养”为基础、教养合一的原则，将婴幼儿的安全和身体健康放在首位，并将心理健康教育融合入婴幼儿的日常生活中，在生活照料中关怀婴幼儿的情绪情感，促进交往能力和自理能力的发展，逐渐养成良好的生活习惯，促进生理和心理的共同成长。**

（二）满足需要、情感优先的原则

案例：拉娜是一名公立健康医疗中心的观察护士，她开始关注8个月大的梅拉妮，梅拉妮比上次检查时轻了3磅。她的母亲声称经常喂她，不理解为什么她的体重不长。拉娜注意到梅拉妮的行为。她对玩具不感兴趣，而是眼睛盯着附近的成人，焦急地注视着他们的每一个举动。她很少在母亲接近时微笑，也很少在被抱起来时搂抱对方。究其原因，酗酒的父亲失业，父母经常吵架，母亲很少有精力满足她的心理需要。如果通过帮助父母或者把孩子放在充满爱心的领养家庭，他们的发育很快会追赶上来。但是这一障碍在婴儿期没有得到矫正，多数孩子的身体一直很小，并且表现出持续的认知和情绪困难。

资料来源：[美]劳拉·E·贝克著，桑标等译：《婴儿、儿童和青少年》，上海，上海人民出版社，2008。

前文提到，**需要是个体对其存在与发展条件的欲求的心理倾向，是个体活动的内在动力**。在整个学前期，儿童年龄越小，需要越简单、越低级，生理需要占主要地位。随着年龄的增长，社会性需要逐渐增加，出现了模仿成人活动的探索性需要、游戏的需要及与伙伴交往的需要等。美国著名的心理学家马斯洛提出：焦虑、恐惧、爱和优势的缺乏等，容易导致不良的心理后果，甚至还会使生理发生不良变化。从以上案例中，我们发现婴幼儿在生理需要得到满足的情况下，心理需要也早已出现。出生后不久，孩子被妈妈抱在胸前，他会紧紧地贴着妈妈；爸爸妈妈温柔的抚触、亲吻都会让孩子轻松与愉悦。**在进行心理健康教育时，应该通过婴幼儿的身体状态、表情、动作等识别和满足他们最紧迫的需要，以积极的情绪情感作为活动背景效率较高。**

（三）一致性原则

案例：牛牛去某宝宝游乐场玩，爸爸、妈妈在谈话，突然听到牛牛大哭起来：“他抢我的球！”妈妈说：“球是游乐场的，每个人都能玩！我们一起重新找一个吧！”牛牛不愿意。爸爸生气了：“哭有什么用？男孩子老是哭，他抢你的，你要抢回来！去！”近3岁的牛牛很为难，思考了一会儿，哭得更大声了……

布朗芬布伦纳的人类发展生态系统理论指出，直接作用于学前儿童的人与人、环境与环境之间的相互联系形成了学前儿童生存环境的中间系统，对学前儿童的作用不容忽视，比如家庭与家庭间的关系、家庭邻里间的伙伴关系、家庭与托幼机构的合作关系、家庭与社区之间的关系等。**一致性原则是指在婴幼儿心理健康教育过程中，婴幼儿周围环境中的人、事等应相互配合、协调一致。**尤其应该处理好以下几种关系：

（1）家庭对自己和孩子的要求以及前后的行为要求要一致。

（2）家庭成员之间的观念、教育行为以及对婴幼儿的要求应尽量保持一致，这是几种关系中最为重要的。

（3）建立友谊的家庭之间做到对婴幼儿的要求一致。

（4）教师和家长相互尊重，并形成教育的一致要求和态度，达成家园共育。

在牛牛的案例中，爸爸、妈妈对玩具争抢的处理态度是相反的，这让原本委屈的牛牛产生困惑并更加无助。家长应该通过协商、交换等方式帮助牛牛找回自己先拿到的球。如果无法找回，应及时转移牛牛的注意力。当家长的意见相左时，一方提出处理办法，另一方应在事后或背地里和对方进行有效沟通，共同寻找合适的解决方法。

小资料

与家长合作的目标

目标 1：和家长建立伙伴关系

◎ 让家长参与幼儿园的规划和评价过程；

◎ 倾听家长的疑问、关切、观察和了解；

◎ 定期在幼儿到校和离校时和家长沟通幼儿在园和在家的情况；

◎ 定期安排家园会谈和家庭访问；

◎ 和家长讨论处理幼儿不当行为的方式；

◎ 用相互尊重的方式解决和家长之间的分歧；

◎ 帮助家长运用社区资源。

目标 2：支持家长的亲职角色

◎ 对家长的育儿方式表示尊重；

◎ 和家长一起庆祝孩子发展上的里程碑；

◎ 把家长的习惯做法和喜好融入托育机构里；

◎ 针对幼儿发展和家长感兴趣的主题提供研习会或训练；

◎ 协助家长彼此联系，提供信息和支持。

目标 3：支持家长作为幼儿主要教育者的角色

◎ 鼓励家长参与幼儿园的活动；

◎ 提供家长协助幼儿在家学习的策略。

目标 4：确保幼儿的家庭文化能在幼儿园中反映出来

◎ 支持幼儿使用母语；

◎ 鼓励幼儿在幼儿园中使用母语；

◎ 在家长的协助下了解幼儿的家庭文化；

◎ 将反映幼儿家庭文化的东西和习俗带入幼儿园；

◎ 用尊重幼儿家庭文化的方式和幼儿互动。

资料来源：[美]艾米·劳拉·多波罗等著，李永怡等译：《托幼班创造性课程》，南京，南京师范大学出版社，2005。

（四）科学灵活、尊重差异的原则

案例：妮妮 2 岁多，出门看到熟人不愿意打招呼，只是盯着别人看，爷爷很着急，会催促妮妮："快叫人啊！快叫啊！爷爷喜欢你，不叫爷爷就不喜欢你了！"有时还会当面训斥妮妮："这小孩就是不愿意叫人，怎么说都不叫，一点都没有礼貌！"

依依是隔壁单元的同龄小朋友，经常和妮妮在一起玩。她会热情地打招呼，即使是陌生人，她也会主动聊天，对她喜欢的人更是又搂又亲的，很招人喜欢。妮妮的爷爷看着更是着急："真是拿你没办法，你看依依多活泼呀！你要是有依依的一半就好了！"

这样的比较、评价和埋怨在生活中并不少见。首先，妮妮的爷爷忽视了妮妮和依依的性格差异。通过观察发现，依依活泼好动，活动中积极主动，喜欢冒险和探索新事物，但比较霸道和争强好胜；妮妮比较安静、胆小，但喜欢观察，比较细心、有耐心，对自己喜欢的事情非常专注。这两类孩子之间并没有优劣之分，只是各有各的优势。其次，妮妮的爷爷的评价方式、处理方式也失当。越小的孩子对自己的评价越依赖于成人，长此以往，妮妮会更加胆怯，甚至产生自卑心理。

每个儿童由于遗传、环境、教育及个体经验的差异，都有自己的发展水平，具有自己的独特性。而且儿童年龄越小，个体差异就越大。因而，**在心理健康教育中，应充分考虑儿童的性格、气质、能力、需要等各方面的差异，灵活开展符合儿童个性特点的个性化教育。**尊重差异才能有利于个体的成长，这要求教养者在进行儿童心理健康教育时应注意以下几点：

（1）掌握儿童心理发展与教育的基本知识，尊重儿童身心发展的规律。

（2）通过具体的观察，了解儿童的生活节奏、习惯、能力、气质与性格、喜好与兴趣等多方面的差异，有目的、有计划地进行心理健康教育，选用适合个体的教育方法或活动，促进儿童的心理健康发展。

（3）端正心态，不急于横向比较。

（4）通过同伴交往，使儿童互相学习、互相感染。

（5）不用统一的标准评价儿童，找出每个儿童的优点及进步之处，及时给予鼓励。

二、0~3 岁婴幼儿心理健康教育的方法

3 岁前的婴幼儿处于“潜意识发展阶段”，他们是无意识学习的能手，这是大自然赋予小生命学会生存本领的时期。虽然他们处于“完全无意识时代”，处于生命的混沌状态，却能学到难以统计的知识，能创造一个“社会人”的大部分行为。3 岁以后潜意识慢慢消退，但直到成人还残留着很大一部分。这种无意识地获得刺激环境中的复杂知识的过程在心理学上被称为“内隐学习”，是由 Arthur Reber 最早于 1965 年提出的。婴幼儿心理健康教育应根据婴幼儿学习的这一特点做出选择。

（一）观察模仿法

观察模仿法即不需要附加条件，通过观察、直接模仿榜样获得经验和发展的过程。孩子有本能的模仿能力，未满月的婴儿会模仿成人做出多种表情，6 个月左右便能有意地模仿他人的动作，1 岁左右的幼儿在假装游戏中，有很大的模仿成分，比如喂小熊喝水。2~3 岁的幼儿学妈妈为娃娃洗澡、学奶奶做饭等，无不是模仿。在整个婴幼儿期，他们无时无刻不在模仿，经历着从无意识模仿向有意识学习的过渡，他们的行为习惯、思维方式乃至性格品质都会受到具有亲密关系的人或喜欢的榜样的影响。在婴幼儿的模仿行为获得成功时，给予及时的夸奖和鼓励，可促进他们的学习行为。在生命的最初几年里，孩子的观察模仿对象主要包括以下三类。

1. 主要照看者（尤其是父母）

家庭是 3 岁前婴幼儿的主要教养场所，主要照看者（尤其是父母）是婴幼儿心目中的权威和行为的标准，他们是婴幼儿观察、模仿的主要对象。成人的走路说话、待人接物、情绪表达与宣泄等，婴幼儿都在无意识中模仿和吸收，这种影响最直接、最深刻、最持久。因而有人指出，对于婴幼儿来说，家长的“身教重于言传”。家长需要重视自己的行为习惯和言谈举止，营造良好温馨的家庭氛围，为婴幼儿树立良好的榜样。

2. 同伴

同伴的榜样力量不容小觑，他们的感染力更强，也更易于被婴幼儿接受。家长应意识到同伴交往的重要性，通过各种途径增进婴幼儿和同伴接触、游戏的机会。

3. 文学形象、动画形象等

目前专门针对儿童设计的电视节目、电子产品越来越多。有调查发现，2 岁左右的幼儿看电影、电视的比例达到 90%。影视作品中不乏对孩子影响深刻的模仿对象，它们生动、形象，深受孩子们的追捧，比如巧虎、天线宝宝等在习惯养成、情绪表达与控制、人际交往等多方面对孩子产生重要的影响。但是，家长需要对电视等媒介进行慎重筛选，切忌多而杂乱，不能将其代替亲子教育、自然探索和同伴交往。此外，也要注意减少观看时间。

儿童文学作品中不乏适合婴幼儿聆听的心理成长作品，在这些作品中有很多孩子喜欢的人物形象和拟人化的动物形象，能引发婴幼儿的共鸣。比如故事《大家一起玩》中，小狗、小鸡、小猫成为孩子分享玩具的榜样（故事见本章末案例分析部分）；儿歌《搬米》让孩

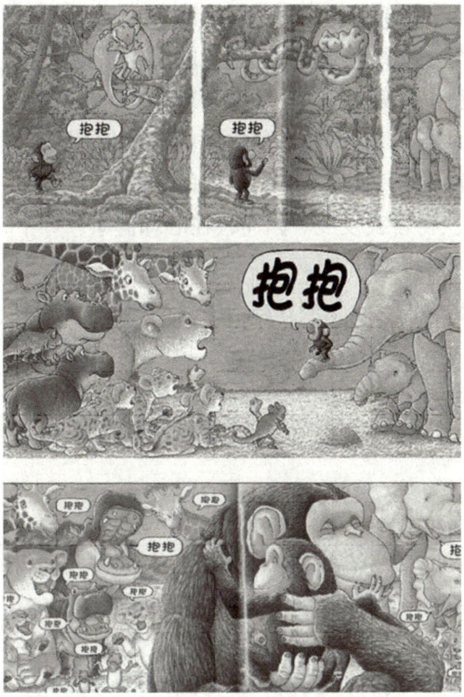

绘本《抱抱》

子感受团结合作的力量，鼓励孩子尝试合作，小蚂蚁成为他们合作的榜样。再如，英国杰兹·阿波罗的绘本《抱抱》生动地讲述了这样一个故事：小猩猩看到相亲相爱的各种动物亲热地拥抱在一起表达对彼此的爱，可是小猩猩与妈妈走失了，很伤心。好心的大象妈妈背着小猩猩四处寻找妈妈，最终小猩猩母子拥抱团聚、所有动物拥抱友爱。整本绘本只出现“抱抱”“妈妈”和“宝宝”三个简单而重复的语词，却十分贴近孩子的生活经验，可以满足孩子被爱、被拥抱的心理需求。所有的动物，特别是可爱的小猩猩成为孩子的榜样，学习它用拥抱来表达自己对他人的喜爱之情。

小资料

儿歌《搬米》

一只蚂蚁来搬米，
搬来搬去搬不起。
两只蚂蚁来搬米，
身体晃来又晃去。
三只蚂蚁来搬米，
轻轻抬着进洞里。

（二）行为练习法

蒙台梭利指出，成人树立的楷模只给孩子提供了模仿的目标或动机，他们必须通过练习才能导致模仿的成功。婴幼儿主要通过身体和感受直接作用于事物或他人来建构多重经验，以语言为中介的间接学习在其学习中的作用将随年龄的增长而增加。比如，婴幼儿接触一个新鲜事物，他们会通过触摸、舔咬、敲打、拆合等方式来掌握事物的属性，认知只有通过获得直接的感受才能收到效果。他们对于事物的认知、对生活技能的掌握等都是在动作操作中学会的，而他们的情绪表达、社会交往方式等都需要在与人的交往互动中得到发展。而且，婴幼儿非常喜欢反复练习同一类动作或者从事同一个活动或游戏。这类反复不是机械的重复，而是婴幼儿获得信息与能力的需要，在每次反复中他们都整合了已经获得的经验，又都能获得新的感受和新的能力要素。尤其面对有一定难度的技能时，婴幼儿反复练习的兴趣往往更大，他们通过反复练习获得自我发展。因而，在心理健康教育中，行为练习法不能缺少。在运用这种方法时，应注意以下几点：

（1）要充分尊重和发挥婴幼儿的主动性和积极性，让他们在练习中体验快乐。

（2）要循序渐进，反复进行，持之以恒。

（3）要以愉快的情绪为练习前提，不要强迫练习。

（三）条件作用法和强化评价法

孟昭兰在《婴儿心理学中》指出，条件作用是婴儿广泛和普遍的学习方式。无论是他们自己在生活中自发遇到的刺激之间的联系，或是成人有意在他们身上建立的联系，都是他们习得的行为方式或适应方式。**所谓条件作用法，是指利用环境中固定的刺激使婴幼儿形成内在的条件反射，逐渐为他们建立起行为举止、是非对错的内在标准的方法。**

强化评价法是指通过对婴幼儿行为的正确评价，以对婴幼儿进行心理健康教育的方法。所谓“正确评价”，就是对婴幼儿行为作出判断，对良好的行为给予表扬、鼓励、奖励等肯定性评价，使之巩固和增强，即正强化；对不良的行为给予警告、规劝、批评、惩戒等否定性评价，使之削弱和消除，得以及时纠正，即负强化。成人还应根据教育要求，从婴幼儿的主动行为中辨别哪些行为应予以及时强化，以增加今后某种行为产生的可能性；哪些行为不去强化，使之“消退”，以培养其良好的生活习惯和性格品质。比如儿童争抢他人手中的玩具，教师可以用严厉的眼神警示或语言规劝的方法使其认识到这种行为的错误。使用强化评价法时应注意以下几点：

（1）强化要及时、明确，效果才明显。

（2）强化要适当，过多的表扬和激励会使儿童产生无所谓心理，过多的批评和惩戒会使儿童产生消极情绪，变得乖戾或胆怯，两者都会弱化强化的效果。

（3）强化以表扬、奖励为主。

（4）不宜经常使用物质奖励，可使用身体动作、语言的强化方式，如点头、微笑、抚摸或摇头、叹息等。

（四）游戏法

儿童喜欢游戏，游戏是学前儿童的基本活动。游戏对儿童认知、语言、人格、社会性发展都有极其重要的作用，有人称学前期是特殊的“游戏期”。在心理健康教育中，运用游戏法时应注意以下几点：

（1）必须要了解婴幼儿身心发展的水平和特点以及能力的限制，保证游戏的安全适宜，能做到循序渐进。

（2）和婴幼儿游戏时应注意观察婴幼儿的情绪状态，在其情绪饱满的状态下，可以选择比较激烈、活动量大的游戏；在其情绪不佳的状态下，可以选择比较安静、平和的游戏。

（3）除了照料婴幼儿之外，成人自婴儿一生下来便充当游戏伙伴的角色，于是产生了亲子游戏这种最早的社会性游戏，这也是最初两年儿童游戏的主要形式。之后随着婴幼儿的发展，游戏由成人与婴幼儿的协同活动到婴幼儿的独立活动，由个体活动到同伴的集体活动。因而，一方面，成人应多以参与者身份间接引导婴幼儿的游戏；另一方面，随着婴幼儿的成长，要改变和婴幼儿游戏的方式和方法，以促进婴幼儿独立性、自主性的发展。

（4）游戏根据游戏对象可以分为以身体运动为材料的游戏、以物体为材料的游戏、以语言为材料的游戏、以社会生活为材料的游戏和以规则为材料的游戏。无论是哪一类游戏，只要符合婴幼儿的发展特点，对亲子关系的建立与增进、兴趣与专注力的培养以及积极情绪的建立等方面均有重要帮助。

需要指出的是，以上几种方法是婴幼儿心理健康教育的常用方法，具体的教育过程也离不开成人与婴幼儿的交谈，在婴幼儿的理解范围之内，成人还需要辅以适当的讲解。这些方法需要根据具体的情境灵活、综合使用。下面以集体教学活动《你一半，我一半》为例进行简单讲解。

活动目标：幼儿喜欢跟着歌曲做动作，体验分享的快乐。

活动准备：小象手偶、音乐《你一半，我一半》。

活动过程：

（1）教师使用小象手偶讲述小象分享蛋糕的故事，引出歌词。

——你喜欢小象吗？为什么？它是怎么做的？

（2）幼儿听歌曲，学唱歌曲，并学做动作。

（3）拿出蛋糕卷，引导幼儿说出“你一半，我一半”，并分享蛋糕卷。

——老师也带来了蛋糕卷，可是蛋糕卷不够，我们该怎么办呢？

（4）教师对幼儿的分享行为给予赞赏，亲亲、抱抱分享的幼儿。

资料来源：尹坚勤、张元编著：《0~3岁婴幼儿教养手册》，南京，南京师范大学出版社，2008。

活动《你一半，我一半》综合运用了谈话法、行为练习法和强化法。教师使用直观教具讲述故事引发幼儿的活动兴趣，通过提问引发幼儿对小象的行为进行讨论，深化幼儿对歌词中小象分享行为的认同和喜爱，激发幼儿以小象为榜样、学习小象的愿望。此时，教师拿出蛋糕卷给幼儿提供行为练习的机会，并在期望的行为发生时予以正强化，让幼儿充分体验分享的快乐，以有效达成活动的目标。

第四节 0~3 岁婴幼儿心理健康教育的途径

一、在一日生活中

《三岁前小儿教养大纲（草案）》是全国婴幼儿教养工作的重要指南，是上海、江苏、福建等省（市）制定教养方案的根本依据。它明确指出：在婴儿的每一项生活内容中都有保健与教育两重任务，通过一日生活制度中的每一个环节，结合照顾睡、吃、玩，教养良好的生活与卫生习惯，发展成人和小朋友之间良好的相互关系，发展有关的动作、语言和认识能力。在 0~3 岁婴幼儿心理健康教育中应该遵循以“养”为基础、教养合一的原则，做到“寓教育于生活之中”。比如在独立用餐时，发展孩子的信心和自主感；在收拾好玩具得到赞扬时，发展孩子的喜悦感和秩序感；在散步时，发展孩子的自然观察力和对自然的热爱。因而，一日生活是婴幼儿心理健康教育的根本途径，成人应该抓住一日生活的教育契机随时随地开展心理健康教育，也应该有意识地将教育因素融入婴幼儿的生活中去。

小资料

如何和幼儿对话

◎ 和每个幼儿就其感兴趣的话题进行对话活动。
◎ 成人口齿清晰并且使用恰当的语调。
◎ 当幼儿开口说话或提问时，成人显得饶有兴趣。
◎ 问简单的问题以鼓励幼儿说话，并倾听他的回答。
◎ 和幼儿对话时要与之有目光交流。

◎ 和幼儿谈论他们所经历的日常保育和学习活动。

◎ 每天都会和每个幼儿进行正式的对话。

◎ 成人能在幼儿所说的话的基础上再补充、添加更多的内容。

◎ 在幼儿表达遇到困难时提供必要的词语支持。

资料来源：[美]Debby Cryer 等著，管倚、王荣译：《2~3 岁幼儿学习活动指导手册》，上海，少年儿童出版社，2006。

二、在游戏活动中

游戏是亲子交往、同伴交往的主要方式。亲子游戏影响着婴幼儿安全依恋的形成，可增进亲子关系；同伴游戏可推进婴幼儿社会性的发展，帮助其学习如何解决冲突、争抢等社会性问题，并学习交往的规则，也能有效地帮助婴幼儿“去中心化”。

0~3 岁婴幼儿时期，动作游戏和以“积极探索”为特征的玩物游戏成为这一阶段的主要游戏形式。动作游戏是“以大肌肉动作为主的身体运动游戏”，能发展婴幼儿的自主感和自信，也能培养他们勇敢、克服困难的意志品质。玩物游戏是“以小肌肉动作为主的游戏”，在这类游戏中，婴幼儿积极地运用自己的感官和动作来认识和理解周围的世界，对培养其兴趣、注意力、思维和想象力等起着关键作用。

象征性游戏出现在一岁半到两岁，其重要特征是“以物代物”，即“用一物去假装成或代替另一个不在眼前的东西”。比如，拿小石头当娃娃的饭，拿树叶当炒菜的铲子，等等。这标志着“思维的概括化”，即能概括出代替物和被代替物的相似之处或代替物的性能与被代替物动作之间的关联。慢慢地，角色扮演游戏逐渐出现。这类游戏促进婴幼儿思维的发展，也能帮助其体验社会角色与行为，丰富自己的社会经验。

另外，每一个游戏都伴随着愉悦的“游戏性体验”。**所谓游戏性体验，是指游戏者在游戏活动中产生的对于游戏互动本身的主观感受或心理体验。**也就是说，伴随游戏能产生兴趣性体验、自主性体验、胜任感或成就感、幽默感和生理快感，能使婴幼儿最充分地实现自我，感到情绪安宁、舒适。因而，游戏也有助于婴幼儿良好情绪的建立和人格的建构。

可见，游戏是婴幼儿心理健康教育的最佳途径。在各类游戏中，婴幼儿与人、与物、与环境进行多重的积极互动，获得心理的健康成长。成人应该创造安全、自由、宽松的游戏环境，积极鼓励、支持并参与婴幼儿的游戏。具体的游戏活动方案将在本章第五节呈现。

三、在文学、艺术、体育等各类活动中

（一）在文学活动中

案例：浩浩经常听说变形金刚，虽然没有看过动画片，但知道他是一个非常厉害的勇士。一天，妈妈带浩浩去打预防针，浩浩不愿意去，妈妈立即编了这样一个故事：变形金刚小时候就经常打预防针，每打一次预防针，他就会聚集一些力量，然后慢慢地他变得很有力量，有小怪兽来的时候，他可以很快打败小怪兽，以后再也没有小怪兽敢来打他。浩浩欣然接受了去打预防针，路上他不停地说："妈妈，我打预防针就变成变形金刚了。"打针时，浩浩一抖，妈妈预感到他要哭了。可是他没哭，他大声说："妈妈，我很勇敢，我是变形金刚了。"打完针，浩浩不肯按住棉签，妈妈说："打完针，药要慢慢流到身体里，然后变成力量。"浩浩稳稳地坐着，不再焦躁不安，等待自己变得更强大。

当今，适合 0~3 岁婴幼儿的儿童文学作品很多，尤其是故事。童话故事、生活经验故事、神话故事对婴幼儿的影响越来越大，家庭中开展的文学活动也越来越多。文学作品的形象具体、生动，多为孩子们喜欢的动物、人物形象，内容浅显易懂，情节充满童趣，既基于孩子们的生活经验，又高于他们的生活经验，能对孩子们进行真、善、美的启迪，对他们的心理成长可以起到引导作用。在浩浩的案例中，浩浩妈妈借助"变形金刚"这一动画英雄人物，即兴自编故事鼓励浩浩克服了打预防针的恐惧心理。

目前，绘本阅读是非常盛行的一种文学活动，尤其是亲子阅读。所谓绘本，就是一类以绘画为主，兼有少量文字的书籍。绘本通过图画表达故事，是故事的"表态媒介"，内容丰富，简短精练，风趣活泼，符合孩子的思维方式和语言习惯，易于理解。作为儿童早期接触的媒介渠道，绘本可以为儿童心灵成长和社会化发展提供有效帮助。现在市场上也不乏生活习惯养成、情绪管理、意志培养、性格形成等方面的绘本，比如：连环画出版社出版的"小熊宝宝系列"是日本画家佐佐木洋子为培养婴幼儿良好的生活习惯、促进心理健康成长而绘制的绘本，简单、重复的语言容易为孩子识记，生动憨厚的小熊形象深受孩子喜爱，内容也涵盖了生活的各个方面，包含《你好》《睡觉》《尿床了》《排好队一个接一个》等 15 本绘本。

成人可以广泛运用绘本、故事等文学资源，使孩子在愉快的阅读、倾听中获得心灵成长。首先，每天陪伴孩子阅读，让阅读成为孩子生活的一部分，比如睡前阅读时间。其次，选择孩子喜欢的、熟悉的、易于接受的故事形象，更能激发孩子对榜样的模仿兴趣和愿望。再次，与孩子讨论故事和图画，积极帮助孩子建立与生活经验的联系。最后，在孩子遭遇到交往、情绪情感等具体问题时，寻找适当的文学作品给予孩子启示和帮助。

小资料

0~3 岁婴幼儿书目推荐

书名	作者	出版社
《中国童谣》	金波（文），江健文（图）	二十一世纪出版社
《大象杂技团》（“乐悠悠图画书”系列）	金波（文），钱继伟、大青（图）	中国少年儿童出版社
《可爱动物操》	方素珍（文），郝洛玟（图）	河北教育出版社
《米米爱模仿》（“米米系列”）	周逸芬（文），陈致元（图）	河北教育出版社
《好饿的毛毛虫》	艾瑞·卡尔（著），郑明进（译）	明天出版社
《鼠小弟的小背心》（“可爱的鼠小弟”系列）	中江嘉男（文），上野纪子（图），赵静、文纪子（译）	南海出版公司
《小玻在哪里》（“小玻翻翻书系列”）	艾力克·希尔（著），彭懿（译）	接力出版社
《米菲住院》（“米菲绘本系列”）	迪克·布鲁纳（著），阿甲（审译）	人民邮电出版社
《波波去购物》（“小鼠波波”系列）	露西·卡曾斯（著），启鸣（译）	中国民族摄影艺术出版社
《我要拉 baba》（“噼里啪啦系列”）	佐佐木洋子（编绘），张慧荣（译）	二十一世纪出版社
《我喜欢书》	安东尼·布朗（著），余治莹（译）	河北教育出版社
《鳄鱼怕怕，牙医怕怕》	五味太郎（著），上谊文化（译）	明天出版社
《让我荡一会儿吧》（“小猫当当”系列）	清野幸子（著），猿渡静子（译）	南海出版公司
《我不怕孤独》（“中国第一套儿童情绪管理图画书”）	特蕾西·莫洛尼（著），萧萍（译）	广州出版社
《爱米丽》（“爱米丽系列”）	多米提勒·德·普桑斯（著），孙敏（译）	二十一世纪出版社
《做鬼脸》（“聪明的小宝”系列）	阿万纪美子（文），上野纪（图），蒲蒲兰（译）	连环画出版社
《小圆圆早上好》（“小圆圆”系列）	汉娜·哈斯特鲁普（著），任溶溶（译）	二十一世纪出版社
《小鞋子，走一走》（“幼幼成长图画书”系列）	林明子（著），小林、小熊（译）	少年儿童出版社
《这是什么形状》（“小酷和小玛”系列）	秦好史郎（著），杨文（译）	北京少年儿童出版社
《乔比洗澡》（“乔比洗澡书”）	提埃里·顾旦（著），荣信文化（编译）	未来出版社
《藏猫猫》（“婴儿游戏绘本”）	木村裕一（著），崔维燕（译）	接力出版社
《蹦》	松冈达英（著），蒲蒲兰（译）	二十一世纪出版社
《什么地方不一样》（“创意启蒙胶片书”系列）	帕特里克·乔治（著）	接力出版社
《打预防针，我不怕》（“可爱的身体”系列）	小林雅子（文），冈边理香（图），猿渡静子（译）	南海出版公司

资料来源：新阅读研究所项目组，2012 年。

（二）在艺术活动中

音乐、美术等艺术活动可以使婴幼儿身心愉悦，也可以为婴幼儿提供自我表达与表现的机会。在丰富的艺术活动中，孩子们可以体验自己做事情的成就感，感觉到自己的存在和能力。不仅如此，美术活动对婴幼儿注意、想象、观察等能力都有促进作用。教养者需要了解孩子们美术与音乐能力的发展特点，营造愉快、自由的活动氛围，鼓励、支持婴幼儿的各类艺术活动。

1. 美术活动

2 岁左右的幼儿常常抓着笔在纸上胡乱涂画一些杂乱的线条，我们把这个时期称作绘画的涂鸦期，也称为玩笔画线期。在这个时期，孩子们从不能控制画笔画出线条逐渐过渡到手眼配合的初步控制，从无目的的肌肉运动逐渐到能产生形象上的联想。在涂鸦过程中，他们能享受肌肉运动与探索简单绘画材料的快乐。泥塑活动也是孩子们非常喜欢的创造性活动，2 岁左右的幼儿喜欢在泥塑活动中抓捏、掰分、揉搓、拍打，享受油泥或黏土的柔软和多变的特性。

在这一时期，成人要支持孩子们涂鸦、玩泥的行为。首先，为他们创造方便、良好的美术操作环境，比如在墙壁的固定位置粘贴和定期更换大幅的画纸，提供高矮合适的桌椅等。在美术活动中，应重视过程，关注孩子们在活动中的愉快体验。其次，提供丰富、适当的材料，孩子们需要大幅纸张和不尖锐的笔才能不受拘束地绘画。此外，还可以提供颜料支持孩子们手指点画、手指拓画，提供小汽车、雪花片、水果切片等进行印章画等。再次，要与孩子们讨论他们的作品，引起关注和联想。右图是 2 岁 3 个月的女孩用手指头涂鸦而成的，画完后妈妈问：“你画的是什么？好神奇啊！”女孩高兴地说：“刺猬狗！”妈妈回答：“是这只狗长满刺吗？像刺猬一样。”女孩哈哈大笑起来：“妈妈的头发就像刺猬狗！”最后，珍视与善待孩子们的作品，告诉他们你喜欢他们的作品。如果有条件可以展示孩子的作品，给孩子满足感和创作动力。

2. 音乐活动

孩子出生后便能对音响产生反应，2 个月左右能区分高低音，4~5 个月开始对音乐的音响表现出某种程度的反应和记忆力，对摇铃、敲鼓等声音很感兴趣，7 个月左右会模仿一些简单的节奏，11 个月左右就能跟着音乐节奏手舞足蹈。1 岁半左右，孩子们开始学唱部分旋律，能唱出歌曲的某一句或某一小节；2 岁时能学唱较完整的旋律，并能随音乐舞动起来，做出拍手、点头、踏步、扭胯等相应的节奏反应。孩子们喜欢歌唱、韵律操、摆弄乐器等各种各样的音乐体验。在音乐活动中，孩子们都能产生情感上的共鸣，能积极投入音乐情境，音乐对幼儿的情感、个性起到潜移默化的作用。

教养者应和孩子共同参与音乐活动，使教养环境中充满音乐。首先，提供丰富的发声玩具或乐器，可以由教养者发出声音，也可以提供给孩子们探索。比如手铃、鼓、沙球、音乐盒、玩具钢琴、响板、木鱼等。其次，经常播放音乐和歌曲，和孩子们一起哼唱和舞动。最后，和孩子们玩音乐游戏、打击乐器游戏等，体验游戏的快乐，增进与他们的情感，比如下面的这个游戏《谁的耳朵灵》。

适用年龄：2岁7个月~3岁。

游戏目标：能根据信号进行乐器演奏，学习控制自己的行为，体验节奏活动的快乐。

游戏方法：幼儿自由选择一种乐器，当音乐响起时，幼儿拿起乐器演奏；当音乐停止时，请幼儿把乐器放下来。

注意事项：

（1）可以用不同的器皿和物件代替乐器，比如牛奶瓶、盘子等。

（2）引导幼儿尽量跟随音乐节奏演奏乐器。

有的儿童歌曲形象可爱，内容里蕴含着丰富的心理健康教育因素。在心理健康教育中，可以充分运用这些作品开展活动，比如前面举例的《你一半、我一半》就是音乐活动与心理健康教育活动结合的很好示例。

（三）在体育活动中

儿童动作的发展在某种程度上标志着其心理发展的水平，同时，动作的发展也促进心理的发展。伴随着孩子学会爬行，继而学会行走，他们便逐渐摆脱成人的控制，独立行事的愿望逐渐增强。孩子喜欢体育活动，在肢体运动中他们学习到的不仅仅是动作技能，还逐渐把握空间方位关系，获得成功的快乐。比如下面的这个游戏《小小搬运工》。

适用年龄：2岁半~3岁。

游戏目标：

（1）练习手、膝着地爬行，勇于克服困难。

（2）知道红、黄、蓝三种颜色，进行颜色匹配。

游戏方法：一端放置盛有红、黄、蓝色球的篮子，另一端放置标有红、黄、蓝色标签的空篮子。幼儿背上小筐或敞口包，将球一个一个地从一端运到另一端，按颜色放入空篮子中。

注意事项：

（1）球的数量由少到多，一开始不宜太多，在幼儿遇到困难时给予帮助和鼓励。

（2）运球的距离可以逐渐增加，球的颜色也可以随着幼儿颜色认知能力的提高逐渐增加。

在进行体育活动时，需要注意以下几点：

（1）成人需要保证运动玩具和材料的安全，活动时仔细看护，避免危险因素。

（2）保证体育活动的充足空间，以免发生事故。

（3）每天应保证孩子的户外运动时间，通常不少于2小时。

（4）在运动时给予孩子充分的鼓励。

（5）活动形式丰富多样，增进孩子的兴趣。

（6）活动安排要循序渐进，由易到难。

四、在专门的心理健康教学活动中

对于进入托幼机构的孩子来说，教师专门设计的心理健康教学活动更具有计划性和针对性。这里需要说明的是，专门设计的心理健康教学活动能集中解决孩子们碰到的普遍性问题，引导孩子们集中学习和获得某一技能或知识。比如下面的活动《我不怕黑》，可以帮助孩子们通过集体的力量了解黑暗，战胜怕黑的心理。

活动目标：知道黑暗并不可怕，勇于战胜怕黑的心理。

活动准备：大型纸箱制成的带“窗户”的“火车”。

活动过程：

（1）教师出示“火车车厢”，鼓励孩子们一起钻爬“火车”。

——今天教室里来了一辆长长的火车，你们想不想乘火车？

——你们爬进火车时心情怎么样？为什么？

（2）结合生活经验，谈谈遇到黑暗的心情。

——什么时候会像在火车车厢里这样黑？你是什么心情？

（3）教师打开“窗户”，鼓励孩子们再次钻爬“火车”。

——现在你们爬进去感觉怎么样？为什么会亮了呢？

——原来有光的地方就是亮的，没有光才会黑，黑暗并不可怕，就像过山洞，还挺好玩呢！但是我们得小心。

（4）加长“火车”长度，关闭“窗户”，鼓励孩子们一个接一个钻爬“火车”。当胆小的孩子爬过“火车”后，给予充分的赞扬和肯定。

——现在黑暗的火车更长了，我们一起看看哪些小朋友能勇敢地爬过去，老师给你们加油！

在专门的心理健康教学活动中需要注意以下几点：

（1）儿童无法通过一次集体教学活动就能获得心理成长，专门的心理健康教育活动中学习的技能、知识或获得的情绪情感必须依靠日常生活中的反复练习和不断强化。

（2）在专门的心理健康教学活动中，可以充分发挥文学作品、儿童歌曲、美术、体育等多种活动所蕴含的心理健康教育价值。

（3）在集体教学活动中，教师需要充分发挥同伴的榜样作用，促进儿童相互模仿和学习。

第五节 0~3 岁婴幼儿心理健康教育游戏活动方案

0~3 岁的婴幼儿主要在家庭中接受教育，也有一部分婴幼儿进入托幼机构，步入集体教养环境，但仍然以游戏为主要活动。因而，本部分主要列举游戏方案，既适用于家长，也适用于教师。教师可以根据需要，将游戏方案整合和修改成集体教学方案。

一、认知教育

（一）认知教育应注意的问题

1. 创设丰富的环境，提供适宜的玩具与材料

丰富的环境和适宜的操作材料能有效刺激婴幼儿感官的发展，激发他们与外界交流互动，自主地积累操作经验，发展对事物的观察力、记忆力和专注力。玩具与材料的适宜性主要体现在以下几个方面：

（1）安全。教室内的物品及幼儿使用的玩具与材料，都要保证牢固、无毒、便于清洗和消毒。教养者需要定期检查是否有损坏，有损坏的加以修理，无法修理的要予以更换。玩具与材料是幼儿直接摆弄、操作的物品，幼儿年龄越小越喜欢把它们放到嘴里“尝尝味道”，摔到地上“看看反应”，在桌上敲敲打打听听声音。因此，牢固、无毒、便于清洗和消毒是很重要的。玩具还应有一定的体积，以防吞咽。

（2）孩子喜欢的。玩具与材料是孩子的学习工具，也是游戏的重要物质媒介。教师选择游戏玩具与材料时，要确立这样的观念：孩子喜欢的物品都是很好的玩具，它们能唤起孩子的想象和构思，并不是越贵的玩具就越好。可以是玩具工厂生产的各种电动火车、机器人等，也可以是制造精巧漂亮的娃娃、小动物、小家具等工艺品，更可以用各种各样日常生活中随处可以得到的废旧物和自然物（如瓶子、盖子、纸片、石子、小棍子等）自制玩具。

（3）发展适宜性。玩具的“发展适宜性”指玩具要适合婴幼儿的身心发展特点，包括年龄特点和个体特点。婴幼儿适宜于玩逼真性较高的模拟实物的玩具。玩具与材料所包含

任务的难易程度应能对婴幼儿的认知、动作技能、社会交往能力等提出挑战。教养者需要细心了解孩子的兴趣、技能和创造性等方面的状况，仔细观察他对哪些玩具比较专注、比较有持久的兴趣、比较能发挥其创造性。此外，玩具与材料的适用范围应有较大的年龄跨度。

（4）多功能性。玩具与材料可以一物多用，随意进行组合，会给孩子带来丰富的想象。如有舱的交通工具比舱门封闭的好，孩子可以往舱里装小东西运来运去。从汽车上掉下来的一个带轴的轮子比功能单一的汽车更能引起孩子的持久兴趣，轮子可以伴随孩子的想象做不同的代用品，如方向盘、小伞等。

（5）灵活呈现，数量适当。教养者应该了解到供婴幼儿操作的玩具和材料不是越多越好，因为婴幼儿的注意力比较容易转移，较多的玩具和材料容易分散其注意力，也降低了探究程度。教养者可以一方面逐渐增加新的玩具，另一方面对于婴幼儿熟悉的玩具，可以增加一些新奇的变化，也可以暂时收起来，使之轮换出现。这样能有效激发婴幼儿探究事物的兴趣，抓住他们的注意力。

小资料

各月龄段的玩具、图书示例

月龄	发展重点	玩具、图书示例
0~6 个月	感知觉发展为主：形状、色彩、声音；手的抓握能力	吊饰、镜子、抓握类玩具（手摇铃、磨牙器）、不倒翁、图片、立体（形状）书
6~18 个月	注意事物的细节，喜欢日常用品，会模仿，手的控制能力加强，喜欢摆弄	拼图、套桶、图形镶嵌盒、拖拉玩具、车、积木、球、布书、异形书、图画书、小木马
18~36 个月	强烈的独立愿望，喜欢分类、配对或组合，能够扮演日常生活情景	穿脱衣服的娃娃、玩具婴幼儿推车、木质或布质动物、拼图、各种运输车、积木、厨房用品（菜、锅、勺、碗）、图画书、磁带

资料来源：劳动和社会保障部教材办公室、上海市职业培训指导中心组编：《育婴师（国家职业资格四级）》，北京，中国劳动社会保障出版社，2006。

（6）充分利用生活物件。婴幼儿对生活中常见的物品有着极大的兴趣，一方面出于好奇，另一方面出于对成人实际操作这些物品的模仿，比如碗、勺、钥匙、抽屉、梳子、镜子、各种瓶子与盒子等。在保证婴幼儿安全的基础上，可以提供他们感兴趣的生活物件以供探索。

2. 充分利用自然资源，坚持户外活动，扩大生活范围

自然提供给孩子们清新的空气、丰富的“玩具”、奇异的现象，对孩子们有神奇的魔力，教养者应该安排充分的户外活动，让孩子多看、多听、多触摸，沉浸在探索自然的快乐中，获得更丰富的直接经验。

小资料

户外散步和郊游的场地参考

宠物商店	土丘	有树木和花草的公园	大草坪
小溪边	南瓜地	森林或小树林	养着小马驹的马厩
乡间小道	不同的农场	池塘边	动物园

资料来源：[美]Debby Cryer等著，管倚、王荣译：《2~3岁幼儿学习活动指导手册》，上海，少年儿童出版社，2006。

3. 鼓励、支持婴幼儿的自发探索

前面已经讲到婴幼儿自发探索周围环境的兴趣以及这种兴趣与好奇心对于婴幼儿心理成长的作用，教养者应该鼓励、支持他们的自发探索，并努力做到以下几点：

（1）尽量少干扰婴幼儿的探索过程，给予其足够的时间探索，不催促和阻断，增强他们探索的主动性。

（2）分享婴幼儿的探索成果，及时鼓励、欣赏，以引发更多的探索兴趣和行为。

（3）在婴幼儿遇到困难时，给予鼓励和适宜的帮助，应尽量鼓励他们自己解决，让其有机会体验克服困难的成功和喜悦感。如果反复尝试仍未解决问题并主动求助时，教养者应给予适宜的帮助。

4. 选择和设计适宜的游戏

游戏对于婴幼儿的发展有重要意义，认知游戏使用直观、形象的方法，最适合婴幼儿的学习特点。在选择认知游戏时，需要注意以下几点：

（1）符合婴幼儿感知、认知的发展规律和特点，循序渐进，逐渐增加游戏难度。

（2）时刻关注婴幼儿的情绪反应，在其不愉快时，适时停止。

（3）同一个游戏可以举一反三，玩出新花样，以保持婴幼儿的兴趣。

（4）游戏需要反复进行。

（二）认知教育游戏或活动方案举例

1. 游戏：《听声找物》[①]

适用年龄：0~6个月。

游戏目标：刺激婴儿的听觉，增进听觉灵敏性。

游戏方法：轻轻摇小摇铃（也可以是摇拨浪鼓或吹口琴），引起婴儿的注意，然后走到婴儿身体的一侧再摇响玩具，当其将头转向发声的地方时，再更换方向。

---

① 参见楼必生编著：《亲子游戏与潜能开发》，青岛，青岛出版社，2006。

注意事项：

（1）两耳交替进行，一侧时间不宜过长。

（2）当婴儿将头转向声源时，成人高兴地说："找到了！"以进行鼓励。

（3）当婴儿习惯一种声音后，可更换玩具，也可以换成由成人呼唤婴儿。

（4）随着婴幼儿年龄的增长，可以降低音量进行训练。

2. 游戏：《视觉刺激游戏》①

适用年龄：0~6个月。

游戏目标：刺激婴儿的视觉，增进视觉灵敏性。

游戏方法：选择20cm×20cm的图片置于婴儿眼睛20~30cm的地方，让婴儿注视，每次20~30秒，一次看一张图片。

注意事项：

（1）2~3天后可更换图片，保持婴儿的兴趣。

（2）展示方式与位置要经常更换。

（3）图片由黑白色到彩色，图案由简单到复杂。

（4）在婴儿注视图片时，要进行积极的交流，告诉他图片上的内容，对他发出的声音给予回应。

3. 游戏：《猜一猜》②

适用年龄：1岁以后。

游戏目标：刺激幼儿的触觉，增进触觉灵敏性。

游戏方法：将物品放在黑色布袋里，让幼儿伸手进入口袋触摸，猜猜黑色布袋里是什么。

注意事项：

（1）物品可以是玩具，也可以是生活用品。

（2）对于年龄小的幼儿，一次只放一个物品，这个物品应是幼儿熟悉的、喜欢的。

（3）随着幼儿认知范围的扩大，逐渐更换放入口袋的物品类型，逐渐增加难度。

（4）在幼儿猜错时，允许其继续触摸，并给予一定的提示；在幼儿猜对后，给予拥抱和赞赏。

（5）成人可以参与游戏，角色可以轮换。

4. 游戏：《找糖果》③

适用年龄：1岁半~3岁。

游戏目标：提高记忆能力和细致的观察力。

游戏方法：把所有杯子开口朝下排成一排，把一颗糖果放在杯子下面，然后一边说

---

① 参见劳动和社会保障部教材办公室、上海市职业培训指导中心组编：《育婴师（国家职业资格四级）》，北京，中国劳动社会保障出版社，2006。

② 参见[美]Debby Cryer等著，管倚、王荣译：《2~3岁幼儿学习活动指导手册》，上海，少年儿童出版社，2006。

③ 参见劳动和社会保障部教材办公室、上海市职业培训指导中心组编：《育婴师（国家职业资格四级）》，北京，中国劳动社会保障出版社，2006。

"变变变"，一边移动杯子的位置，让幼儿猜哪个杯子下面有糖果。

注意事项：

（1）移动的次数从 1~2 次开始，随着幼儿能力的增强增加移动次数和杯子数量。

（2）幼儿猜错时，成人给予鼓励，放慢速度；猜对时，及时给予表扬。

（3）成人可以参与游戏，角色可以轮换。

5. 游戏：《简易拼图》①

适用年龄：2~3 岁。

游戏目标：观察、发现图形的类型，尝试拼图。

游戏方法：用纸剪出三角形、正方形、圆形等一些简单图形，让幼儿观看简单的图形，指出正方形、圆形、三角形，并根据图形尝试拼图。

注意事项：

（1）在幼儿不能指认形状时，也可以让其通过形状匹配尝试拼图。

（2）可以逐渐增加图形的难度，比如从两个图形组成的图案到三个再到四个，从相同图形的组合到不同图形的组合。

（3）幼儿完成拼图时，成人给予鼓励。

（4）成人可以同时游戏给予示范。

6. 游戏：《宝宝找妈妈》②

适用年龄：2~3 岁。

游戏目标：认识红色、黄色和蓝色，进行颜色配对。

游戏方法：用红、黄、蓝三种颜色的卡纸分别做老鼠妈妈一套和小老鼠一套，将红、黄、蓝三只老鼠妈妈放在不同的地方，让幼儿根据颜色帮助小老鼠找到自己的妈妈。

注意事项：

（1）为了增强游戏的趣味性，可以增加故事情节，也可以将老鼠妈妈藏在不是特别明显的地方，这样当幼儿找到老鼠妈妈时将更加喜悦。

（2）当幼儿找错时，成人可以扮演老鼠妈妈说："对不起，我不是你的妈妈，你的妈妈是 ×× 颜色的。"

（3）根据幼儿对颜色的认知能力，可以适当增加颜色的种类。

（4）动物形象可以更换，也可以使用物品、玩具等玩匹配游戏。

7. 游戏：《添画》③

适用年龄：2~3 岁。

游戏目标：学习观察与识别，增进对事物的认识。

---

① 参见劳动和社会保障部教材办公室、上海市职业培训指导中心组编：《育婴师（国家职业资格四级）》，北京，中国劳动社会保障出版社，2006。

② 参见 [美]Debby Cryer 等著，管倚、王荣译：《2~3 岁幼儿学习活动指导手册》，上海，少年儿童出版社，2006。

③ 参见劳动和社会保障部教材办公室、上海市职业培训指导中心组编：《育婴师（国家职业资格四级）》，北京，中国劳动社会保障出版社，2006。

游戏方法：成人画出简单的缺少部分内容的动物、交通工具、物品等，让幼儿仔细观察，找出缺少的部分并进行添画。

注意事项：

（1）选择幼儿喜欢的、熟悉的形象，由易到难。

（2）在幼儿不能找出时，引导幼儿仔细观察完整形象，并可以教幼儿从上到下、从左到右等观察方法，一一对应与排查。

8. 游戏：《变魔术》①

适用年龄：2~3 岁。

游戏目标：提高注意力，体验游戏的快乐。

游戏方法：成人拿一串钥匙，把钥匙往上抛，然后接住，先低后高，然后做出钥匙扔出去的动作，同时迅速把钥匙藏在腋下等幼儿不易发觉的地方，摊开双手："钥匙不见了。"接着，成人说："我们把它请出来吧！快回来！快回来！"边讲边做伸手动作，趁幼儿不注意时很快拿出钥匙串。

注意事项：

（1）也可以选择更小的物品。

（2）魔术可以反复进行，直到幼儿识破真相。

（3）在游戏中也可以让幼儿猜钥匙在哪里。

二、情绪情感教育

（一）情绪情感教育应注意的问题

结合前文 0~3 岁婴幼儿心理健康教育的目标及情感教育的内容，教养者需要努力做到以下几点。

1. 营造安全、温馨、愉快的心理社会环境

蒙台梭利非常强调环境在教育中的价值，她指出："在教育上环境所扮演的角色相当重要，因为孩子从环境中吸取所有的东西，并将其融入自己的生命之中。"教养者要为儿童创设"有准备的环境"，即营造安全、温馨、愉快的心理社会环境。所谓心理社会环境，是指与儿童有关的人际关系及精神氛围。比如，家庭成员之间的关系、成人对他人的情绪反应与态度、托幼机构中的同伴关系等。

（1）确保婴幼儿的安全。

安全的环境让婴幼儿情绪安定、愉悦，产生对环境的信任感和安全感。教养者一方面需要做好防范措施，定期检查家具、玩具等，找出潜在的危险因素，避免婴幼儿受伤。另一方面，婴幼儿不断成长，他们的活动与探索范围逐渐扩大，教养者需要向婴幼儿讲解安全常识。

---

① 参见楼必生主编：《托儿所教材与教法》，北京，中国广播电视出版社，1992。

小资料

托育环境中不应使用的设备、材料和玩具

◎ 学步车（会导致跌倒和受伤）。

◎ 健身用弹簧垫（会导致跌倒和受伤）。

◎ 直径小于3厘米的玩具或物体（会有噎到、窒息的危险）。

◎ 有会脱落的小零件的玩具或物体（会有噎到、窒息的危险）。

◎ 玩具或物体附有超过30厘米的绳子或线（会有勒着的危险）。

◎ 塑胶袋（会有窒息的危险）。

◎ 尼龙包装材料（会有噎到、窒息的危险）。

◎ 尚未充气或已经泄漏的气球。

◎ 弹珠。

◎ 大头针或安全别针。

◎ 爽身粉。

◎ 不适合的食物，如整颗葡萄、含片、热狗（除非切成丁状或条状）、橄榄、硬糖果、口香糖、花生。

◎ 有毒植物，如杜鹃花、黄水仙、黛粉叶、常春藤等。

◎ 不慎吞食会造成伤害的美工材料，如粉末黏土、粉末颜料、含铅釉彩、油性颜料、黏土、树脂、胶棒等。

资料来源：[美]艾米·劳拉·多波罗等著，李永怡等译：《托幼班创造性课程》，南京，南京师范大学出版社，2005。

（2）建立有规律、有秩序的生活安排。

每日的生活循环往复，有规律、有秩序的生活安排能保证婴幼儿充沛的精力，身体和精神状态良好，也能让婴幼儿预期到接下来要做什么，是建立安全感与信任感及良好的生活习惯的重要途径。所有的托幼机构都有规律的起居饮食的作息时间表，建议家长也制定科学的生活安排表，保证一日饮食的规律性和充分的睡眠。在一日生活安排表确定下来之后，尽量不轻易改变时间。在安排一日活动时，还要关注到动静结合。但对于年龄较小的婴幼儿，作息表也需要有一定的弹性，以满足其不同的需求。

（3）爱的传递和表达。

在一日生活的每个环节中，成人的语气、语调、表情、动作等都表现出成人对婴幼儿的态度。因而，教养者应借助生活中的每个环节让婴幼儿充分地感受到对他们的爱。成人需要细致、耐心地照顾婴幼儿，抓住一切时机与婴幼儿进行目光、肢体或语言交流，亲切温和地和婴幼儿交往、互动，满足他们的生理需求和情感需要。成人需要正确表达和妥善管理自己的情绪情感，他们待人接物的良好态度、有序的生活及积极乐观、奋进向上的人生态度等都能给予婴幼儿良好的榜样示范。

2. 妥善处理婴幼儿的消极情绪

教养者对婴幼儿消极情绪的反应与处理方式直接影响婴幼儿的情绪状态，长此以往，对婴幼儿的性格形成将产生深远影响。比如在妮妮饿了哭闹的时候，妈妈会放下所有的事情，很着急地冲到她那里，抱起她开始哺乳，久而久之，妮妮在饿的时候哭闹得越来越厉害。出生不久的婴儿会用哭的方式来表明自己的饥饿或者不适，但父母的即时满足也应该伴随积极的情绪，比如妈妈边轻轻抱起孩子边说："哦，宝贝，你饿了，是吧？妈妈现在就来喂你。"教养者应该细心观察婴幼儿的情绪情感反应，分析引起消极情绪的原因，学会妥善处理婴幼儿的消极情绪。

3. 帮助婴幼儿学习识别他人和自己的情绪

（1）阅读和讲故事活动。

伴随着故事情节的发展，各种情绪情感发生着改变，图片、绘本能直观地表现出各种情感状态，具体、形象地向婴幼儿呈现出情绪情感的各种表现，如表情、动作等。幼儿2岁半以后逐渐会对故事情节产生兴趣，由故事所激起的情感共鸣也会变得丰富起来。

（2）交流、讨论。

在自己或他人不同的情绪情感状态下，教养者应该与婴幼儿充分交流、讨论。在婴幼儿不会表达时，教养者甚至可以帮助婴幼儿说出其心理感受，比如"宝宝自己吃饼干了，很高兴！""别人抢你东西了，你很生气，是吧？"在具体的情境下，婴幼儿更易于理解和接受。

（3）鼓励与同伴一起游戏。

孩子们在一起时，情绪情感的变化比较多，有欢乐、有喜悦，有争执、有妥协，能丰富他们的情感体验。在交往过程中，婴幼儿控制自己情绪的能力也会逐渐增强。成人需要创造条件并鼓励婴幼儿与同伴一起游戏。

4. 通过经常性的游戏促进积极情绪的发展

任何游戏都会伴随着愉快的情绪体验，教养者应该多开展各类游戏，增进教养者与婴幼儿之间的关系，促进积极情绪的发展。也可以选择和设计帮助婴幼儿识别情绪情感、体验各类情感的游戏。

（二）情绪情感教育游戏或活动方案举例

1. 游戏：《抬花轿》[①]

适用年龄：2~3 岁。

游戏目标：体验大胆和成人一起游戏的快乐，克服害怕心理。

游戏方法：两位成人面对面、手拉手，两臂分开，让幼儿坐在一侧手臂上，另一侧手臂置于幼儿腹部，抬起幼儿前行，也可以轻轻摇晃，一会儿高一会儿低。

注意事项：

（1）不要让幼儿身体前倾，保证安全。

---

① 参见楼必生编著：《亲子游戏与潜能开发》，青岛，青岛出版社，2006。

（2）在幼儿比较小时，可以采用摇床单游戏，即将幼儿放在床单或者小被子中间，两位成人进行摇晃。

2. 游戏：《娃娃笑眯眯》[①]

适用年龄：2~3 岁。

游戏目标：识别不同情绪的表情，保持积极情绪。

游戏方法：画出笑娃娃和哭娃娃，让幼儿指认出“高兴”的娃娃和“伤心”的娃娃，并分别模仿表情。当幼儿笑时，成人给予拥抱和亲吻；当幼儿哭时，成人给予否定或以难过的表情回应。

注意事项：

（1）在成人回应时，可以辅助语言：“宝宝笑，我高兴”“宝宝哭，我难过”。

（2）可以画两个娃娃，让幼儿贴上不同形状的嘴巴来玩以上游戏。

3. 游戏：《小动物模仿操》[②]

适用年龄：1 岁半以上。

游戏目标：按音乐节奏做模仿动作，体验音乐活动的快乐。

游戏方法：在音乐的伴奏下，让幼儿跟着爸爸、妈妈一边念着儿歌，一边做小动物操。

附儿歌：我学小鸡叽叽，我学小鸭嘎嘎，我学小猫喵喵，我学小狗汪汪。我学小鸟飞飞，我学小兔跳跳。我和他，我和你，开开心心做个操。

注意事项：

（1）音乐是幼儿喜爱的精神食粮，音乐游戏和活动能使幼儿心情舒畅，也能很好地帮助幼儿调节情绪。

（2）逐渐让幼儿念儿歌做动作。

4. 游戏：《停电了》[③]

适用年龄：2 岁半 ~3 岁。

游戏目标：理解黑的含义，克服怕黑的心理。

游戏方法：用毛毯盖在桌子上，让桌子底下变成一个黑漆漆的“山洞”。成人和幼儿一起将手电筒、玩具搬入“山洞”中，成人说：“停电了！”然后和幼儿一起躲进“山洞”里，打开手电筒玩停电的游戏。

注意事项：对于陌生的人、物品或情景，幼儿都会产生恐惧。为克服恐惧这一消极情绪，可以设置类似的游戏情境，帮助幼儿熟悉恐惧的对象，消除恐惧感。

5. 游戏：《亲亲我》[④]

适用年龄：1 岁以上。

游戏目标：学习大胆表达自己的喜爱之情。

游戏方法：幼儿拿着喜欢的布娃娃，成人拿着另一个布娃娃面对面坐着，边拥抱亲吻布娃娃，边说：“布娃娃的笑脸像苹果，妈妈喜欢你，亲亲你！”成人通过提示“宝宝的

---

①②③ 参见楼必生编著：《亲子游戏与潜能开发》，青岛，青岛出版社，2006。
④ 参见陈红梅主编：《家园互动的亲子教育》，武汉，湖北人民出版社，2007。

娃娃在哪里，喜欢它就亲亲它”，引导幼儿模仿。

注意事项：

（1）在游戏过程中，一定要拥抱幼儿，并说：“我很喜欢你，我要亲亲你，抱抱你。”

（2）引导幼儿主动亲吻成人；与同伴一起游戏时，鼓励幼儿拥抱、亲亲喜欢的同伴。

三、社会性教育

（一）社会性教育应注意的问题

1. 榜样的示范作用

（1）成人应该做好关心、爱护、安慰、劝导、礼貌待人等处理人际关系的示范，营造平等交往、互助合作的氛围。成人一贯性行为的反复出现，可以引起婴幼儿的自发模仿。

（2）通过肯定、表扬同伴的友好、礼貌、分享行为强化婴幼儿对亲社会行为的认识，激起婴幼儿学习同伴的兴趣和热情。

（3）积极运用经典故事和图书中典型人物的榜样力量影响婴幼儿。这类故事和图书比较多，如绘本“小熊宝宝系列”中的《大声回答“哎”》《你好》《排好队一个接一个》教会婴幼儿正确地回应别人、有礼貌地打招呼、轮流玩等交往要求和规则，小熊宝宝为他们树立了榜样。

2. 结合情境进行社会性行为训练

对榜样的学习需要与反复的练习结合起来才能变成稳固的行为方式，成人需要积极创造条件和机会，结合具体情境对婴幼儿进行社会行为训练。

（1）抓住生活中的时机，鼓励婴幼儿与他人交往互动，充分利用户外活动、散步、逛超市、游公园等机会在实践中提高其交往兴趣和技能，尤其是鼓励同伴交往和游戏。虽然 3 岁前的幼儿在游戏中还不能围绕共同的目标产生合作行为，但他们一起游戏时逐渐与同伴发生联系，会遇到很多问题，比如争抢玩具和空间、玩具的玩法不同等，在具体的游戏情境中，幼儿学习理解他人、征求他人意见、轮流和等待、分享和交换等社会技能。

（2）对婴幼儿社会行为的要求要有一贯性，及时表扬良好的社会行为，纠正不得体的行为。比如滑滑梯是孩子们都喜欢的活动，应教会孩子们等待和轮流，对孩子们发生的推、抢行为要及时制止，一贯性地执行所提出的行为要求。

（3）在集体环境中，教师可以让孩子从家中带来玩具、食物、图书等进行交换和分享，让孩子充分感受交换和分享的快乐。教师还可以选择和设计专门的社会性教育游戏和活动，教给孩子社会交往的技能。比如教学活动《分果果》，家长给每个孩子带上一个水果，教师带领孩子们猜猜和说说别人带的水果是什么、长什么样子、是什么味道，然后将水果分成多等份，共同分享水果。

（二）社会性教育游戏或活动方案举例

1. 游戏：《藏猫猫》①

适用年龄：6个月以上。

游戏目标：学习观察和模仿，体验亲子快乐。

游戏方法：

（1）成人指着自己说："宝宝看，×× 在这里呢。"然后用手帕蒙着自己的脸说："宝宝，×× 呢？ ×× 不见了。"过一会儿拿开手帕笑着说："×× 在这里。"

（2）成人可用手帕蒙住孩子的脸，再拿开，让孩子体验从蒙住脸到手帕移开、从看不见到看见的感觉，也可以让孩子自己把手帕拿下来。

（3）成人利用阻隔视线的物体（如橱柜、桌子、沙发等）一隐一现地藏猫猫。

注意事项：

（1）以上三种《藏猫猫》游戏，可根据孩子的能力循序渐进地开展。比如，在玩熟第一种游戏时，成人可以不着急拿开手帕，让孩子尝试拿开。

（2）在孩子学会爬行和行走后，让孩子来找成人，感受游戏的快乐。

（3）孩子可以和成人互换角色。

2. 游戏：《跷跷板》②

适用年龄：6个月以上。

游戏目标：体验与父母亲密接触的快乐。

游戏方法：成人跷腿坐在大椅子上，孩子坐在成人跷起的脚背上，成人用双手拉住孩子的手。成人跷起的腿一上一下地抬起、落下。

注意事项：

（1）成人也可以躺在床上屈膝抬腿来玩这个游戏。

（2）让孩子在爸爸、妈妈身上玩，能有效增进亲子关系，类似的游戏有《滑滑梯》《骑木马》等。

3. 游戏：《娃娃家》③

适用年龄：2~3岁。

游戏目标：增进同伴之间的互动，感受与同伴游戏的快乐。

游戏方法：提供布娃娃、布娃娃的衣服、小碗、小勺、小锅、小灶等相关玩具，让孩子自由玩假装游戏。

注意事项：

（1）可以邀请同伴玩娃娃家，也可以邀请同伴一起玩积木、拖拉玩具等，为孩子提供与同伴接触的机会，有助于孩子情感和社会能力的发展。

（2）不要过多地干扰孩子的游戏。

（3）这一阶段的孩子在假装游戏中的互动还不是很多，而且缺乏计划性。成人可以参与游戏，并进行适当的提示，增加孩子游戏的计划性及同伴互动。

---

①②③ 参见楼必生编著：《亲子游戏与潜能开发》，青岛，青岛出版社，2006。

4. 游戏：《用头顶球》①

适用年龄：2 岁半 ~3 岁。

游戏目标：学习合作与控制，体验游戏的快乐。

游戏方法：成人采取跪或蹲的姿势，和孩子面对面、手牵手，用额头合力顶住球，大声数数："1、2、3……"，全力配合不让球掉下来。

注意事项：

（1）这个游戏可以邀请同伴一起玩。

（2）等孩子熟悉以后，可练习不牵手顶球，并且延长时间，还可以顶住球向前走。

5. 游戏：《请你猜猜我是谁》②

适用年龄：2 岁以上。

游戏目标：辨认声音，增进亲子或同伴关系。

游戏方法：捂住孩子的眼睛，成人或同伴说："请你猜猜我是谁？"让孩子猜出说话的人。

注意事项：

（1）同伴游戏时，三个人以上玩起来更加有趣。

（2）可以允许说话者适当变声，以增加游戏难度和趣味性。

四、人格教育

（一）人格教育应注意的问题

1. 循序渐进，给予鼓励和适当的帮助

游戏是建立与发展自我意识的重要途径，在选择和设计游戏时要循序渐进。比如游戏《照镜子》有助于认识身体和形成自我概念。对于 1 岁前的孩子，可以不加任何要求，让孩子自发探索和游戏；1 岁以后的孩子逐渐学习指认五官和身体其他部位，并可以在镜子面前做出表示不同情绪的面部表情，如"宝宝，笑一笑！""宝宝，伤心！"；2 岁以后的孩子，可以增加难度，对着镜子表演不同的身体动作和表情。

生活技能的掌握不是一步到位的，也需要循序渐进地开展，必要时成人需要给予适当的帮助，以增加孩子成功的可能性，增强他们的自信心。以学习刷牙为例，学习刷牙对于成人来说非常简单，可是对于孩子来说，刷牙需要他们综合地使用漱口、抓牙刷、从不同方向刷等多种技能。当孩子自发地对牙刷进行探索时，无论是否正确，成人无需阻挠。但 2 岁前，我们应该首先给予示范和讲解，教给孩子漱口的方法，并要求孩子坚持饭后漱口。

2. 培养生活技能，支持孩子去干力所能及的事情

前文提到，生活能力的提高有助于促进 0~3 岁婴幼儿的自主感。在生活能力的培养中，应做到：

（1）尊重他们独立行事的愿望，并鼓励和支持他们的自发探索。对孩子的专注行为减少干扰和阻挠，使幼儿感受到自己的力量。

---

①② 参见楼必生编著：《亲子游戏与潜能开发》，青岛，青岛出版社，2006。

（2）提供练习生活技能的机会，不要代替他们去做其力所能及的事情。“重复是学习之父。”孩子的生活技能需要在周而复始的重复中掌握，成人不要催促，不要代替，耐心地等待孩子做完他想做的事情，让孩子反复尝试和练习。

（3）利用儿歌作为行动伴奏，教会婴幼儿生活技能。

（二）人格教育游戏或活动方案举例

1. 游戏：《照镜子》[①]

适用年龄： 1~2 岁。

游戏目标： 认识身体，形成自我概念，学习识别情绪和调节情绪。

游戏方法： 让孩子站在穿衣镜前，孩子根据成人的指令对着镜子指认身体部位或做动作，也可以根据成人指令做出表示不同情绪的面部表情。

注意事项：

（1）随着游戏的开展和孩子认知的发展，可以逐渐增加身体部位、动作和表情的数量、难度及动作更换的速度，保持对游戏的兴趣。

（2）成人和孩子可以面对面坐着，成人做各种脸部和身体动作，比如眨眼睛、撅嘴巴、抬腿等，孩子对着镜子模仿成人的动作。

（3）成人和孩子可以互换角色。

2. 游戏：《碰一碰》[②]

适用年龄： 1 岁以上。

游戏目标： 认识自己的身体部位，并能主动根据指示语与他人游戏。

游戏方法： 和孩子面对面坐着，成人说：“我说碰哪儿，宝宝就碰哪儿。小手碰小手！”成人的手和孩子的手碰一碰。

注意事项：

（1）2 岁以上的孩子可以与同伴玩这个游戏。

（2）成人先主动去碰孩子的身体部位，逐渐地引导孩子主动去碰对方的身体部位。

（3）玩熟练后，可以由孩子发出指令。

3. 游戏：《熊和木头人》[③]

适用年龄： 2~3 岁。

游戏目标： 学习有意识地控制自己行为的能力。

游戏方法： 成人扮演熊，孩子扮演木头人，成人和孩子边走边念儿歌：“小鸟喳喳叫，小兔蹦蹦跳。我们小朋友，也往树林跑。采上几朵花，再把舞来跳。要是大熊走过来，千万别乱跑。赶快装成木头人，不许讲话不许动，还有一个不许笑。”说到最后一句时，孩子停止运动，不许说话不许动。在这个过程中，要是熊走过来，孩子也必须扮演成木头人，否则熊就要抓住并吃掉木头人。

---

① 参见劳动和社会保障部教材办公室、上海市职业培训指导中心组编：《育婴师（国家职业资格四级）》，北京，中国劳动社会保障出版社，2006。

② 参见楼必生编著：《亲子游戏与潜能开发》，青岛，青岛出版社，2006。

③ 参见劳动和社会保障部教材办公室、上海市职业培训指导中心组编：《育婴师（国家职业资格四级）》，北京，中国劳动社会保障出版社，2006。

注意事项：

（1）在游戏过程中可逐渐增加熊走近孩子的次数。

（2）成人和孩子可以互换角色。

4. 游戏：《送玩具回家》[①]

适用年龄：1岁以上。

游戏目标：学习收拾物品，养成物归原处的习惯。

游戏方法：游戏结束后，成人以游戏口吻提醒孩子："玩具累了，要回家休息！我们一起来送玩具回家吧！""玩具，你是我的好朋友，我要送你回家！"带领孩子一起收拾玩具，要求孩子分类摆放玩具。

注意事项：

（1）物归原处的习惯需要反复的练习和成人一贯性的要求，贵在坚持。

（2）用明显的标志表示不同种类的玩具、物品，便于孩子记忆。

（3）对于大一些的孩子，成人可以和孩子比赛，看谁收拾得多、收拾得好。

（4）当孩子分类错误时，可以拿出玩具盒里的东西进行比较，便于学习分类。

5. 游戏：《戴帽子，脱帽子》[②]

适用年龄：1岁半以上。

游戏目标：练习戴帽子、脱帽子的动作，培养孩子的生活自理能力。

游戏方法：成人与孩子面对面坐着，成人戴、脱帽子，鼓励孩子模仿。或者成人帮助孩子戴、脱帽子，鼓励孩子也给成人戴、脱帽子。

注意事项：

（1）可以提供一面镜子，让孩子感受戴上帽子的快乐。

（2）穿脱鞋子、衣服等生活技能的训练都可以采用这种方法。

（3）孩子大点后，成人可以和孩子比赛，看谁戴、脱得快。

6. 游戏：《喂瓶子娃娃吃饭》

适用年龄：1岁半以上。

游戏目标：练习使用勺子，养成孩子的生活自理能力。

游戏方法：成人通过扮演瓶子宝宝："我是瓶子宝宝，我饿了，请喂我吃饭吧！"让孩子用勺子舀起纸团送进瓶子宝宝的嘴里。

注意事项：

（1）成人可以参与游戏，成人喂一次，孩子喂一次，调动孩子的积极性。

（2）可以使用空瓶子，装饰瓶子宝宝，激发孩子的兴趣。

（3）瓶子宝宝的"嘴巴"和纸团由大到小，逐渐增加难度。

7. 游戏：《我会投篮》

适用年龄：2~3岁。

游戏目标：发展投掷能力，体验成功的喜悦。

---

① 参见劳动和社会保障部教材办公室、上海市职业培训指导中心组编：《育婴师（国家职业资格四级）》，北京，中国劳动社会保障出版社，2006。

② 参见楼必生编著：《亲子游戏与潜能开发》，青岛，青岛出版社，2006。

游戏方法：将纸盒固定，让孩子将球投进纸盒中。

注意事项：

（1）逐渐增加难度，孩子和纸盒的距离逐渐加大，纸盒逐渐变小。

（2）成人可以参与游戏，也可以邀请同伴一起玩。

8. 游戏：《男孩女孩》

适用年龄：2~3 岁。

游戏目标：知道自己的性别，了解男孩、女孩的特征。

游戏方法：将男孩、女孩图片分别置于孩子两侧，提问："宝宝是男孩还是女孩呢？和哪个图片上一样呢？你能找到吗？"让孩子站到和自己性别一样的图片边上。

注意事项：

（1）性别认识需要结合生活中的观察进行，比如对爸爸、妈妈的认识。

（2）可以让孩子为男孩、女孩选择合适的衣服和发型，以促进性别认识。

本章小结

本章首先结合 0~3 岁婴幼儿的心理发展规律与特点，提出 0~3 岁婴幼儿心理健康教育的六大目标，并细化出 0~1 岁、1~2 岁和 2~3 岁三个年龄阶段的目标。然后阐述了 0~3 岁婴幼儿心理健康教育的四个原则、四种方法和实施途径，并对原则、方法及不同途径的使用给出了具体建议。最后，从认知、情绪情感、社会性和人格教育四方面，分别论述了 0~3 岁婴幼儿心理健康教育的方法与策略并提供具体的游戏或活动示例。

知识结构图

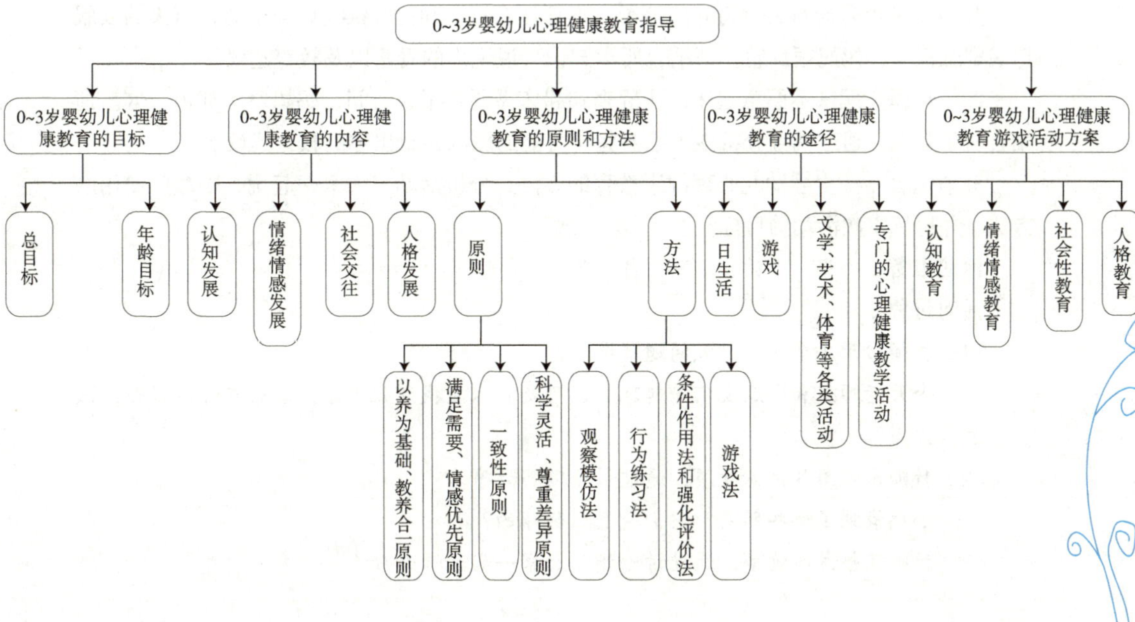

关键概念

依恋	依恋的类型
人格	内隐学习
观察模仿法	行为练习法
条件作用法	强化评价法
游戏法	以养为主、教养合一原则
满足需要、情感优先原则	一致性原则
科学灵活、尊重差异原则	

讨论及思考题

1. 0~3 岁婴幼儿心理健康教育的总目标是什么？
2. 0~3 岁婴幼儿心理健康教育有哪四方面内容？分别收集 5 个相关的游戏方案。
3. 简述 0~3 岁婴幼儿心理健康教育的原则。
4. 0~3 岁婴幼儿心理健康教育的方法主要有哪些？
5. 简述 0~3 岁婴幼儿心理健康教育的途径。
6. 如何为 0~3 岁婴幼儿选择适宜的玩具与材料？请举例说明。

案例分析

1. 玲玲是个爱捡石头和树叶的孩子，不管什么石头和树叶都往口袋里揣，每天的衣服口袋都脏极了，妈妈很反感。请结合所学知识，说说你的看法以及教育建议。

2. 贝贝睡觉醒来不愿意起床，从醒来到起床需要花很长时间，妈妈每次都很气恼。请结合所学知识，通过调查分析孩子不愿起床可能的原因并给出你的教育建议。

3. 请结合 0~3 岁婴幼儿心理健康教育的方法，分析活动《大家一起玩》中教师使用的方法，并提炼本次活动的目标。

活动准备：小鸡、小狗、小猫图片，球。

活动过程：

（1）教师出示几个球，设置问题情境。

——今天老师想和小朋友们一起玩球，可是我只能找到五个球，小朋友却这么多，该怎么办呢？

（2）教师出示图片讲述故事，通过讨论理解故事。

——小鸡找到了哪些朋友？它们是怎么玩球的？

（3）教师完整讲述故事，通过讨论指导大家一起玩很开心。

——小鸡、小狗和小猫玩得开心吗？为什么？球这么少，人这么多，你们说说到底应该怎么办呢？

（4）教师提供球，让幼儿自由结伴玩球。

（5）教师减少球的数量，再让幼儿自由结伴玩球。

资料来源：楼必生、孙浣敬主编：《幼儿园建构式课程指导教师用书（托班）》，上海，华东师范大学出版社，2003。

附故事：

《大家一起玩》

天气真好，小鸡去找好朋友玩。小鸡来到小狗家，小狗正在玩皮球，小鸡对小狗说："小狗，我们一起玩，好吗？"小狗说："好，我们一起玩。"小狗把球踢给小鸡，小鸡又踢给小狗，玩得可高兴了。玩了一会儿，他们又去找小猫玩，他们对小猫说："小猫，我们一起玩，好吗？"小猫说："好，我们一起玩！"小鸡、小狗、小猫三个朋友一起玩皮球，玩得高兴极了。

游戏设计

1. 围绕《大家一起玩》设计一个玩球游戏，以帮助幼儿学习分享，体验共同游戏的快乐。
2. 以"增进同伴之间的了解"为游戏目标设计一个游戏。

参考文献

[1] [美] 劳拉·E·贝克著．婴儿、儿童和青少年．桑标等，译．上海：上海人民出版社，2008.

[2] [意] 玛利亚·蒙台梭利著．有吸收力的心理．江雪，编译．天津：天津人民出版社，2003.

[3] [美] 艾米·劳拉·多波罗等著．托幼班创造性课程．李永怡等，译．南京：南京师范大学出版社，2005.

[4] [美] 芭芭拉·鲍曼等主编．渴望学习：教育我们的幼儿．吴亦东等，译．南京：南京师范大学出版社，2005.

[5] [美]Debby Cryer 等著．2~3 岁幼儿学习活动指导手册．管倚，王荣，译．上海：少年儿童出版社，2006.

[6] [美] 多里斯·伯尔根等著．教保小小孩．庄享静，译．南京：南京师范大学出版社，2006.

[7] 罗家英主编．学前儿童发展心理学．北京：科学出版社，2011.

[8] 孟昭兰著．婴儿心理学．北京：北京大学出版社，1997.

[9] 庞丽娟，李辉著．婴儿心理学．杭州：浙江教育出版社，1993.

[10] 刘金花主编．儿童发展心理学．上海：华东师范大学出版社，2006.

[11] 中国卫生部妇幼卫生局．三岁前小儿教养大纲（草案），1981.

[12] 上海市人民政府教育局 . 上海市 0~3 岁婴幼儿教养方案，2008.
[13] 楼必生主编 . 托儿所教材与教法 . 北京：中国广播电视出版社，1992.
[14] 楼必生，徐田芝主编 . 温馨摇篮 . 南京：江苏人民出版社，1998.
[15] 楼必生著 . 科学教育：先学前期儿童潜能开发 . 西安：陕西师范大学出版社，2000.
[16] 楼必生编著 . 亲子游戏与潜能开发 . 青岛：青岛出版社，2006.
[17] 华爱华，黄琼主编 . 托幼机构 0~3 岁婴幼儿教养活动的实践与研究 . 上海：上海科技教育出版社，2006.
[18] 尹坚勤，张元编著 .0~3 岁婴幼儿教养手册 . 南京：南京师范大学出版社，2008.
[19] 劳动和社会保障部教材办公室，上海市职业培训指导中心编 . 育婴师（国家职业资格四级）. 北京：中国劳动社会保障出版社，2006.
[20] 刘焱著 . 儿童游戏通论（第 2 版）. 北京：北京师范大学出版社，2008.
[21] 朱家雄等编著 . 学前卫生学（第 2 版）. 上海：华东师范大学出版社，2006.
[22] 黄人颂主编 . 学前教育学 . 北京：人民教育出版社，1989.
[23] 陈红梅主编 . 家园互动的亲子教育 . 武汉：湖北人民出版社，2007.
[24] 楼必生，孙浣敬主编 . 幼儿园建构式课程指导教师用书（托班）. 上海：华东师范大学出版社，2003.
[25] 楼必生，边霞主编 . 幼儿园体验・探究・交往课程教师指导手册（托班）. 杭州：浙江教育出版社，2006.
[26] 唐淑等主编 . 幼儿园渗透式领域课程教师用书（托班）. 南京：南京师范大学出版社，2007.
[27]《新编说文解字大全集》编委会编著 . 新编说文解字大全集 . 北京：中国华侨出版社，2011.
[28] 华爱华 . 关于 0~3 岁婴幼儿早期教养指导 . 儿童与健康，2007（11）.
[29] 华爱华 . 论婴幼儿早期发展中“教”与“养”关系 . 华东师范大学学报（教育科学版），2009（2）.

第四章　3~6 岁幼儿心理健康教育指导

本章学习目标

- 理解幼儿心理健康教育的总目标和年龄目标，尝试拟定心理健康教育活动目标
- 掌握心理健康教育的内容
- 掌握幼儿心理健康教育的原则和方法，了解开展心理健康教育的有效途径
- 掌握不同发展领域心理健康教育活动的设计要点，初步学会拟定幼儿心理健康教育活动方案

教师专业标准及教师职业资格能力考试要求

- 理解幼儿教育作为人生发展的奠基教育的重要性及特点，能够以正确的教育价值观分析和评判教育现象
- 遵循幼儿身心发展特点和保教活动规律，提供适合的教育，保障幼儿快乐健康成长
- 关爱幼儿，重视幼儿身心健康，将保护幼儿生命安全放在首位
- 能根据教育目标和幼儿的兴趣需要及年龄特点选择教育内容，确定活动目标，设计教育活动方案

引导案例

1978 年，一位记者采访一位诺贝尔奖获得者："请问您在哪所大学学到了您认为最主要的东西？" 对方平静地回答："在幼儿园。" 记者大惑不解："在幼儿园学到什么？" 对方深情地回忆说："把自己的东西分一半给小伙伴；不是自己的东西不要拿；东西要放整齐；吃饭前要洗手；做错了事情要表示歉意；午饭后要休息；要仔细观察周围的大自然。我想，从根本上说，我学到的主要东西就是这些。"

Google 的创始人谢尔盖 · 布林和拉里 · 佩奇在电视上接受访问时说，他们的成功应归功于"蒙台梭利学校"。在蒙台梭利教育的环境下，他们学会了自己的事自己负责、自己解决，是这样的积极教育方式赋予了他们勇于尝试、积极自主、自我驱动的习惯。

奥地利心理学家弗洛伊德说过："早期的心理健全，对一个人未来的发展很重要"。从以上案例中我们也看到，无论是诺贝尔奖获得者还是 Google 的创始人，他们的成功得益于主动探索、积极自主、与人分享、谦让友好等优良的人格品质，而这些使其受益匪浅、感受至深的品质大多是在幼时，尤其是在幼儿园时期获得的。个体在幼儿时期是否能具有优良的人格和健康的心理素质，将对其人生产生深远的影响。

3~6 岁的幼儿正处于心理发展、人格形成的关键期，可塑性大，但心理极不成熟，自我调节、控制水平低，自我意识处于萌芽状态，极易受环境等不良因素的影响。因此，开展幼儿心理健康教育工作势在必行。幼儿园是专门从事学龄前教育工作的重要机构，是幼儿除了家庭外的重要活动场所，也必是开展幼儿心理健康教育工作的主要阵地，在促进幼儿心理健康教育的伟大工程中扮演了重要角色。因此，本章将主要从幼儿园教育的角度介绍和阐述幼儿心理健康教育的目标、内容、幼儿园心理健康教育活动需遵循的原则、常用的方法、途径及具体活动方案的设计等。

第一节 3~6 岁幼儿心理健康教育的目标

一、目标制定的依据

（一）幼儿教育总目标与幼儿健康教育目标

幼儿心理健康教育是幼儿素质教育的有机组成部分，因此，必须将心理健康教育置于素质教育的目标系统中。

《幼儿园工作规程》（以下简称《规程》）中明确提出了幼儿园保教工作的目标，即促进幼儿身体正常发育和机体的协调发展，增强体质，培养良好的生活习惯、卫生习惯和参加体育活动的兴趣；发展幼儿的智力，培养正确运用感官和语言交往的基本能力，增进对环境的认识，培养有益的兴趣和求知欲望，培养初步的动手能力；萌发幼儿爱家乡、爱祖国、爱集体、爱劳动、爱科学的情感，培养诚实、自信、好问、友爱、勇敢、爱护公物、克服困难、讲礼貌、守纪律等良好的品德行为和习惯，以及活泼开朗的性格；培养幼儿初步的感受美和表现美的情趣和能力。

幼儿心理健康教育需体现和贯彻素质教育的理念，积极考虑其与健康、语言、社会、艺术和科学五大领域教育各目标之间的联系，共同致力于《规程》中培养目标的最终实现。

（二）幼儿的身心发展特点

幼儿心理健康教育的目标必须考虑幼儿的年龄特征、心理发展水平以及幼儿目前的心理状态。只有了解了幼儿的身心发展特点和当前水平，才能对幼儿的行为和品质的发展做出正确判断，遵循幼儿的身心发展规律，并在幼儿能接受的范围里提出有针对性的措施，促进幼儿各方面在原有水平上获得进一步的发展。

（三）社会环境的发展变化

随着社会的前进和发展，人类所处的环境已发生很大的变化，并且这种变化将不断持续下去，过去制定的目标和内容也许在当今社会会出现不相适宜的情况，过去没有出现过的心理问题也会不断出现。因此，在制定幼儿心理健康教育的目标时，还应因时制宜地进行调整，使之与社会的发展变化相符。

（四）促进幼儿终身发展

《幼儿园教育指导纲要（试行）》（以下简称《纲要》）明确指出：幼儿园教育是基础教育的重要组成部分，是我国学校教育和终身教育的奠基阶段。它不仅要为幼儿进入小学做好准备，更要为幼儿一生的发展打好基础。因此，幼儿心理健康教育的目标应体现幼儿终身学习的理念，将培养幼儿终身学习的能力、获得终身发展的潜力放在核心位置。各项心理健康教育活动的设计、组织和开展，既要符合幼儿现实的需要，又要有利于其长远的发展。

（五）从干预到预防

开展幼儿心理健康教育不仅要提高幼儿的心理健康水平，还需对心理障碍和行为异常的幼儿提供帮助和指导，重在预防，防止异常状态的进一步发展。以往的心理健康教育大多发生在发现幼儿心理健康问题之后，属于干预性治疗和教育，现代社会的心理健康教育观变被动为主动，从干预转向预防，在各项心理健康问题或行为发生之前将其引向正常的发展。

二、幼儿心理健康教育的总目标

依据幼儿教育的总目标，综合以上意见，我们认为幼儿心理健康教育的总目标就是：促进全体幼儿心理健康发展，培养幼儿良好的情绪、行为方式、性格、习惯和社会适应能力，养成幼儿积极、乐观、向上的良好心理品质和健全人格，促进幼儿身心和谐发展。

从幼儿发展的角度看，幼儿心理健康教育的目标具体包括：

（1）天真活泼，性格开朗，情绪安定、愉快，能恰当表达和调控自己的情绪。

（2）独立的自理能力，养成良好的习惯，具有较强的适应能力。

（3）好奇、好问，爱观察、爱学习、爱思考，乐于探究并具有初步的探究能力。

（4）乐于与人交往，能与周围的人友好沟通，心中有他人，人际关系和谐。

（5）对自己有正确的认识，具有良好的自我意识，自尊、自主、自信。

三、幼儿心理健康教育的年龄目标

依据幼儿心理健康教育的总目标，结合《3~6岁儿童学习与发展指南》（以下简称《指南》）中关于幼儿学习与发展的目标的内容，并在考虑不同年龄幼儿心理健康的不同水平表现的基础上，我们提出了3~6岁不同年龄段幼儿心理健康教育的具体年龄目标，为幼儿园或家庭有针对性地、更具实效地开展幼儿心理健康教育活动提供参考。

（一）3~4岁幼儿心理健康教育目标

（1）情绪愉快、稳定，能恰当表达自己的情绪；有强烈的情绪反应时，能在成人的安抚下调节自己的情绪。

（2）能主动、大方地与人打招呼，愿意在熟悉的人面前表达自己的想法。

（3）愿意与同伴一起游戏，在成人指导下，知道分享和轮流，体验与同伴共同游戏的乐趣。

（4）喜欢接触大自然，对周围的事物和现象感兴趣，并能用多种感官和动作进行探索。

（5）自己能做的事情愿意自己做，喜欢承担一些小任务，并为自己的好行为感到高兴。

（6）喜欢上幼儿园，初步养成独立的生活自理能力和良好的生活习惯，能遵守一定的规则，逐步适应集体生活。

（二）4~5岁幼儿心理健康教育目标

（1）经常保持愉快的情绪，能初步恰当表达自己的情绪，并初步具备情绪的自我调节能力，如不高兴时能较快缓解，有比较强烈的情绪反应时，能在成人的提醒下逐渐平静下来。

（2）愿意并喜欢与他人交流，能用礼貌的方式表达自己的要求和想法。

（3）喜欢并能与同伴一起游戏，能关心、体贴他人，懂得轮流和分享，初步理解并愿意接受别人不同的意见和建议。

（4）好问好学，乐于动手动脑探索新事物或现象，并初步掌握一些探究方法。

（5）知道自己的一些优点和长处，自己的事情尽量自己做并对此感到满意，敢于尝试有一定难度的活动和任务。

（6）养成良好的独立生活能力和行为习惯，理解并遵守基本的规则，适应并喜欢集体生活，积极参加集体活动。

（三）5~6岁幼儿心理健康教育目标

（1）情绪愉悦、稳定，表达情绪的方式适度，能较为有效地控制和调节自己的情绪。

（2）积极主动并礼貌地与他人交流互动，敢在众人面前表达自己的想法。

（3）喜欢结交新朋友，能关注他人的情绪和需要，并能力所能及地给予帮助，与同伴友好相处，乐于分享和合作。

（4）具有独立探索的愿望和精神，对感兴趣的事物表现出极大的探究兴趣和高度集中的专注力，初步具备独立探究的能力。

（5）知道并能做出与自己性别角色相一致的行为。

（6）自己的事情自己做，能主动承担任务，遇到困难能够坚持。

（7）具备良好的行为习惯，理解规则的意义并能遵守各项规则，愿意为集体做事，有集体意识，对小学生活产生好奇和向往。

四、幼儿心理健康教育的教育活动目标

（一）目标制定的依据

心理健康教育最终是通过一次次具体的心理健康教育活动来进行的，每一项心理健康教育活动需要明确具体的目标，它是某项具体心理健康教育活动所期望达成的成果，是心

理健康总目标、年龄目标在各项教育活动中的具体反映，是实现心理健康教育目标的最小单位。

在设计、制定具体的心理健康教育活动目标时，除了依据总目标、年龄目标以外，还需要考虑当前面对的特定群体的幼儿的实际发展水平和能力、个体之间的差异及教育内容的不同性质。心理健康教育活动目标的实现，可以是一次活动要完成的任务，也可以通过多次教育活动或单元、主题系列活动逐步得以达成和实现。

（二）目标的提出

根据美国教育家布鲁姆对人的身心发展的整体结构框架的划分，心理健康教育活动的目标也可从认知、情感和态度、操作技能三大领域提出。

1. 认知目标

认知目标表述的是幼儿在心理健康教育中有关的健康教育知识以及认识能力方面的发展要求。如了解某些心理健康教育的知识，发展感知、记忆、思维与想象的认知能力等。

2. 情感和态度目标

情感和态度目标表述的是幼儿在心理健康教育活动中情感体验和能力发展及心理健康教育活动的兴趣培养的要求。如培养幼儿喜欢参与心理健康教育活动，体验活动的乐趣，帮助幼儿悦纳自己，养成乐观进取的生活态度等。

3. 操作技能目标

操作技能目标表述的是幼儿在心理健康教育活动中运用动作进行体验和表达技能方面的要求。如学习一些简单的健康行为，养成一些良好的行为习惯等。

第二节 3~6岁幼儿心理健康教育的内容

一、认知发展

幼儿健康心理和人格的形成，是在与周围世界不断交互作用中逐步展开的。幼儿从观察中接触、了解自己与世界的关系，在与环境的作用中获得各种经验、体验不同情感、发展探索精神、激起对美的向往和追求。而这一切的过程，都离不开幼儿的感知、注意、记忆、想象和思维。发展并具备一定的认知能力是幼儿生活和学习的重要条件，是幼儿与周围环境取得平衡和协调的基本心理条件，也是一切心理活动的基础。认知能力低下的人不能产生正常的情感反应和认知活动。幼儿期是认知发展极为迅速的时期，在努力避免任何有损于大脑的伤害和不适宜的环境刺激，防止导致幼儿不健康的心理的同时，我们还应当在遵循幼儿年龄发展特点的基础上，通过恰当的方式进行引导和教育，有效推进幼儿认知水平和能力的不断发展。

（一）强烈的好奇心

对一切事物充满好奇是幼儿期儿童突出的行为特征之一。由于对事物接触少，不了解事物变化的规律，因此总是对周围环境中一切新鲜的、特殊的、神秘的事物产生积极的反应，他们总是在看，什么都想摸，什么都想问。这便驱使幼儿努力去追求，获得认识上的满足，也使他们产生询问、思考和探索。这是幼儿良好认知能力得以提高的开端。因此，成人要保护幼儿的这种好奇心，增加幼儿接触环境的机会，帮助幼儿了解各种事物变化的规律，提高其认识能力，规范其活动，使其身心得到健康发展。

（二）广泛的兴趣

蒙台梭利曾说过：好奇是入门的钥匙，兴趣是求知的开始。推进幼儿建立与周围环境、事物的联系，促进幼儿与客体持续相互作用的内在动力便是兴趣。为使幼儿主动、积极地探索周围、探索世界，建立与周围环境的平衡与协调，就需要在生活和教育中广泛取材，选择多样的活动内容，采用多种活动形式，培养幼儿多方面的兴趣。如教会幼儿欣赏音乐和其他艺术作品，陶冶幼儿的情操；开展丰富多彩的户外游戏和体育活动，使幼儿喜欢参加各种运动并从中体验运动的乐趣等。

（三）独立思考、探索和学习的能力

心理健康的幼儿应该具有独立思考、探索的能力，能够完成任务，也能表现自己。学前阶段正是独立性培养的起始阶段。家长和教师应针对这一阶段幼儿“独立”的需要，在教育中让他们学会自己的事情自己做，不依赖他人；要使他们学会在生活和学习中有主见，学习独立思考并解决问题；帮助他们体验独立自主、获得成功的喜悦，培养其独立的探索和学习能力。

二、情感发展

心理健康的人能根据自己及与外界的相互作用，对自己有一个清楚而明确的认识，能根据内外环境的变化调整和控制自己的情绪。一个正常发展的幼儿应当具有感受或表现情绪的能力。婴儿在出生时就显现出一定的情绪，如啼哭、受到惊吓或感到不适时的哭叫等，这都是早期的情绪现象。在幼儿的整个成长过程中，有积极的情绪，也会出现消极的情绪。他们的社会情感发展并不完善，对情绪的控制能力较弱，容易波动，在生活中常常会出现一会儿哭一会儿笑的场面。因此，有意识地对幼儿情绪的自我调控能力进行培养，对于维护幼儿的心理健康、提高幼儿的心理素质具有重要的意义。

（一）适当转移注意力

幼儿情绪冲动性强，经常处于激动的状态，情绪表现强烈而难以自制，有时会深深陷入某种情绪状态无法自拔，如大声哭闹，甚至自己都弄不清楚为什么大声哭闹，而且不知道如何停止。这时候成人的安慰与说理无济于事，甚至会使这种情绪由于受到关注愈发猛烈而持久。这时要适当转移幼儿的注意力，用幼儿感兴趣的活动或玩具帮助其从当前情绪状态中摆脱出来。应逐渐教会幼儿，当沉浸在某种不良情绪中时，要自觉转移注意力，先不去想它，做点别的事，慢慢就忘记了。

（二）学会分析需求的合理性

案例：天气很热，小敏刚刚参加完舞蹈班的学习，一出教室门口，小敏就对妈妈说：“妈妈，我口渴了，想吃雪糕。”妈妈看今天的天气确实有点热，于是带着小敏到小卖铺买了一支雪糕。小敏津津有味地吃着，没过一会儿，雪糕就被吃完了。看着手上的雪糕棒，小敏对那香香甜甜的味道恋恋不舍，于是再次跟妈妈提出想要吃一支雪糕的愿望。妈妈拒绝了小敏的要求，小敏开始耍赖哭闹。看着小敏一把鼻涕一把眼泪，妈妈有些不舍，又给小敏买了一支雪糕……

在幼儿的成长过程中，会有各种不同的需求。面对幼儿的各种需求，成人要做到正确

对待，不可一味地迁就，也不能粗暴地拒绝，而应该对幼儿的不同需求加以区分，正确把握其合理程度。对于幼儿合理的需求，成人应及时给予满足；对于不合理的需求，则应当坚决予以拒绝。案例中，由于刚参加完舞蹈学习，小敏感到口渴，需要及时饮水，妈妈买了一支雪糕给她，这是合理的。当小敏继续要雪糕，甚至哭闹要赖时，妈妈应坚决拒绝，因为这已成为不合理需求。面对这样的需求，成人要态度坚决，并向幼儿说清楚拒绝的理由。通过这种教育可使幼儿懂得，哪些要求是合理的，哪些要求因为不合理而不能给予满足。在教育者的引导和帮助下，幼儿会慢慢学会对自己要求的合理性予以分析。

（三）合理宣泄情绪

每个人都会有不良的情绪，需要通过一个合适的渠道宣泄出来，以减轻心理压力。幼儿也是一样，他们有时也会受到挫折、感到委屈，在生活中不可避免地会产生一些不良的情绪，这些情绪如果得不到及时的宣泄，压抑久了就会引起身体和心理上的疾病。幼儿由于年龄发展特点的限制，还不懂得如何通过合适的渠道宣泄自己的不良情绪。因此，家长和教师要适时对幼儿进行合理疏导，教会幼儿一些方法来及时释放不良情绪，如倾诉、大哭、剧烈运动、放声歌唱、睡觉等，借此减轻内心压力，获得内心的平衡。教师还可在教室中设置心情屋、私密区，添置娃娃、操作卡、耳机、小沙发、靠垫、图书、电话等，甚至可以放置一些糖果、点心，让幼儿在轻松自由的环境中宣泄自己的情绪。当然，这种宣泄应当是合理的、适度的，要分清对象、时间和场合，用恰当的语言、动作和表情来表达，不能伤害到别人，不对别人乱发脾气，不让自己的坏情绪影响别人。

（四）保持良好心态

情绪是个体内心活动过程中所产生的心理体验，情绪的产生与人们对事物的看法和态度密切相关。因此，要帮助和引导幼儿形成乐观、向上、开朗、自信的良好心态，经常保持心情愉快，积极、热情地参与各种活动并能从中获得乐趣；学会正确评价自己，坦然面对挫折，对周围环境有安全感；学会自我鼓励、自我安慰；喜欢参加竞争活动，对活动结果反应适度，失败时不情绪低落，成功时也不欣喜若狂。

三、社会性发展

（一）获得交往的技能

交往是建立个人和社会联系、提高社会适应能力、培养健全人格的重要途径。交往直接影响着幼儿的社会化，对于幼儿的心理健康起着举足轻重的作用。幼儿在与成人及同伴的交往过程中，逐渐学会识别他人的情绪，推断他人的处境，解决与他人之间的矛盾冲突，以适当的方式达到自己的交往目的。然而我们也看到，许多幼儿在交往中常常会出现一些不恰当的交往行为，其实这些都不是幼儿故意的，而是因为他们缺乏相应的技能，即交往技能。**所谓交往技能，是指采用恰当的方式解决交往中所遇到的问题的策略和技巧，是幼**

儿在实际的交往活动中逐渐习得的。社会交往技能的学习影响着幼儿将来能否积极地适应各种环境，能否协调好与他人和集体的关系，能否成为一名合格公民。

1. 学会移情

案例：艾艾今年4岁了，是幼儿园中班的孩子，活泼可爱，非常招人喜欢，亲戚朋友见了都会称赞她几句。可是最近艾艾的一些行为让妈妈感到不解，甚至有些失望和伤心。

事件一：妈妈前两天感冒生病了，艾艾非得缠着妈妈带她去散步。回来的时候艾艾不愿意走，一定要妈妈抱。妈妈很不舒服，对艾艾说："妈妈生病了，抱不动你，艾艾听话，自己走回去好吗？"艾艾不依不饶，紧紧地抱住妈妈的腿："不嘛，不嘛，我不要自己走，就要妈妈抱！"

事件二：家里来了个小妹妹，妈妈让艾艾带着她一起玩玩具，看见两个小朋友玩得很开心，家长们就放心地坐到沙发上开始聊天了。可是不一会儿，就听见妹妹哭了起来。妈妈过去一看，原来是妹妹不小心摔倒了，正坐在地上哭呢。艾艾却没有任何表示，仍然在一边玩自己的玩具。妈妈很生气，问艾艾："你怎么不好好照顾妹妹，看到她摔倒了也不帮忙拉她起来？"艾艾理直气壮地回答："又不是我推的，她是自己摔倒的，我才不管呢！"

艾艾的问题到底出在哪儿呢？艾艾之所以会这样"任性"和"冷漠"，其实是因为她缺乏对他人情感的理解和共鸣，即缺乏我们所说的移情能力。**所谓移情，是指对他人情绪情感状态的识别和接受，是一个人感受和理解他人情感的能力。**幼儿不断发展的移情能力，是激发和促进幼儿亲社会行为发展的重要动机。因此，在日常生活中，成人要为幼儿创造与人交往的机会，鼓励幼儿积极参加各种游戏活动，让他们在与同伴及成人的交往中学会换位思考，觉察他人的情感，感受他人的需要，并能设身处地地为他人着想，产生与他人相同的心理感受，从而促进幼儿建立和谐的人际关系，减少反社会行为的发生。此外，也可以通过听故事、角色扮演等方法来让幼儿产生与角色相似的心理感受，训练幼儿的移情能力。例如，对待爱欺辱别人的幼儿，可以让他在游戏中扮演弱者的形象，体验受人攻击的痛苦，逐步改变其不良的行为。

小资料

移情实验

社会心理学家索兰德曾经做过这样一个实验：他让助手在热疗养器呈现不同热度时，表现出"痛苦的""中性的"和"愉快的"三种情绪。在孩子们观看"接受治疗的人"（即安排的助手）的时候，相继向他们发出两种指令：（1）想象自己处在那样的环境时如何感受；（2）想象正在接受实验的人如何感受。与此同时，用仪器测量孩子们掌心出汗、血管收缩等生理变化。

结果，这些孩子的生理状态出现了明显变化。这说明，移情能力是孩子与生俱来的一种“潜力”。但移情能力有不同的发展水平，幼儿能发展到哪个程度，还需要依靠后天教育的引导。

2. 学会分享与合作

为了更好地适应集体生活，提高社会交往的能力，能够与人和谐相处，幼儿应学会分享物品与角色，互相合作，恰当地表达自己的愿望，并能考虑别人的要求，用恰当的方式解决矛盾冲突。当集体使用玩具、用具时，幼儿应能与同伴共同分享，不独自占有，学会轮流和等待；当需要向别人借东西或参与别人正在进行的活动时，幼儿应能以恰当的方式征得别人的同意；当同伴提出加入自己正在进行的活动时，幼儿应能乐意接受；在活动中，幼儿应能理解同伴的兴趣和爱好，能服从别人的兴趣但不盲从，能积极地提出自己的建议和意见，愉快地与同伴合作。这些交往技能幼儿难以通过简单的示范或单纯的模仿掌握，成人应在示范的基础上结合讲述，并创造机会让幼儿在实践中进行练习，使其学会在集体生活中建立良好的人际关系。

3. 学会尊重与互助

尊重和互相帮助是社会交往中的重要准则和重要内容。为促进幼儿的人际交往，帮助其掌握正确的交往方式，应该从小教育幼儿学会尊重，学会悦纳。教育幼儿不随意取笑别人，不歧视某方面不足或有缺陷的人；尊重老师和长辈，见面主动打招呼问好，不随便插话，不无理取闹；爱惜别人的劳动成果，不故意弄脏地面或桌面，不故意撕毁他人作品；乐于助人，给予同伴关心、帮助和同情，体验帮助别人给自己带来的快乐，感受这种利他行为的价值。

4. 懂得基本的礼貌、礼节

文明礼貌是幼儿进行有效交往的一张门票，学习并掌握交往中基本的礼貌、礼节，可以帮助幼儿学习以正确的行为方式控制自己，变不友好的行为为友好行为。在日常的生活和交往过程中，成人要注意用自己文明优雅的言行举止去感染、熏陶幼儿，教给幼儿一些基本的礼貌用语，帮助幼儿掌握简单的礼仪规范，并让幼儿付诸行动，如学会微笑、主动和别人打招呼、会说“请”“谢谢”“对不起”等，使幼儿成为语言文明、举止优雅、受同伴喜爱的游戏伙伴和交往对象。

（二）增强适应能力

在信息时代，社会的一个突出特征就是变化迅速：知识迅速产生又迅速老化，由此带来行业频繁变更，人员不停流动，人际关系不断建立又不断改变……这种情况对人的适应能力的要求越来越高。人的适应能力既体现在机体对内外环境及其变化的适应上，也体现在对社会环境的适应上，即我们常说的社会适应能力，它是一个人在社会中生存与发展必备的基本能力。积极、主动地适应环境，达到与周围环境的协调与平衡，是健康个性的重要表现。因此，从小培养幼儿的社会适应能力是学前阶段学习与发展最基本的方面，也为幼儿的快乐生活和健康成长奠定基础。

1. 独立的生活自理能力

幼儿最终要走向社会，作为独立的人并开展独立的社会生活，这需要从具备独立的生活自理能力开始。生活自理能力是人类适应社会生活最基本的能力之一，因此，在平时的生活管理中，包括吃饭、穿衣、睡觉等，教师和家长要有意识地帮助、鼓励幼儿自己克服困难，自己的事情自己做，并教给幼儿一些自我保护的常识和技能，让幼儿在具备一定的自我保护能力的前提下，逐渐学会自己照顾自己，学会独立地解决生活中的问题。

2. 良好的习惯

幼儿从家庭走进幼儿园，再走进小学，经历了生活空间、生活方式、人际关系、行为准则等诸方面的变化。这就要求幼儿必须不断适应新的社会环境和群体。良好的习惯是幼儿维护和促进自身健康、与新环境新群体建立和谐关系的积极方式和重要途径。习惯需要从小培养，学前阶段正是良好的行为习惯养成的重要时期。帮助幼儿逐渐养成良好的生活、卫生、行为习惯等，有利于幼儿的生长发育与身心健康，并对其今后个性的发展及优良品德、健康心理品质的形成有积极的影响。

科学、规律的日常生活习惯包括：按时作息，生活规律，容易适应新环境，吃饭定时定量。爱整洁、讲卫生的良好习惯包括：勤洗澡，勤换衣服，勤剪指甲，不乱扔垃圾，不随地吐痰等。良好的行为习惯包括：礼貌待人，主动问好，遵守纪律，自己整理玩具，关心同伴，不打骂人等。

四、人格发展

幼儿健康心理和人格形成的核心内容是培养幼儿积极的自我意识。自我意识起始于婴儿期，并在幼儿期得以形成和不断发展。在自我评价、自我体验和自我控制能力三个部分中，幼儿自我评价的发展具有重要的标志性意义。由于幼儿自我意识的发展深深地依赖于有意义的重要他人，因此在幼儿自我评价能力的发展过程中，成人的教育、引导是不可或缺的。作为幼儿成长过程中重要他人的家长和教师，可以通过教育促进幼儿的自我意识进一步健康发展。

（一）学会恰当的自我评价

案例：老师问毛毛和秋秋："你们是好孩子吗？"

他们异口同声地回答："当然啊！"

老师又问："为什么呢？"

毛毛大声地回答："因为妈妈说我是好孩子！"

秋秋也赶紧说："因为老师今天表扬我了！"话刚说完，她又忙着向老师"检举"："老师，轩轩不是好孩子，是坏孩子，他今天抢我玩具了。"

自我评价一般来源于三个方面：别人对自己的评价、从与别人的比较中对自己作出的评价以及自我检验。幼儿的自我评价对其自信心、自我认同感的发展有重要影响，自我评价过高或过低都不利于心理健康。从整个幼儿期的情况来看，幼儿的评价能力和水平还很低，具有明显的依附性特征，常常依赖成人对他的评价，如案例中毛毛和秋秋对“好孩子”的自我评价其实不是来自于自己，而是听“妈妈”和“老师”说的。幼儿也常常从情绪出发进行自我评价，不够理智、客观和公正，如秋秋认为轩轩是坏孩子，仅仅因为轩轩抢了她心爱的玩具。这样的评价会影响幼儿在同伴中的地位，影响幼儿活动和交往过程中的心态、策略，也会对幼儿最终个性的形成和发展产生不可磨灭的影响。因此，成人评价幼儿时要适当、客观、公正，不可过度或随意褒贬，要知道任何不实的评价都有可能对幼儿的心理产生伤害。同时，家长和教师还要帮助幼儿在其认知发展的基础上逐渐形成正确的、恰当的自我评价，逐步让幼儿知道自己的能力和特长，知道自己的优点和缺点，知道自己能够做的事情和不能够做的事情，能在成人的帮助下分析自己的缺点与不足等，从而正确认识和评价自己。

（二）认识自己的性别角色

幼儿对身体感兴趣而予以探索，是幼儿学习认识自己的一种方式。性教育是一种知识教育，也是人格教育。它不仅包括解剖和生殖方面的知识，还强调两性之间态度的发展和指引，它在很大程度上决定了幼儿一生的“性观念”，影响他们的性别自认、性别角色行为。性教育不仅关系到幼儿身心的健康，也关系到家庭和社会的安定。因此，幼儿期的性教育是幼儿心理健康教育的一个重要内容。

家长和教师要对幼儿进行生理教育，简要说明人体结构，告诉幼儿各部分的功能，强调指出性器官也是人体的重要器官，要好好爱护，不能随意玩弄，更不能让他人伤害；让幼儿正确认识自己的性别角色，培养符合性别角色的行为方式。通过成人对幼儿在日常生活中各种行为的赞许和批评，让幼儿逐渐懂得什么样的行为才是符合自己性别角色规范的。

（三）自我控制能力的培养

自我控制能力的高低，直接影响着幼儿的学习、生活、社会交往及人格品质和良好个性的形成。幼儿期是自我控制能力发展的关键期。教育的引导对于幼儿自我控制能力的发展可以起到积极的促进作用。虽然幼儿在很早的时候就表现出一定的自我控制能力，并且随着年龄的增长，他们的自我控制能力也会相应地提高，但从总体水平上来看，幼儿的自我控制能力还是较差的，主要体现为自我控制的时间较短，缺乏一定的自我控制技巧和策略等。成人可以通过教给幼儿分心策略、寻求安慰策略、寻求帮助策略等，延长他们的自我控制时间，从而使其自我控制能力在整体水平上获得提高。

第三节 3~6岁幼儿心理健康教育的原则和方法

一、幼儿心理健康教育的原则

幼儿心理健康教育除了要遵循幼儿教育的一般原则之外，还要遵循自身特有的原则。这是根据幼儿心理健康教育的目标和内容确立的，是教育者在实施心理健康教育过程中必须遵循的基本要求。

（一）主体性原则

心理健康教育不是一种说教，教育的过程就是体验自身感受和变化的过程，而心理体验的获得离不开个体的主动参与。心理学家皮亚杰也认为：没有认识主体的能动作用，认识就不能得到发展。从教育的角度看，任何教育也只有通过受教育者的内化才能完成。幼儿有他们自己的尊严、意志和人格，任何轻视他们人格的言行，都可能引起他们的反感甚至对抗。因此，只让幼儿被动地接受，是不能达到心理教育的目的的。**在开展心理健康教育的过程中，要注意尊重幼儿的主体地位，无论是目标的制定、内容的选择还是方法的运用，均应体现出以幼儿为主。**教导者应根据幼儿的兴趣和身心发展特点，选择恰当的心理健康教育内容，运用幼儿喜爱的方法，充分调动幼儿的自觉性、积极性，引导他们主动参与到心理健康教育活动中来，并最终通过亲身体验和感受，实现心理的健康和持续发展。

活动名称：安全小卫士。

活动目标：关心他人，主动帮助和保护残疾人。

活动准备：眼罩或布条。

活动过程：

（1）给幼儿戴上眼罩或用布条蒙上眼睛，并要求他们走进教室回到自己的座位坐下。

（2）组织幼儿讨论蒙上眼睛行动的感受。

——蒙上眼睛后，你们感觉怎么样？为什么？顺利找到自己的座位了吗？遇到了什么困难？

——世界上有很多人看不见东西，他们是盲人，你们觉得他们在生活中会遇到什么困难？

——当你们遇到盲人的时候，会怎么做呢？

（3）创设盲人过马路的情境，引导幼儿主动帮助残疾人。

（4）组织幼儿交流讨论帮助残疾人的感受，激发幼儿争做安全小卫士。

活动建议：

（1）活动过程中注意幼儿的安全。

（2）在盲人过马路的情境中，仔细观察幼儿的表现，通过指导，促进幼儿帮助残疾人的主动性。

在这个活动方案中，教师采取的不是简单说教的形式，仅让幼儿“知道”，而是选择了适合幼儿发展特点的主动参与和体验的形式。通过给幼儿戴上眼罩或用布条蒙上眼睛，让幼儿亲自体验了盲人的生活，也亲身感受到了诸多的“不方便”。这样的体验不仅帮助幼儿理解了残疾人的“痛苦”，更能让幼儿在实际的生活中做到真正从主观上去关心、爱护和帮助残疾人。

（二）活动性原则

幼儿的身心特点决定了活动是进行学前教育的主要形式，幼儿通过参与各项活动实现各方面的成长与发展。因此，幼儿心理健康教育也应该通过活动来进行，让各类活动成为心理健康教育的主要方式。如运动会、献爱心活动、参观游览活动、各类竞赛及其他活动等，都可突出心理健康教育内容，拓宽幼儿活动的范围和领域，让幼儿通过亲自参加、亲临现场、亲身感受、亲自动手，在活动中学会交流、寻找快乐。

1. 游戏是心理健康教育的主导活动

案例：“特色小吃店”是中班幼儿非常喜欢的一个角色游戏。根据幼儿的需要，现在特色小吃店的食品有馄饨、水饺、汤圆和烧烤等，很多幼儿都喜欢参与特色小吃店的游戏，摆弄这些形象逼真的材料。有一次，小杰选择了特色小吃店游戏，他卖起了烧烤。游戏中，他发现制作烧烤串的小伟离开了，立刻跑去摆弄制作烧烤串的材料，觉得挺好玩的。结果，小伟回来后与小杰吵了起来。因为，此时的小杰怎么也不愿意离开制作烧烤串的岗位，他想让小伟去卖烧烤。小伟不愿意，他据理力争，跟小杰说：“明明是我在做烧烤串的，我先来的。”小杰想了想，说:“那我们石头、剪刀、布吧，谁赢了谁就继续做烧烤串。”结果，小杰输了，他回到卖烧烤的地方又积极地卖起了烧烤。

角色游戏是3~6岁幼儿非常典型的游戏之一。在游戏中，幼儿不仅体验着游戏过程的快乐，也通过扮演他人，体验了不同角色的情感和行为模式，有效促进了幼儿的社会化进程；同时，角色游戏还可以帮助幼儿掌握与人沟通、交往的能力，促进幼儿社会交往和适应能力的发展。案例中小杰和小伟用“剪刀、石头、布”的方法顺利地解决了他们的“矛盾”，两人又重新回到了游戏的快乐中。

游戏是最符合幼儿身心发展特点的活动，它能满足幼儿多方面的需要，是幼儿最愿意从事的活动。在游戏活动中，幼儿可以毫无保留、没有任何恐惧地、完整地表现自我。在自由、放松的环境中，幼儿的自我控制能力和意志力在游戏规则的制约下不断得到增强。因此，游戏应该成为心理健康教育的主导活动。

2. 自发活动与专门的设计活动相结合

幼儿的游戏活动主要包括两种，一种是幼儿自行发起和参与的游戏活动，另一种是成人专门设计的一定主题的游戏活动。作为教育者，我们应首先利用好幼儿的自发游戏，要善于发现其中潜在的教育价值，挖掘游戏中利于幼儿良好心理品质和健康人格形成的部分并加以引导。然而，仅有幼儿的自发游戏是不足以满足心理健康教育需求的。因此，针对幼儿的心理健康问题，还需要有成人在尊重幼儿发展需要、学习方式和兴趣爱好的基础上精心设计的各种活动。例如，针对幼儿过分的自我中心，可以设计一系列同伴分享的游戏，帮助幼儿逐渐克服。成人要鼓励幼儿积极、主动地参加这种专门设计的游戏。

（三）整合性原则

《纲要》明确指出：教育活动内容的组织应充分考虑幼儿的学习特点和认识规律，各领域的内容要有机联系，相互渗透，注重综合性。《指南》也强调：关注幼儿学习与发展的整体性。幼儿的发展是一个整体，要注重领域之间、目标之间的相互渗透和整合，促进幼儿身心全面协调发展。幼儿心理健康教育作为幼儿教育的重要组成部分，应遵循整合性原则，运用系统的观点指导心理健康工作。

1. 树立幼儿全面发展的观点

心理健康教育的最终目的是促进学前儿童人格的整体性发展，提高学前儿童的心理素质。因此，学前教育工作者要改变以往传统的教育观、健康观，既要关心幼儿知识与能力的发展，又要关注幼儿情感和态度的发展，牢固树立幼儿全面发展的观念，从全局、多角度、多层次关注幼儿心理健康问题。

2. 保教结合并重

（1）与一日生活相结合。

幼儿日常生活的各个环节蕴涵着丰富的教育内容，科学、合理地安排和组织好幼儿的一日生活，不仅有利于幼儿形成相对稳定的生活秩序，也可以满足他们的心理需要，培养其独立性，提高自我管理能力。通过日常生活常规指导和训练，可以帮助幼儿养成良好的行为习惯。成人要善于挖掘和运用蕴涵在各个环节中的心理健康教育因素，将各项活动的心理健康教育目标延伸到幼儿的一日常规生活中，使幼儿把积极的态度、情感落实到自己的实践活动中，在潜移默化、耳濡目染中真正形成健康的心理品质和行为。

例如，在日常生活中要求幼儿对每件事（如洗手、洗脸、穿脱衣物、收拾玩具等）都认认真真、有始有终，使幼儿养成良好的习惯；鼓励幼儿在各个环节都能互相帮助、关心同伴，使幼儿充分感受集体的温暖等。

（2）与其他领域活动相结合。

幼儿是一个完整的人，幼儿的发展应该是整体而全面的。虽然《纲要》将幼儿的学习领域划分为健康、社会、语言、科学和艺术五大领域，但这五大领域却最终指向了“培养全面和谐发展的人”这一共同的目标，领域和领域之间是密切联系、相互整合的。心理健康教育并非独立于五大领域而孤立存在，形成健康的心理品质和人格特征这一目标的实现离不开各领域具体的教育教学过程，因此需要将心理健康教育寓于各领域教学活动之中。

例如，在绘本阅读活动《老鼠娶新娘》中，教师运用故事的循环结构引导幼儿探知事物相克相生、循环往复的现象，进而引导幼儿认识到每个人都有自己的优势和长处，并能够欣赏他人的优点。

活动目标：

（1）体验绘本传达的浓浓的民俗情，探知事物相克相生、循环往复的有趣现象。

（2）自信地表达自己的长处，真诚地欣赏同伴的长处。

活动准备：

（1）图书及PPT。

（2）太阳、云、风、墙、老鼠、猫的卡片。

（3）汉字：照、遮、吹、挡、打洞、抓。

活动过程：

（1）欣赏音乐，引发对故事的想象。

——听了这段音乐，你觉得人们好像在干什么？（播放花轿PPT）

——新娘子是老鼠村长的女儿美叮当，美叮当想找世界上最强的人当她的新郎，到底她会找到谁呢？

——到底谁是世界上最强的新郎？我们来听一听故事，故事的名字叫《老鼠娶新娘》。

（2）欣赏、理解故事内容，组织讨论。

——你认为谁是世界上最强的新郎？村长有没有找到世界上最强的新郎？为什么？

——这些东西身上都有最强的地方。（太阳光——照，云——遮，风——吹，墙——挡，老鼠——打洞，猫——抓）

（3）迁移感受。

1）引导幼儿说说自己最强的长处。

——你有没有最强的地方？猜猜我最强的地方是什么？

——有没有不知道自己强处的小朋友？请举手，小朋友们来说说他最强的地方。

2）引导幼儿说说朋友的长处。

——你记得好朋友有什么最强的地方？我们一起来说说别人厉害的地方。你们要记住朋友们最强的地方，比一比谁记得最多。

3）引导幼儿说说自己不强的地方，并懂得与他人合作。

——小朋友要记住别人的长处，我们都有最强的地方，那你有最不强的地方吗？老师最不强的地方是讲故事，谁来帮帮我，让我变得强一点呢？（以此类推，小朋友手拉手帮助别人使自己变得更强，变成一个朋友圈）

（4）回归故事，教师小结。

——大家都有最强和最不强的地方，美叮当没有找到最强的新郎，但可以找最配的新郎。

（5）分组进行游戏“抬花轿”，体验绘本所传达的浓浓的民俗情。

——我们也来玩抬花轿的游戏，我来当新娘，你们来抬花轿，抬花轿要几个人？（2个、4个、6个）对，抬花轿要双数的人，赶快找好朋友圈。

活动建议：

（1）在活动过程中，教师应抓住核心问题“你认为谁是世界上最强的新郎？村长有没有找到世界上最强的新郎？为什么？”，引发幼儿的认知冲突，并通过讨论交流，使幼儿自主获得每个人都有优势的道理。

（2）延伸活动可以开展丰富的合作性游戏，让幼儿充分体会合作的好处与快乐。

故事内容：

从前，有个老鼠村，村里有个村长，村长有个非常漂亮的女儿，叫美叮当。村里还有个小伙子叫小阿郎，村里所有的老鼠都很想娶美叮当做新娘。村长不知道要嫁给谁，于是他决定要“抛绣球”招亲。

抛绣球那天，村里的老鼠都来了，因为只要接到绣球就可以娶村长的女儿。谁知道美叮当刚把绣球抛出去，突然从黑暗中窜出来一只大黑猫，把村里所有的老鼠都吓跑了。

经过大黑猫的捣乱，村长决定，要把女儿嫁给比大黑猫还要强大的女婿。但谁是最强的呢？村长想到了太阳，于是他跑去问太阳：“太阳，太阳，你是最强大的吗？”太阳说：“没错，我是最强大的。”但太阳刚说完，一团乌云慢慢飘了过来，挡住了太阳。于是村长问乌云：“乌云，乌云，你是最强大的吗？”乌云说：“我是啊！”乌云刚说完，恰巧一阵风吹过来，吹散了乌云。村长又问风：“风啊，风啊，你是最强大的吗？”风说：“是啊。”说完它就吹起了一阵强风，把村长吹得又高又远，直到停在一面墙上。村长被摔得鼻青脸肿，勉强爬起来问墙：“你是世界上最强的吗？”墙说：“当然是啊。我会挡，挡住风、挡住雨。”这时候，有一只老鼠在墙上挖了一个洞，穿过了这面墙。村长一看，是小阿郎。这时，村长才发现老鼠虽然小，但仍然很有本事，所以最后他决定把美叮当嫁给小阿郎。

资料来源：http://new.xjlet.com。

在开展领域实践教学的过程中，如何才能做到将心理健康教育与领域活动有机结合呢？首先，教师要能时刻关注心理健康教育，并将其目标和任务纳入领域活动的目标体系中，从以往强调知识技能的培养转向突出和重视幼儿情绪、态度和能力的培养。其次，注重在各领域活动开展的全过程中落实心理健康教育。如设计活动时，能注意到幼儿的个体差异并据此提出不同层次的目标要求，使每个幼儿都能体验成功；组织活动时，保证幼儿有充分的自主性，引导其开展自主游戏，满足幼儿各自的心理需要，愉悦身心；开展活动时，为幼儿创设条件和机会，让幼儿积极、主动地参与各项活动，多动手、动脑、动口，多进行操作体验，在实践锻炼中增强幼儿的能力，增强幼儿的自信心；在活动评价环节，以激励幼儿为出发点，关注幼儿在活动中所做的努力，肯定幼儿的进步，善于发现幼儿身上的闪光点，促使幼儿形成良好的自我意识和积极向上的心态。

3. 幼儿园教育、家庭教育、社会教育相一致

家庭是幼儿成长最自然的生态环境，家长是幼儿的第一任教师，是重要的教育力量，家园合作共育能使教育计划的可行性、课程活动的适宜性、教育的连续性及有效性得到保障。社区的积极参与将使学前教育机构的教育变得更为生动、真实，富有时代气息。在与社区的合作中，可以直接利用社区丰富的教育资源，让幼儿走进社会的大课堂。如与社区的劳动模范、医务人员、警察叔叔共同活动，慰问敬老院的爷爷奶奶。无论是社区环境、资源还是社区文化，都对幼儿的心理健康教育有不可忽视的影响。

因此，开展心理健康教育，幼儿园必须秉持开放的理念，取得家庭和社区的积极配合与支持，三者紧密结合、相互协调、相互补充，全方位促进幼儿的身心健康发展。

（四）个性化原则

案例：今年9月，幼儿园的小班又迎来了一批新的小朋友，果果、小轩和昊昊都是其中的一员。入园一个多星期以来，果果每天情绪都非常激动，一到幼儿园就哭着闹着要回家，要找妈妈；小轩倒是不怎么哭闹，但老师组织的各项活动他都拒绝参加，自己一个人静静地坐着；昊昊性格比较外向，能积极配合老师，也会主动地参与各项活动，但老师发现，午睡的时候，昊昊会偷偷地掉眼泪……

在入园适应的过程中，面对新的环境压力，果果、小轩和昊昊有不同的表现方式，这是由于他们的性格、气质等方面的差异而导致的。因此，老师应该根据每个孩子的特点，开展有针对性的、个别化的入园适应教育。在心理发展的各方面，每个儿童都是一个独立的个体，呈现出极大的个体差异性，这要求教师在心理健康教育的过程中遵循个性化原则。**个性化原则是指开展学前儿童心理健康教育需要充分尊重儿童的主体地位，尊重每个儿童独特的人格特点。**

1. 了解幼儿的心理年龄特征

幼儿期的心理有其特定发展阶段的特点，并有规律可循，不同的年龄阶段，有区别于其他年龄阶段的一些心理表现。例如，低年龄儿童注意力易分散是正常的，随着年龄的增长，注意力集中的时间逐渐延长也是正常的，但如果注意力集中的时间长短仍没有变化，就可能是行为问题了。再如，2~3岁是幼儿发脾气的高峰期，但如果过了这段时间，幼儿每天仍会发脾气，可能就是心理问题了。

2. 了解每名幼儿的气质特点

气质是个体与生俱来的差异特征，是人格发展的基础，它使每个人的行为方式都带有独特的色彩。教育的过程是一个复杂的过程，在这个过程中幼儿所表现出来的行为常常有着不同的气质特征背景。家长和教师只有充分了解幼儿的气质特点，才能充分尊重幼儿的个体差异，采取有针对性的教育措施，做到因人而异、因材施教。如对内向气质者，尤其是具有抑郁特征者，需要表扬、奖励时宜采取公开方式，鼓励其发展外向行为，发扬优点；需要批评时则应注意其气质中的不利因素，采取个别方式，以避免触及其过于脆弱、敏感的神经，挫伤其较强的自尊心，造成消极抵触情绪。对于胆汁质等外向气质者，则不宜多采取公开褒奖的方式，否则易导致骄傲自满情绪；需要批评时，由

于其具有较强的心理承受能力，可适当选择公开处理的方式，以利于其增强克服缺点的动力，同时又不损伤其自尊心。只有充分考虑了个体之间的区别与差异，灵活处理，才能避免对幼儿进行简单的横向比较，才能保证在心理健康教育的过程中不出现消极的负面效果。

小资料

帮助幼儿做好入园适应教育的措施和策略

幼儿园应做好以下几项工作：

1. 试行预入园

在幼儿正式入园之前，由家长先带幼儿到幼儿园进行参观，熟悉幼儿园的环境、老师、同伴及幼儿园的活动，减少陌生感。

2. 尝试错时入园

错时入园，一种是指在开学初把幼儿分成A、B两批轮流来园；另一种是指将幼儿分成几批，分批入园。错时入园可让老师有更多的精力照顾好每个幼儿，前批入园的幼儿因为已经熟悉了新环境，对后批入园的幼儿能起到带头作用，有效地防止幼儿间不良情绪的交互感染。

3. 对家长进行阶段性指导

一是在入学报名后，让家长了解幼儿园的作息时间、基本常规，指导其逐步改变幼儿以往的作息，培养一定的常规，逐步和幼儿园接轨。另外，还应对幼儿进行适当的克服分离焦虑的培养。二是在开学前夕就家长在之前给幼儿进行的适应性训练过程中遇到的困难进行沟通指导。三是在幼儿入园之后，指导家长应对幼儿一些不适应问题的方法和措施。

教师应做好以下几项工作：

1. 积极满足幼儿的基本需要

教师应仔细观察幼儿，积极满足幼儿的生理需求；要像母亲一样爱幼儿，让幼儿对教师产生信任感，满足安全的需要；教师还应指导幼儿与同伴进行交往的方法，积极创造幼儿交往的机会，让其感受与人交往的乐趣，满足爱和归属的需要。

2. 采取合理的教育手段，营造宽松、和谐的氛围

教师应尽量营造宽松、和谐的家庭式氛围，对幼儿多采取鼓励、表扬等积极的引导，营造宽松的心理氛围；同时，组织、安排丰富多彩、活泼生动的活动，特别应重视幼儿户外活动的开展。

3. 争取家长的信任和配合

幼儿入园前，教师要进行家访，对幼儿的个性、行为习惯、兴趣爱好等进行一定的了解，使入园后的教育工作有的放矢。入园后，教师应主动、全面、细致地告诉家长幼儿在园情况，让家长感觉到教师对自己孩子的关注，也让家长了解自己孩子的入园状态，及时进行调整。

家长应做好以下几项工作：

1. 树立正确的教育观，采用正确的教养方式

家长应与幼儿建立较为平等的亲子关系，让幼儿从小感受平等的人际关系，以使其入园后尽快适应平等、互动的同伴关系，适应集体生活。

2. 强化幼儿对幼儿园的积极印象

入园前，家长可有意识地给幼儿讲述幼儿园里丰富有趣的生活及游戏活动，多带幼儿到幼儿园熟悉环境。入园后，家长有针对性地向幼儿询问一些幼儿园的趣事，帮助幼儿回忆幼儿园里快乐的生活，强化幼儿对幼儿园的好感。

3. 克服自身的焦虑和不适应

如果家长对幼儿入园有焦虑，往往会在不经意间传递给幼儿。因此，要消除幼儿入园焦虑，家长首先要消除自己的焦虑情绪，以给幼儿一个积极、正面的影响。

4. 积极配合幼儿园、教师，做好幼儿入园前后的各项工作

首先，积极参加幼儿园组织的各项活动，熟悉幼儿园环境，消除不必要的担忧；其次，与教师积极沟通联系，积极配合；最后，调整原先的作息时间，做好过渡到幼儿园新作息时间的准备工作，将幼儿的适应过程前移。

资料来源：王徽：《新生入园适应性问题策略探析》，载《中国科教创新导刊》，2009（27）。

3. 个性化与社会化相协调的原则

个性化就是随着身心的发展和成熟，一个人越来越显现与他人相区别的独特的人格特征。社会化是指特定社会通过各种措施，使个人形成该社会所规定的、具有一定共同性的行为模式或人格特征。个性化和社会化是心理品质发展过程中的两个方面，它们相辅相成，互为补充，不可偏废。因此，对幼儿进行心理健康教育，应遵循个性化和社会化相协调的原则。既要尊重幼儿的个性，看到他们的不同，并且通过各种个别性教育措施来促进幼儿的特长和独特性的发展；又要看到，幼儿是生活在现代社会中的人，在遵循个性化原则的同时，也要重视幼儿的社会化，培养社会发展所需要的共同性的心理特征。例如，现代社会强调人与人之间的协作，因此可以针对过于内向或不会和同伴交往的幼儿设计培养他们学会合作与交往的心理健康教育活动；针对家长包办代替过多的幼儿，可设计生活自理的活动；针对缺乏自信的幼儿，可设计培养幼儿接纳自己、乐意大胆表现自己的活动等。

（五）发展性原则

学前教育的出发点和归宿都是促进幼儿身心和谐发展，促进每一个幼儿在现有水平的基础上获得最大限度的发展。因此，幼儿心理健康教育既要为幼儿的现实发展负责，又要为幼儿的终身发展担负责任。心理健康教育不能只顾当下，仅仅关注眼前学到了什么或眼前是否快乐，这容易使心理健康教育目标的实现走向偏离或表面化。如只强调健康技能的习得却使幼儿丧失了学习的兴趣和创造性学习的愿望，只注重自由快乐的气氛却使幼儿养成了无所事事、懒惰散漫的坏习惯等。心理健康教育活动的设计、组织和实施既要符合幼儿的现实需要，又要有利于其长远发展，尽量结合幼儿终身发展的需要来设计。

（六）认知教育与行为训练相结合（知行结合）原则

健康的心理品质和良好的心理素质，既不是单纯的思想观念，也不是单纯的行为方式，而是认知与行为紧密联系的、统一协调的心理—行为结构。幼儿期的年龄特点决定了幼儿对有些问题的认识不够深刻，行为容易出现偏差。因此，要培养这种内在心理特质与外显行为方式表里一致的统一结构，需要从两个方面着手：一是要从内在思想观念入手，对幼儿进行相应的认知教育，让幼儿知道什么是对、什么是错，哪些行为是应该做的、哪些行为是不应该做的，提高他们对是非的认识和判别能力；二是要从外在行为方式入手，对幼儿进行一定的行为训练，通过不同的强化方式，对幼儿良好的行为加以巩固，对某些不良的行为进行矫正和塑造，并使幼儿逐渐养成良好的行为习惯和方式。

例如，采用行为矫正的方法去矫正有攻击性行为的幼儿，应先让幼儿知道攻击别人的行为是不好的；同时，在组织户外游戏活动时，教师事先对攻击性强的幼儿进行约束："如果你能在这个游戏中和小朋友一起玩，不打人、不推人，就可以奖励你一张漂亮的贴纸。"当幼儿完全做到时，教师应当马上给予奖励，强化正确行为，最终使幼儿改掉攻击性行为。在开展心理健康教育活动时，将认知教育和行为训练这两种心理健康教育方式有机地结合，能够更有效地促进幼儿良好心理品质的形成和发展。

二、幼儿心理健康教育的方法

（一）游戏法

游戏法是指教师用游戏的口吻或有目的地选用各种游戏的方式、内容、规则进行教育的方法。它体现了学前儿童教育的显著特点，是学前教育机构教学活动的主要方法。

运用游戏法来组织教学，符合幼儿的年龄特点，能够激发幼儿的学习兴趣。在游戏中，幼儿感到轻松愉快，注意力集中，学习主动积极，兴趣浓厚，易取得良好的教育效果。因此，教师应根据不同的教育目标、内容和不同幼儿的年龄特点选择恰当的游戏开展心理健康教育活动，以获得较好的活动效果。例如活动《两人三足》。

活动目标：

（1）体验运用手帕的趣味性，探索手帕的多种玩法。

（2）学习游戏《两人三足》，体验与同伴按节奏同步前进。

（3）结合民间体育游戏，培养幼儿的合作精神。

活动准备：

（1）一人一块手帕。

（2）沙包。

活动过程：

（1）以鸡妈妈和鸡宝宝的形式入场，玩老鹰捉小鸡的游戏热身。

（2）幼儿自由和手帕做游戏，探索手帕的多种玩法。

——咦，你们头上都有什么？我们可以怎样来和手帕做游戏？看看谁的办法多，办法好。

（3）新授民间游戏《两人三足》。

1）介绍《两人三足》的游戏规则。

——今天鸡妈妈要教你们一个新本领——“两人三足”。两个人有四只脚，怎样才能变成三只脚？（用手帕把靠在一起的脚绑起来。）

2）幼儿自由练习，讨论游戏中遇到的困难，组织幼儿解决问题。

——在练习的时候你们遇到了哪些问题？

3）幼儿再次自由练习。

4）分组比赛。

比赛规则：天冷了，我们要去运一些粮食，哪一组先运完，哪一组就获胜。

（4）结束活动。

——鸡宝宝们运粮食都累了，下面就跟着鸡妈妈听音乐放松一下吧。

活动建议：

（1）在活动过程，要给予幼儿充分尝试、练习的时间，让幼儿从合作性游戏中感受合作的重要性及合作的方法。

（2）在集体活动之后，利用户外活动时间重复进行游戏。

资料来源：http://www.yxedu.net。

在体育活动《两人三足》的方案设计中，教师通过游戏的设计、组织和实施，让幼儿在愉快的游戏氛围中体验与同伴合作、共同克服困难取得胜利的乐趣，也进一步激发了幼儿的合作意识和行为，提高了幼儿的合作技能。

（二）情境教育法

情境教育法是指通过创设具体的情境，让幼儿讨论并以表演的形式表现出在不同的社会情境中如何做出有效的行为和决策的方法。这种方法可以帮助幼儿认识社会中可能会遇到的问题，做出符合社会要求的行为反应，有助于提高幼儿辨别是非及抗挫折的能力，增强其社会适应性。

例如在《面对陌生人》活动中，通过模拟创设“陌生人敲门”“食物玩具的诱惑”“妈妈或爸爸的‘朋友’”等不同的情境，让幼儿讨论并尝试面对这些情境时的正确做法，学习保护自己，增强安全意识。

（三）榜样示范法

案例：刚刚4岁半，外向活泼，特别喜欢和小朋友“打成一片”。这边，小雨正在建构区里专心地搭建着高楼大厦，眼看就要完成了，刚刚一溜烟跑过去，推倒了大厦的根基；那边，琪琪“医生”正在给病人看病打针，刚刚也跑过去，抢走了琪琪的医生服和手里的一次性针管；一会儿工夫，又看到刚刚跑到了美工区里，在妞妞的绘画纸上画着什么……

刚刚喜欢和小朋友在一起，但却总是表现出各种“捣乱”和“破坏”的行为，这其实是因为刚刚缺乏一定的社交技能，不懂得如何介入其他幼儿的活动。面对刚刚这样的小朋友，教师可以先询问他是否愿意和老师一起玩，当别的小朋友加入他们的游戏时，教师再示范怎样用恰当的语言和身体动作和别的小朋友玩。教师通过自身的示范，让幼儿耳濡目染，学习和同伴游戏、活动时恰当的语言、动作和互动方式。

榜样示范法是心理健康教育常用的一种方法，它是指教师通过自己或幼儿的行为、语言等，或以典型事例、故事等方式，为幼儿提供一个榜样，让幼儿去模仿，从无意到有意、从被动到自觉地去学习榜样的行为，逐渐养成与榜样一致的行为习惯。这种方法基于幼儿的思维多直观性、模仿能力强等特点，对于培养幼儿良好的行为习惯十分有效。

例如，在《我不害怕》心理健康教育活动中，通过小熊由害怕到不害怕情绪转变的故事，学习当我们面对害怕的情景或事物时，可以像小熊一样通过各种办法来战胜害怕，让幼儿了解一些情绪转移和宣泄的途径，学习尝试调节和控制自己的情绪。

（四）行为练习法

行为练习法是指让幼儿对已学习过的行为及技能进行反复的练习，在具体实践中加深对它们的理解和掌握，从而形成稳定的行为习惯的方法。

心理健康教育的目标在于培养幼儿积极的态度、良好的行为习惯和健康的心理品质，而这些都不是一朝一夕可以促成的。幼儿的年龄特点决定了他们对问题的认识往往不够深刻，易冲动，自控能力较弱，行为容易有偏差。因此，在日常的教育中注重加强良好行为的训练是重要且必需的。

例如，通过《排队》的活动设计与组织实施，让幼儿知道在幼儿园和其他公共场合要遵守一定的集体秩序，养成排队的意识和良好行为。但真正养成排队的好习惯不是通过一次活动可以完成的，还需要教师和家长事后不断鼓励、督促，在平时的生活中（如幼儿园生活环节的排队喝水、分餐，家长带幼儿外出乘坐公交车、买票等）有意识地创设机会，让幼儿良好的行为不断得到练习、巩固和强化。

（五）移情法

移情是指人们在觉察他人情感时自己也体验到与之相同的情感，也指能从他人的角度来考虑问题。移情是导致亲社会行为的根本的、内在的因素。对于学前儿童来说，由于其认识的局限，考虑问题时特别容易自我中心，因此，帮助他们从他人角度去考虑问题，是发展其亲社会行为的主要途径，有助于其社会适应能力和人际交往能力的提高。

如幼儿有争夺玩具等不友好行为时，引导他们想想“假如你是那个小朋友，你有什么感受”；让幼儿知道捡到东西应该还给失主，可以引导幼儿想象或体验自己丢失东西后的着急心情和别人还回东西时的高兴心情等。

心理健康教育方法的选用，需要依据具体的活动目标、活动内容、幼儿的年龄特点及可利用的资源等因素综合考虑。一次具体的心理健康教育活动，不是只能选用一种方法，有时可以根据具体情境和活动需要，综合使用几种方法，以达到更好的活动效果。在此，以下面的活动方案《小猫丢东西后》为例作简要说明。

活动目标：

（1）使幼儿知道拾到东西应该还给失主，并了解找失主的方法。

（2）引导幼儿体验丢失东西和捡到东西后的着急心情，以及找到东西和把东西还给别人时的不同情绪情感。

活动准备：动物头饰。

活动过程：

（1）引起兴趣，引出课题。

——今天，老师要来变个魔术，你们想看吗？

（2）情景表演，让幼儿了解小猫丢了东西着急、难过的心情和小兔把东西还给它以后高兴的心情。

——小猫丢了什么？心情怎么样？（着急、难过）

——谁捡到了帽子？（小兔）

——小兔捡到了帽子是怎么做的？他说了什么？

集体练习：请问，这是你丢的帽子吗？

小结：把帽子还给小猫，小猫可高兴了，小兔看见小猫这么高兴，他心里也很高兴，小朋友要向小兔学习，拾到东西要还给别人。

（3）组织幼儿讨论，帮助幼儿体验丢了东西、拾到东西还给别人等不同情境下的不同情感。

——小朋友有没有丢过东西？丢过什么？心情怎样？

——你丢了东西，别人拾到了还给你，你心情怎样？

——你有没有拾到过别人的东西？你是怎么做的？心情怎么样？

（4）情景表演，激发幼儿帮助小动物的动机，使他们体验到帮助别人会很快乐。

——看看又发生了什么事，小动物们为什么难过？（看见它们难过，小朋友们心情怎么样？）

活动建议：在今后幼儿遇到类似的情况时，利用故事中的小兔作为良好的学习榜样，引发幼儿物归原主的行为。

资料来源：http://www.jy135.com。

活动方案《小猫丢东西后》综合运用了讨论法、移情训练法、行为练习法和情境教育法。活动设置了形象、生动的故事情景表演，使幼儿感受深切；情景表演后引导幼儿进行问题讨论，在充分的问题讨论之中，使幼儿产生移情，充分体验小猫丢东西后的伤心及物归原主后的快乐心情。在移情产生时，类似情景的出现会激发幼儿乐于助人的热情和愿望，教师利用类似情景对幼儿进行行为练习，幼儿更能体验到物归原主的快乐。

第四节 3~6 岁幼儿心理健康教育的组织形式

一、一日生活的全面渗透

一日生活的全面渗透，即把心理健康教育融合到整个学前教育的过程中，使学前儿童日常生活的各个环节和幼儿园教育工作的方方面面都能体现对学前儿童心理健康的维护，都能注重培养学前儿童良好的心理素质，这是学前儿童心理健康教育的主要形式。

（一）游戏活动

德国学前教育家福禄贝尔指出：在游戏中培养幼儿是一切教育的开端。游戏是幼儿喜爱的活动，它可以为幼儿提供充分、有效的各种刺激，游戏玩起来自由、随意、开放，内容变化多端，符合幼儿的发展需求，幼儿在丰富多彩、千变万化的游戏活动中得到充分的刺激而迅速发展。

将心理健康教育融于游戏中，能进一步提高和增强游戏的发展价值。如在体育游戏中，幼儿通过动作训练、竞技比赛、设置障碍等活动，能养成克服困难、勇于挑战、坚持到底的良好心理品质；在角色游戏中，幼儿通过对游戏主题的确立、角色的选择与分配、情节的发展等活动，学会如何与同伴友好相处，自我意识、合群能力得到良好发展，进而促进社会化和个性化的协调发展；同时，幼儿在游戏中玩得开心，乐观的情绪有利于促进幼儿心理健康的发展。

游戏是一种“心”的活动，是幼儿的生命。在游戏中，幼儿的心理状态和心理特征可以自由地表现出来，因而是进行心理健康教育的最佳途径。

（二）教学活动

心理健康教育是现代素质教育的主题，也是幼儿教育的主题。《纲要》明确指出：教育活动内容的组织应充分考虑幼儿的学习特点和认识规律，各领域的内容要有机联系、相互渗透。幼儿健康教育的价值和幼儿心理发展的特点决定了教师在进行任何领域的教育时都必须把维护和促进幼儿的身心健康放在首位，因而，幼儿心理健康教育完全可以渗透于其他领域的教学中。

将心理健康教育融入教学活动中，不是增加一日活动中的环节，更不是替代原有的教学活动，而是指把教学活动中潜在的教育因素挖掘出来，依据幼儿的心理特点和发展需求加以精心的设计和安排，以更好地发挥心理健康教育活动的效果和价值。例如，大班美术活动《美丽的秋天》，不仅让幼儿体验到了秋天的各种美，而且借助艺术的形式，使幼儿学会通过艺术作品来调节自己的情绪，体验了创作的快感。

活动目标：

（1）会按自己的意愿和理解，采用各种方法进行绘画与创作。

（2）合作布置秋天的环境，体会集体创造环境美的乐趣。

活动准备：图画纸、碎布、吹塑纸、电光纸、各种画笔、水粉颜料、胶水、针、线等。

活动过程：

（1）组织幼儿讨论，引入主题。

——现在是什么季节？（秋天）

——秋天都有什么特征？（包括人、动物、花草、树木等）

（2）呈现材料，引导幼儿讨论如何利用各种材料把秋天的景色布置在活动室里。

（3）实际操作，根据讨论意向，幼儿自愿选择材料进行创作活动，教师巡回指导。

（4）装饰与欣赏，各自把完成的作品布置起来。

教师组织幼儿讨论怎样进行装饰，并在讨论的基础上，让每个幼儿将作品布置在适当位置，表现一定的情景。

（5）引导幼儿对自己的作品和表现的情景进行讲述、欣赏、评价和补充。

活动建议：

（1）活动前有意识地引导幼儿反复观察秋季特征，欣赏有关秋天的散文。

（2）活动中鼓励幼儿大胆想象、大胆表现、大胆表达。

除此之外，我们还可以在科学活动中通过为幼儿提供观察、思考、操作和交流等机会，培养幼儿勇于探索、独立进取的精神和自主解决问题的能力；在语言教学活动中，通过讲故事、表演故事情节等，让幼儿在掌声中增强自信心，获得分享、合作体验和感受成功的快乐等。

总之，幼儿园心理健康教育的开展与各类教学活动是密切相融的，只要教师能时刻关注每个幼儿心灵的健康成长，始终做到把幼儿心理健康教育工作放在首位，无论进行何种活动，都是对幼儿实施心理健康教育的好时机。

（三）生活活动

案例：到了喝水的环节，小朋友们都认认真真地排队拿水杯，然后有序地站成一列，一个接一个地接水、喝水。每次老师总能看到一个身影游离在队伍之外。“老师，婷婷又插队了”“老师，婷婷挤我”……

婷婷4岁，集体活动的时候总是不喜欢排队。小王老师听到小朋友的“抗议”后，并没有指责婷婷，而是默默地拉上婷婷的小手，重新站到了队伍里。接下来的几天，每到需要排队的时候，小王老师就会拉着婷婷的小手，和她一起排队。没过多久，老师发现，即使没有老师的“陪伴”，也听不到来自其他小朋友对婷婷的“抗议”了。

案例中的婷婷没有很强的规则意识，这对于幼儿适应集体生活及与同伴建立良好的关系是不利的，需要老师加以关注和引导。小王老师巧妙地将对婷婷的教育引导渗透在一日生活中，结合生活中的环节帮助其树立规则意识，增强了婷婷遵守规则的能力。

日常生活是幼儿人际交往相对频繁和心理品质自然显露的时刻，日常生活的各个环节蕴含着丰富的教育内容，既有德育、智育的部分，也有心理健康教育的因素；既有兴趣、情感的成分，也有意志、个性的成分。因此，它是心理健康教育不可忽视的重要资源。

作为教育工作者，我们应该科学、合理地组织和安排好幼儿的一日生活常规，对幼儿进行生活常规的指导和训练，并结合一日常规生活的环节进行心理健康的教育和引导。如早上入园时，教育幼儿互相问好，为同伴整理桌椅，可以培养幼儿关心、爱护、尊重、乐于助人等良好的情感素质。进餐环节，请值日生为同伴分发餐具和食物，可以培养幼儿爱劳动的情感和为他人服务的责任意识；要求幼儿吃饭时不说话，讲究仪态，可以帮助幼儿养成良好的习惯。午睡时，训练幼儿穿脱衣服和折叠被子，可以培养幼儿的自理能力；让幼儿互相帮助穿脱衣服，可以让幼儿体会帮助别人的乐趣。教育幼儿关心生病的老师、同伴，共同庆祝小伙伴的生日，可使幼儿充分感受集体的温暖。

同时，我们还应加强日常生活活动中的随机教育。随机教育是根据临时出现的事件进行的有针对性的教育，它对培养、巩固学前儿童良好的个性和心理品质有十分重要的作用。如在幼儿收拾玩具时，教师对那些能够整齐收好玩具的幼儿及时表扬和鼓励，并对不收玩具的幼儿进行教育、引导，促使幼儿学会做事有始有终，培养幼儿的责任心。生活中处处有心理健康教育，教师要抓住有利时机，对幼儿进行随机教育，以对幼儿产生潜移默化的影响。

二、家园合作

台湾心理学家张春兴指出，心理健康问题根源于家庭，形成于社会，表现于学校。3岁前幼儿主要的交往环境就是家庭，父母良好的情感、家庭和睦的生活氛围是培养幼儿健康心理的环境基础。

进入幼儿园后，家庭仍然是学前儿童主要的生活空间之一，父母的言行依然对幼儿产生重大影响，并且这种影响必然要同幼儿园教育发生作用。家庭教育若与幼儿园教育背道而驰，则会在相当程度上削弱幼儿园教育的力度。例如，有的幼儿在家和在园就表现出两个样，在园能与同伴分享物品，在家却习惯独占；在园能够自己调整情绪，在家却因有父母的宠爱而变得易冲动，用大哭大叫等方式要求父母顺从自己的意愿；幼儿园养成的良好作息习惯，因为家园作息制度不同而紊乱……为避免家园教育的冲突，使幼儿心理健康教育成为一个连续的、长期的过程，需要不断加强家庭和幼儿园之间的联系与配合。

幼儿园需以家庭教育为基础和依托，通过以下几种途径和方式，做好家长工作，帮助家长认清幼儿心理健康教育的重要性，争取家长在心理健康教育工作上的积极支持与配合。

（1）开辟“家长园地”宣传栏，向家长宣传幼儿心理健康教育方面的新问题、新观点、新思路、新方法，争取达到教师、家长思想上的共识，让家长重视幼儿心理健康教育。

（2）利用“家园联系册”或组建家长 QQ 群，使家长和教师可利用书信和网络的方式交流。这种积极的沟通，使教师和家长对幼儿在家和在幼儿园的表现都有充分的了解，更加有利于对幼儿的心理健康教育。

（3）开展丰富多彩的亲子活动，让家长、幼儿和教师亲密接触，增进相互间的了解，建立和谐的关系。

（4）举办“家长沙龙”，开办家长学校。通过“家长沙龙”，让家长彼此交流育儿经验。家长学校可邀请幼教和心理健康教育专家及骨干教师进行心理健康专题报告，提高家长的心理素质，也可使家长对开展幼儿心理健康教育有更深刻的认识与理解。

（5）通过家访活动，巩固幼儿心理健康教育成果。教师应根据本班幼儿心理方面的具体问题，制定家访计划，争取对全体幼儿进行家访，以了解幼儿在家的真实表现，指导家长教育幼儿的科学方法，使其更好地参与到幼儿的心理健康教育活动中来。

学前儿童教育是家庭、幼儿园、社会环境等多方面教育因素合力的结果，因而在开展幼儿的心理健康教育时也要尽可能做到家园教育一致，同时充分利用社区的教育资源，拓展学前儿童的生活和学习空间，最终保证学前儿童心理健康教育的延续性和有效性。

三、3~6 岁幼儿心理健康教育指导应注意的问题

（一）提高教师的心理素质和专业水平

教师是幼儿的主要交往对象之一，幼儿易受外界的影响，教师的心理表现就成为他们的参照系，教师的情绪、性格及为人处世的态度，直接影响着幼儿的心理和行为发展，甚至会影响幼儿的一生。研究证明，幼儿的一些消极心理或心理障碍与教师某些不健康的心理是高度相关的。

现代社会由于生活节奏加快、社会竞争激烈、工作压力增大等原因，导致各类群体都或多或少面临着不同程度的心理困扰。教师也面临着职业倦怠、焦虑等心理隐患。教师的心理健康状况不佳，不仅影响了自身的身心发展、工作和生活，对幼儿的兴趣爱好、求知欲、个性及人际关系等各方面也会产生不利的影响。因此，教师的心理是否健康显得尤为重要。教师在平时的生活中，应注重提高自身的心理健康水平，合理排解压力，调整情绪，保持自信乐观、开朗向上的良好心态，建立融洽的人际关系，养成良好的行为习惯等，给幼儿以正面、积极的影响。

小资料

幼儿教师心理健康的表现

◎ 正视现实，和现实环境有良好的接触，并能健全地适应；对生活和工作中的各项问题，能用切实有效的方法谋求解决，而不企图逃避。

◎ 乐于学习和工作，能把自己的聪明才智在学习和工作中发挥出来，并能从中得到满足。

◎ 了解自己，悦纳自我，愿意努力释放自身潜能，但对于无法弥补的缺陷，也能接受，而不以此为羞。

◎ 善于与人相处，乐于与人交往，既对别人施以感情，也能欣赏并接受别人的感情，因而能和大多数人建立良好的关系；在与人相处时，积极的态度（如尊敬、信任、喜悦等）多于消极的态度（如嫉妒、怀疑、憎恶等）。

◎ 情绪乐观、稳定，热爱生活，积极向上，对未来充满希望。

资料来源：汝茵佳主编：《幼儿园环境与创设》（第2版），北京，高等教育出版社，2012。

除了重视幼儿教师本身的心理健康水平之外，幼儿教师开展心理健康教育活动的专业水平也非常重要。因为在幼儿园中对幼儿实施心理健康教育的主要是幼儿教师，幼儿教师也承担着指导家园共育、提高家长科学育儿素质的重任。因此，幼儿教师在日常工作和生活中要加强心理健康教育理论的学习，通过心理健康教育培训不断提高自己的专业水平，以便能科学地实施心理健康教育。

（二）注重幼儿园环境的创设

《纲要》指出：环境是人赖以生存和发展的物质、社会、心理条件的综合，是幼儿发展的资源。环境是重要的教育资源，应该通过环境的创设和利用有效地促进幼儿的发展。

幼儿园环境是一种潜在课程，是幼儿心理健康发展的外在条件，它对幼儿心理有潜移默化的影响。因此，促进幼儿心理健康发展，需要积极创设与教育相应的良好环境。

1. 创设适宜的物质环境

（1）为幼儿提供充满生机、能陶冶幼儿心灵的自然环境，如园内开辟种植园地，修建戏水池、沙池等，让幼儿在优美的校园环境中产生愉快的情绪。

（2）创设适合幼儿身心发展的学习、游戏环境，如创设形式多样的活动区，给幼儿提供充分活动和表现能力的机会。

2. 创设宽松、和谐的心理环境

（1）热爱、关注每一个幼儿，给予他们热情的赞美和灿烂的微笑。

（2）努力成为幼儿的朋友，建立平等、民主的师幼关系。在日常生活中，平等地对待每个幼儿，了解幼儿的个性特征及能力差异，尊重幼儿的人格，以民主、宽容的态度对待幼儿，保护幼儿的自尊。

（3）注意帮助幼儿建立良好的同伴关系，让幼儿学会尊重他人，感受合作互助的乐趣。

（三）重视特殊幼儿的心理并给予特殊的关注

心理健康教育应该面向全体幼儿，通过发展性的心理健康教育，健全幼儿的人格，提高其社会适应能力，进而提高幼儿的心理健康水平。在全体性的发展性教育的同时，还需关注全体中某些处于特殊时期或特殊地位的幼儿，积极关心他们的成长。如针对父母离异的幼儿，应该给予更多的关注；针对身体残疾的幼儿，应该给予特别的尊重；针对性格缺陷的幼儿，应该给予特别的引导。这些幼儿特别容易出现问题行为或有偏差的心理表现，应及时“对症下药”，以利于他们的健康成长。

第五节 3~6 岁幼儿心理健康教育活动方案

幼儿园心理健康教育活动可以是渗透在一日生活环节中的隐性活动，也可以是以培养个体良好的心理素质为目的的专门活动，还可以是结合幼儿教育其他领域教学活动进行的综合活动。在此，我们主要从后两种形式出发，根据幼儿心理健康教育的目标，从提高认知能力、培养良好的情绪、获得良好的社交技能和适应能力以及发展良好的人格和自我意识四个维度分别设计教育活动。我们将从以上四个方面分别列举一些幼儿园心理健康教育的活动方案。

在列举心理健康教育活动方案之前，有一点需要明确：教育活动目标和内容并不一定是一一对应的关系。一个目标的达成有时需要通过多个方面的内容、多次的活动甚至较长时间的课程实施才能实现；同样，一个活动内容往往也可以同时囊括多个领域的目标，为实现多方面的发展同时起作用。因此，在下面的活动案例中，每个活动方案可能涉及的不止一个心理健康教育领域的目标，可能既包括情绪情感的发展，也包括自我意识的养成；既包括认知领域的教育，也包括交往和合作的目标等。为了更清晰地呈现心理健康发展四大板块内容的教育活动指导，我们根据每个具体活动方案所突出指向的目标，将其粗略地划分到所属的相应领域。

一、认知教育

（一）认知教育应注意的问题

认知教育的主要内容包括：扩大幼儿的生活范围；激发和保护幼儿的好奇心、求知欲；让幼儿在充分运用感官、主动探索世界的多种活动中，培养对各种事物、现象和活动的兴趣，并初步掌握独立探究的能力，养成爱思考、爱学习的习惯。因此，设计和组织认知教育的活动时，应注意以下几点。

1. 树立正确的目标观

幼儿阶段认知发展的重点不在于让幼儿掌握多少科学知识和技能，而是在了解一些基本的生活常识、现象的基础上，不断激发幼儿对周围环境的探究兴趣和探索欲望，使其养成独立思考、探究的学习习惯和态度。因而，教师在设计活动目标时应转变传统的教育观，明确活动的目标指向，并在活动具体开展过程中始终将其贯彻落实。

在提出具体活动目标时，还应注意考虑不同年龄幼儿认知发展的不同特点和表现。如小班幼儿应更多地侧重于对周围环境好奇心的激发和保护，重视发展感知觉能力；中班幼儿则应开始关注对事物的探索和思维方法；到了大班，教师应强调对幼儿独立探索愿望和精神的培养，重视幼儿探索时的专注力，让幼儿逐步学会一些基本的探究方法，具备初步的探究能力。

2. 选择贴近幼儿生活经验的探究内容

幼儿阶段的年龄特点决定了他们的认知方式以直接经验为主，他们能够获得的科学知识和经验还处在具体概念和前概念的水平，因此，幼儿可以学习和理解的内容应是符合他们特定年龄阶段的、与其生活经历密切相关的内容。要将幼儿身边的事物和生活中常见的现象作为幼儿探究的主要对象和内容，只有这样的内容才是幼儿感兴趣且能够通过自己的探究有所发现并获得经验的。

3. 提供机会，扩大生活圈，积累丰富经验

幼儿的认知和探索活动主要来源于他们所生活着的真实世界，世界越大、越丰富，知识和生活经验的积累越多，就越能引起他们对周围环境的关注，越能激发他们的探究兴趣和欲望。教师应创设多种机会，让幼儿多去接触大自然和社会，扩大他们的生活范围，满足他们好奇好问的需要，在大自然和社会中发展幼儿的想象、思维、探究能力，并为这些能力的后续发展积累丰富的素材。

4. 注重幼儿多感官的参与

幼儿的认知具有具体性和直观性的特点，他们通过用眼睛看、用手摸、用口尝、用鼻子闻等方式来获得对事物的直接认识，即幼儿主要是通过自己的感觉器官来建立和周围环境、事物之间的平衡的。因而，我们在组织幼儿认知活动时，要注重让幼儿的多种感官参与进来，重视多种感官通道的充分体验。

5. 教给幼儿方法

认知教育目标指出，到学龄前晚期，幼儿应具备一定的探究能力。幼儿的探究能力是其在探索事物、现象、解决问题的过程中综合运用各种方法的能力的综合表现。幼儿正是运用不同的探究方法，在经历了发现问题、分析问题和解决问题的过程中获得探究能力的。因而，开展认知教育要注意在活动中有意识地教给幼儿一些科学探索的方法，如观察、比较、分类、概括、分析、实验验证、计划和实施调查、记录和收集信息等。

6. 多采用游戏的形式

游戏是符合幼儿年龄特点，为幼儿喜闻乐见的主要学习方式和途径。因此，开展教育活动（无论是认知教育活动，还是情绪情感教育或社会交往教育、适应能力发展教育）应重视游戏法的运用，以游戏的形式，开展丰富多彩的活动，让幼儿在游戏情境中实现各方面的发展。

7. 家园合作共育

虽然本节内容更多是从幼儿园的角度出发，下面所列举的一些活动方案也都是围绕幼儿园的具体心理健康教育活动的设计，但我们需要注意，任何一项教育活动的开展要想取得良好的教育效果，离不开家庭的支持和家长的配合。如活动前材料、经验的准备，活动后的延伸，活动效果的巩固和强化等都离不开家庭教育。因而，幼儿教师在设计、组织和实施心理健康教育活动时，要时刻秉持开放的教育理念，将家庭甚至社区的资源融合进来，发挥教育的最大合力。

（二）认知教育活动方案举例

1. 活动：夏天来了[①]

适合年龄：3~4 岁。

活动目标：

（1）通过观察夏天的景色和树叶、小草的变化，初步知道夏天来了。

（2）了解夏天的特征，萌发对大自然的热爱之情。

活动准备：

（1）活动前带幼儿去公园，指导他们观察夏天的景色。

（2）课件（《夏天来了》），幼儿操作材料（夏天的池塘）。

活动过程：

（1）感知夏天。

谈话引入，鼓励幼儿大胆说出自己看到的事物。

——前几天我们在公园里看到大树、小草都有什么变化？

（2）观看课件。

用提问吸引幼儿仔细观看。

——夏天来了，哪些小动物出现了？

——河里有什么花？

——看看我们的穿着，有什么变化吗？

教师和幼儿一起创编小诗《夏天》。

夏天到了，天气热了；蝉儿叫了，荷花开了；小朋友们换上了薄衣裳。

——夏天还有哪些变化呢？（如吃冷饮、开空调、游泳）

（3）延伸活动。

到室外，感受夏天的不同。

——夏天真好！我们一起到外面去感受夏天。

区域活动：使用幼儿操作材料、区角建构游戏“夏天的池塘”。

活动建议：

（1）带幼儿到室外感受夏天时，注意不要让幼儿长时间在太阳下暴晒，只要能让幼儿

---

① 参见蒋静主编：《多元整合幼儿园活动课程》（第 3 版），上海，少年儿童出版社，2012。

体会到室内室外温度的不同即可。

（2）与幼儿创编的小诗的语言要求简单，如“夏天到了，池塘的荷花开了”。

（3）鼓励家长利用假期多带幼儿去公园游玩，既感受夏天，也增进亲子之间的感情。

2. 活动：身体触觉①

适合年龄：4~5 岁。

活动目标：

（1）尝试用身体的不同部位感知物体，增加不同的触觉经验。

（2）能大胆、积极地参与探险活动。

活动准备：

（1）神秘的乐曲作为背景音乐，各种不同质感的材料，如丝光布、麻绳、绒布、海绵、小型塑料软球、砂纸、湿毛巾等。

（2）布置循环体能活动场地，设置由不同材料拼成的“马路”。

活动过程：

（1）介绍事先布置好的循环体能活动场地，说明活动内容。

告诉幼儿：森林里的动物们要去一条奇怪的路探险，每一段路走起来都有不一样的感觉。

（2）扮演探险家，尝试探险活动。

邀请幼儿当探险家先走走看。

（3）扮演动物，尝试进行探险活动。

第二个循环开始，动物们要出发了，让幼儿变成山羊（手脚落地爬行）、大蛇（身体着地爬行）或其他幼儿想到的动物，进行探险。

（4）扮演石头，进行探险活动。

再试着变成一块石头，用滚的方式试试看。

（5）交流不同的走路方式的感觉。

活动结束后，请幼儿讨论在这条奇怪的路上走有什么感觉，用不同方式走路有什么不同的感觉。

活动建议：

（1）鼓励幼儿说出走在不同的路上分别有什么不同的感觉，对比用不同的方式走又有什么不一样的体验。

（2）在探险的过程中，可以尝试让幼儿戴上眼罩，鼓励幼儿体验并讲述不同的感受。

3. 活动：什么东西不见了②

适合年龄：4~5 岁。

活动目标：

（1）提高幼儿的观察力。

（2）培养记忆力和猜测判断的能力。

（3）遵守游戏规则，积极参与游戏活动。

①② 参见周兢、陈娟娟主编：《幼儿园活动整合课程指导》，南京，南京师范大学出版社，2002。

活动准备：

（1）教师准备物品，如茶杯、玩具、剪刀、彩色笔、积木等。

（2）大块布、桌子。

活动过程：

（1）先展示四五项物品，请幼儿说说这些物品的名称及特点。

（2）介绍游戏规则，让幼儿初步了解游戏的玩法。

告诉幼儿我们要玩"变魔术"的游戏。

先请幼儿看清楚这几项物品，然后教师用布将桌上物品盖住。

请幼儿闭上眼睛，教师将被布盖住的物品之一取出并藏起来，再请幼儿睁开眼睛，将布缓缓打开。

请幼儿观察什么东西不见了。

（3）引导幼儿开展游戏活动。

待幼儿逐渐熟悉游戏规则后，可增加布内物品数量，或是将布内物品更换位置再请幼儿猜；也可请有兴趣的幼儿轮流上台担任魔术师。

（4）活动结束后，请幼儿交流，说说活动中有趣的事。例如：哪一种物品藏起来最容易被发现？为什么？

活动建议：

（1）可在活动区中放置相应益智游戏类的书籍，让幼儿看图寻找宝物，不断提高幼儿的观察能力。

（2）在日常生活中，教师和家长有意识地引导幼儿观察记住某一物品固定的摆放位置，所猜物品的数量可逐渐增加，在培养幼儿注意力、记忆力和观察力的同时，体验和成人一起游戏的乐趣。

4. 活动：记录影子的变化①

适合年龄：5~6 岁。

活动目标：

（1）了解不同时段影子变化的基本规律，知道影子的变化与光线有关。

（2）能有始有终地做好观察记录，学习并初步掌握科学探究的方法。

（3）激发幼儿对科学现象的兴趣，逐渐养成科学的思维方式。

活动准备：粉笔等。

活动过程：

（1）观察上午的人影。

教师带幼儿到操场上，幼儿两两组合，选择一个地方站立，用粉笔画下对方的人影，并在人影旁边写上两人的名字。

教师帮助操作有困难的幼儿完成记录人影的任务。

（2）观察中午的人影。

---

① 参见蒋静主编：《多元整合幼儿园活动课程》（第 3 版），上海，少年儿童出版社，2012。

记录的方法同上午。幼儿在上午记录的人影旁记录中午的人影，并进行比较。

——中午的影子和上午相比，发生了什么变化？为什么会发生这种变化？

（3）观察下午的人影。

用同样的方法记录下午的人影。

——为什么三次记录的情况不一样？

教师和幼儿共同讨论，得出结论。

活动建议：

（1）活动的关键在于让幼儿思考为什么相同的地点、不同的时间人的影子会有变化，让幼儿学会从多个角度思考问题，提高幼儿考虑问题的全面性，养成科学的思维方式。

（2）活动前教师应查阅有关资料，丰富自己的知识，确保教给幼儿的知识符合科学原理。

（3）教师和家长多给幼儿提供一些幼儿科普读物、音像资料，丰富幼儿的知识，激发幼儿对科学现象的兴趣。

二、情绪情感教育

（一）情绪情感教育应注意的问题

情绪情感教育主要是指在幼儿情绪冲动易变、自控力较弱的基础上，通过各种适当的活动和方式帮助幼儿学会恰当表达和有效调控自己的情绪，保持开朗、乐观、积极向上的心态。在进行情绪情感教育活动时，应注意以下几点内容。

1. 贴近幼儿生活

发生在幼儿身边的、贴近幼儿生活实际的真实事件才会使幼儿触景生情、有感而发。教师在选择、确定活动主题时应考虑是否符合幼儿的生活经验、能否引起幼儿的情感共鸣，注意发现并抓住幼儿身边带有普遍性的情境进行情感教育活动。如与同伴发生争执、受到批评、需求不能得到满足等，都是有普遍教育价值的切入点。

2. 重在体验

情感教育重在体验，体验是幼儿在情感教育活动中非常重要的学习方式，情感态度类的学习不是简单地“讲道理”能奏效的。态度不是“教”出来的，也不是可以脱离其他内容而单独存在的东西，它是伴随着活动过程而产生的体验。因此，在组织实施情感教育活动时，教师应尽可能地创设蕴含体验机会的活动情境，让幼儿在体验中有所收获。

3. 情知互动

情绪和认知是相互制约、相互促进的。一方面，认知为情绪的产生和发展提供理性基础，认知越深刻，情绪也越深刻；反之，情绪就越肤浅，认知的错误会导致情绪反应上的错误。另一方面，情绪对认知又有推动、调节的作用。因此，教师应根据情知互动的规律，引导幼儿正确认识、分析触发情绪的不同情境，有效帮助幼儿学会调适自己的情绪，逐步培养幼儿情绪的稳定性。

4. 归纳提炼

幼儿通过活动和情境的充分体验会积累很多有价值的经验，但由于其能力有限，他们的经验大多是零散的，这便需要教师的介入。教师应和幼儿一起分析，将零散的经验进行归纳梳理，提炼出有价值的、形象的、容易记忆的、可推广的经验，便于幼儿迁移运用。让幼儿在知道“是什么、什么样”（正确认识）之后，进一步知道“怎样做”（迁移、运用）。

5. 具有趣味性

具有趣味性的情境能激发幼儿的兴趣，使幼儿自然而然地融入其中，放松地感知，展示真实的自我，并在教师的引导下积极、愉快地学习，取得事半功倍的教育效果。设计活动方案时，教师应考虑幼儿的年龄特点，以幼儿能理解、易接受、喜闻乐见的方式（如讲故事、情境扮演、游戏等）组织和实施活动。

6. 家园互动

父母与子女之间有着特殊的情感关系，家庭是幼儿的第一所学校，也是人生情感习得的启蒙学校。因此，发展幼儿的情绪表达和情绪调控能力，不能忽略家长与家庭的参与和支持。

（二）情绪情感教育活动方案举例

1. 活动：小动物上幼儿园[①]

适合年龄：3~4 岁。

活动目标：

（1）让幼儿获得高高兴兴上幼儿园的快乐情绪体验。

（2）引导、鼓励幼儿说说幼儿园的事情，提高幼儿参与幼儿园活动的积极性，消除焦虑情绪。

活动准备：

（1）小猫的手偶 1 个。

（2）“动物幼儿园”背景图一张，或者用积木搭成幼儿园。

（3）CD，幼儿操作材料（小动物上幼儿园），课件（《小猫上幼儿园》）。

活动过程：

（1）认识故事角色，激发幼儿学习兴趣。

教师模仿小猫的叫声，并做出寻找声源的动作，用手偶与幼儿游戏。

出示“动物幼儿园”背景图，演示小猫上幼儿园。

（2）教师讲小猫上幼儿园的故事。

引导幼儿学说简单的对话及礼貌用语。

幼儿扮演小猫，高高兴兴上幼儿园，让幼儿获得快乐的情绪体验。

（3）迁移情感，启发幼儿高高兴兴上幼儿园。

引导幼儿再次回忆：小猫是怎样上幼儿园的？今天谁像小猫一样高高兴兴上幼儿园了？

---

① 参见蒋静主编：《多元整合幼儿园活动课程》（第 3 版），上海，少年儿童出版社，2012。

手偶表演，表扬像小猫一样高高兴兴上幼儿园的幼儿，鼓励所有幼儿明天要像小猫那样高高兴兴上幼儿园。

提示：引导幼儿说："我像小猫一样高高兴兴上幼儿园。"

活动建议：

（1）除了故事的讲述和木偶剧的表演以外，可以增加一些幼儿上幼儿园的照片或录像。

（2）在幼儿园的日常生活教育活动中，引导幼儿见人要问好，养成讲礼貌的好习惯。教师要给幼儿创造快乐的情感体验，宽容对待幼儿入园时的焦虑表现，多给幼儿一些适应幼儿园集体生活的时间，逐步帮助幼儿形成乐观、开朗、活泼的性格。

（3）家长每天也能用开心、兴奋的情绪与幼儿进行互动，帮助幼儿建立对幼儿园的积极情感体验。

附：故事

小猫上幼儿园

今天天气真好，猫妈妈要去上班了，它问小猫："妈妈要上班，小猫去哪里？"小猫说："妈妈去上班，我高高兴兴上幼儿园！"猫妈妈把小猫送到幼儿园，小猫高高兴兴地向猫妈妈挥挥手说："妈妈，再见！"猫妈妈说："小猫，再见！"小猫高高兴兴来到班上，看见老师，向老师鞠躬说："老师早！"老师笑着说："小猫早！"小猫有礼貌，大家真喜欢。

2. 活动：我好害怕[①]

适合年龄：3~4岁。

活动目标：

（1）知道害怕的感觉人人都会有。

（2）能够想办法消除害怕的心理，学会战胜害怕。

活动准备：

（1）绘本《我好害怕》。

（2）情景：事先让幼儿和家长合作记录下幼儿最害怕的事物或场景。

活动过程：

（1）小熊的害怕。

——看看谁来了？小熊脸上是什么表情？

——它有多害怕呀？猜猜小熊可能遇到了谁？可能发生了什么事情？

引导幼儿猜测引起小熊害怕的原因或事物，揭示谜底：一只汪汪叫的大狼狗。

——这是什么时候？这是什么声音？

——你听到这个声音有什么感觉？

——天黑了，是刮风的声音，很冷，很害怕。

小结：遇到恶狠狠的狗时，小熊会害怕；天黑了，一个人在家，小熊心里也很害怕。

（2）我的害怕。

展示幼儿画出的害怕的场景或事物，引导幼儿讨论。

---

① 参见 http://www.yejs.com.cn。

——你害怕的是什么？为什么害怕？害怕的时候心里是什么感觉？

——大灰狼、老虎、蛇……

——火、水、电、刀、打雷、打针……

小结：每个人都会害怕。害怕是种冷冷的、紧紧的、不舒服的感觉。害怕时我会哭，我会躲起来。你喜欢这种害怕的感觉吗？

（3）我不害怕。

看图片（一一对应想办法），引导幼儿讨论。

——怎样才能让我们不害怕呢？

——找人帮忙，躲起来，让妈妈抱抱，不玩火、电……

小结：遇到凶猛的动物时，我们可以离它远一点，保护好自己；像打雷一样有很大的声音时，我们可以捂上耳朵，也可以找些事情做一做；小心使用水、电、火、刀等。

情景表演：打预防针。

和幼儿讨论：

——害怕打针吗？打预防针能让我们的身体变棒，能不能因为害怕就不打了呢？

——怎样做才能让自己不害怕呢？

——打针的时候不看，趴在妈妈身上……

——一起学学打预防针的样子，念念儿歌：

手臂弯一弯，脑袋歪一歪，大声说一说，我不怕，我不怕，我不怕！

小结：原来有些害怕的事情，我们可以躲起来，可以做其他的事情，但有的害怕，像打针，我们必须要战胜它。

（4）小熊不害怕。

——你们都想到了好办法，变成了勇敢的孩子，小熊有没有变得勇敢呢？一起来看看小熊想到了什么办法。

——抱了一个小熊玩具，趴在奶奶肩上，看书……

——小熊脸上是什么表情？

小结：小熊由害怕变成了开心，因为它知道害怕的时候该怎么做了，它知道了怎么战胜害怕。

活动建议：

（1）事先从幼儿害怕的事物和场景中做适当筛选，选出围绕幼儿生活、符合小班幼儿年龄特点并能引起幼儿共鸣的内容进行讨论。

（2）在日常生活中，成人有时可以适当以弱者的姿态，激起幼儿的勇气，让幼儿学习想办法，克服困难与害怕，体验克服害怕后的喜悦。

3. 活动：心情预报[①]

适合年龄：4~5 岁。

活动目标：

（1）能感受自己或他人的悲伤、喜悦、忧伤等情绪。

---

① 参见蒋静主编：《多元整合幼儿园活动课程》（第 3 版），上海，少年儿童出版社，2012。

（2）愿意和同伴分享心情，学习排解情绪的方法，并能以恰当的方式帮助和安慰别人，表达自己的关心。

活动准备：

（1）木偶台；小猴木偶；心情图片若干（雨天、晴天、多云）；小鸟、小老虎唱歌，小羊、小青蛙跳舞，小鸡、小鸭送礼物等各种卡片。

（2）天气预报的录像带/视频。

活动过程：

（1）播放天气预报的视频，引入活动。

——小朋友，你们看过天气预报吗？电视里的天气预报是怎样播报的？我们一起来看看吧！

小结：我们的生活中每天都有天气预报，森林里却有一种有趣的“心情预报”。

（2）操作木偶表演，讲述故事第一段。

——心情预报说狮子今天的心情怎么样？

——雨天指的是怎样的心情？

——为什么狮子的心情会是雨天呢？

——怎样可以让狮子的心情好起来？

（3）操作木偶表演，简述故事后半段。

——森林里的小动物听到这一预报是怎么做的？效果怎么样？

——为什么后来狮子的心情从雨天变成了晴天？

（4）组织幼儿讨论。

——听了这么多心情预报，你们最喜欢哪种心情？为什么？

——我们都喜欢好心情，可是有时心情会不好，那怎样让心情好起来呢？

——别人心情不好时，我们可以做些什么？

（5）幼儿玩“心情预报”的游戏。

和同伴相互通告心情，并说明心情好坏的原因。

如有“雨天”的心情，大家一起来想办法帮他转“晴天”。

活动建议：

（1）可在班级设置心情墙或心情屋，让幼儿根据自己每天的心情选择不同的心情卡贴在相应区域；或在活动区设置私密角或聊天室，当幼儿心情不好时，可以到区角中安静一会儿或和同伴分享心情，学习调整心情。

（2）家长和教师在日常生活中，要有意识地提醒幼儿关心自己的心情和别人的心情，鼓励幼儿学习调节不好的情绪的方法。

附：故事

心情预报

“各位观众，大家好，我是森林电视台的主持人机灵，欢迎收看心情预报。今天，森林里大部分小动物心情晴天，只有狮子心情雨天，并伴有八级脾气。心情预报播报完毕，谢谢大家收看，再见。”

森林里的小动物每天都坐在电视机前收看心情预报，心情预报对他们来说非常重要。

小动物们听到狮子的心情是雨天后，都急忙来到狮子家。原来狮子今天生病了，孤孤单单地躺在床上，真难受。

小鸟、小老虎给狮子唱歌，小羊、小青蛙给狮子跳舞，小鸡、小鸭给狮子送来了礼物。狮子看到这么多朋友来看他，头也不疼了，身体也不难受了。狮子的心情慢慢变成晴天了。

心情预报节目太好了，小动物们都喜欢它。

4. 活动：学会微笑[①]

适合年龄：5~6 岁。

活动目标：

（1）了解心情和人面部表情的关系，理解微笑的魅力。

（2）学习控制自己的情绪，能够关注他人的情绪，用微笑感染他人。

（3）仿编诗歌，发展幼儿的想象力、创造力及语言表达能力。

活动准备：

（1）诗歌挂图一张，录音机，音带《歌声与微笑》，难过和微笑的图片各一张，小镜子每人一个，绘画材料若干。

（2）微笑展：收集空姐等微笑服务时的图片，每个幼儿从家庭的相册里选出自己家庭成员的最佳微笑照片。

活动过程：

（1）看“微笑”。

播放歌曲《歌声与微笑》，在歌声中幼儿参观微笑图片展，引出课题。

——刚才小朋友们参观了微笑图片展，看了后有什么感觉？

——你看了这些微笑的图片后心情是怎样的？

引导幼儿说出看了后很开心、看了微笑的图片心里很舒服、微笑的人很美丽，让幼儿感知微笑的美丽和魅力。

依次出示难过和微笑的图片，引导幼儿分别说出看了图片后的感受。通过对比，让幼儿进一步感知微笑的魅力。

小结：当一个人心情不好或者难过时就会露出痛苦的表情，让人看了很难受，心情也会被感染。当你开心的时候，就会露出具有魅力的微笑，让人看了后感觉很舒服。所以当我们不高兴、不开心的时候要想些高兴的事情，让自己高兴起来。这样，你自己快乐，你身边的人也会和你一起开心，大家就可以和你一起分享快乐。

（2）听“微笑”。

朗诵诗歌：

当微笑写在脸上，脸就显得特别漂亮，好像花朵开在春天里。

当微笑藏在心底，心里就充满了欢喜，好像春天开满的花朵。

——诗歌里是怎样说微笑的？微笑写在脸上像什么？

——微笑藏在心底像什么？为什么诗里把微笑比喻成春天的花朵？

幼儿讨论：因为微笑让人感觉很美，春天的花是一年中最多、最艳、最美的……

---

① 参见刘彦志：《大班心理健康教育活动——微笑的魅力》，载《幼教博览》，2009（10）。

（3）谈“微笑”。

出示诗歌挂图，帮助幼儿理解诗歌大意。

——是什么让脸显得特别漂亮？好像什么？

——是什么让心里充满欢喜？好像什么？

——怎样把微笑留住？

引导幼儿讨论得出结论：和身边的人友好相处、互相帮助，身边的人快乐，自己也会很开心；每个人心里开心的时候才会有微笑，每个人要始终用开心的心态去面对别人和所有的事情，那样就会把微笑永远留住。

（4）创“微笑”。

引导幼儿用花进行仿编，可以具体到花名，也可扩展到其他季节的花和植物。

——当微笑写在脸上，脸就会显得特别漂亮，好像什么呢？

如：当微笑写在脸上，脸就显得特别漂亮，好像夏天开放的荷花。

（5）画“微笑”。

幼儿每人一面小镜子，引导幼儿照着镜子做出不同的表情，说说每种表情当时的心情，说出自己最喜欢的表情是什么。

鼓励幼儿画出自己最喜欢的微笑的表情，让幼儿进一步感受微笑的美丽和魅力。

小结：微笑很神奇，它能让你美丽，让你的心情舒畅，能让身边的人感到快乐，也能让一些不高兴的事情悄悄地从你身边走开。微笑这么好，对我们每个人来说都十分重要。那么，我们怎样把微笑留住呢？我们要和身边的人友好相处、互相关心、互相帮助，这样你开心了，你身边的人也就会更快乐。所以，当我们不高兴、不开心的时候要想些开心的事情调整自己，让自己高兴起来。让我们用微笑面对一切，这样，你快乐，我快乐，大家都快乐。

（6）教师和幼儿一起演唱歌曲《歌声与微笑》。

活动建议：

（1）教师和家长在日常生活中要以身作则，鼓励幼儿主动微笑，学会用微笑调整自己的心情。

（2）将幼儿绘画的微笑脸谱展示出来，营造温馨的氛围，感染幼儿的情绪。

（3）鼓励幼儿用图画的形式记录自己创编的诗歌，能大胆地朗诵自己的诗歌。

三、社会交往及适应能力教育

（一）社会交往及适应能力教育应注意的问题

社会性的发展与教育主要围绕两方面展开：一是让幼儿掌握一定的交往技能和方法，提高人际交往能力，建立和谐的人际关系；二是有目的、有计划地培养幼儿的独立生活能力，养成良好的生活、卫生、行为习惯，从而增强幼儿适应集体生活、适应不同环境的能力，为以后进入社会独立生活打下扎实的基础。设计促进幼儿社会性发展的教育活动时应注意以下内容。

1. 注重渗透

儿童社会性的发展可以通过专门设计的教育教学活动展开，但也需看到，渗透性和伴随性也是幼儿社会性学习的基本特征。正如《纲要》所指出的那样，良好的交往能力和社会适应能力的培养“往往是融合在各种学习活动中，并渗透于幼儿一日生活的各个环节”。教师要将这部分内容的学习自然地渗透、融入到生活、游戏和各领域的教育之中。如游戏活动中让幼儿学会分享、轮流，体育活动中让幼儿体验合作的乐趣，生活活动中让幼儿学会照顾自己、乐于助人等。

2. 榜样示范与讲述相结合

自觉或不自觉地重复他人（榜样）的行为是幼儿社会性学习的基本方式之一。榜样就是幼儿通过观察、模仿而学习的“行为模式”。可模仿的行为模式可以是行动类的，也可以是态度类的；可模仿的榜样可以是现实生活中的真人真事，也可以是电视、图书、故事中的虚构形象。教师应充分利用幼儿天生好模仿的特点，为幼儿提供丰富的榜样示范，把抽象的认识具体化、形象化，使幼儿易于接受，通过模仿学习，将外在的行为范式或要求逐步变成自己的行为模式或准则。

同时我们要注意，人际交往技能或适应社会的各项能力不是单靠简单的示范或单纯的模仿就能让幼儿真正习得并内化的，教师应经常向幼儿讲述，让幼儿理解“如此行动或作为”的必要性和重要性，将讲述与示范结合起来。

3. 教给方法与技能

幼儿有与人交往的愿望，但往往由于交往的方式、方法不当，使得交往无法继续，甚至出现打人等不良行为；幼儿大多具有“自我中心”的特点和倾向，可能会在需要分享、合作、助人时不知道如何选择恰当的方法，这就需要成人尤其是幼儿教师在活动中有意识地教给幼儿一定的方法和技巧，帮助幼儿学会主动、和谐地与人交往。

4. 提供机会给幼儿实践和练习

幼儿在人际交往中学会与人交往，在对新环境、新群体的适应中学会适应环境和群体。幼儿的社会性发展离不开具体的社会实践过程，教师在组织一定主题的教育活动后，需要在后续的生活、游戏和学习环节中为幼儿创设多种机会，让幼儿能有不断实践、练习各种良好社会行为的时间和机会。此外，教师应时刻关注对幼儿相关行为和习惯的强化和巩固。

5. 家园一致

幼儿社会交往技能和适应能力的培养是一个长期的练习过程，家长和教师只有要求一致，共同培养幼儿良好的社会品质和行为能力，才能取得好的效果。例如，教师在幼儿园强调幼儿生活自理，自己能做的事自己做，而到了家中家长却过度替代，则会使教育效果大打折扣。因此，家园教育应该同步，幼儿园应通过多种渠道进行家园联系。

(二)社会交往及适应能力教育活动方案

1. 活动:学做小客人①

适合年龄:3~4 岁。

活动目标:

(1)学会有礼貌地做小客人,练习使用礼貌用语。

(2)懂得一些做客的简单礼节。

活动准备:

(1)与本班一个幼儿家庭联系有关做客事宜。

(2)操作卡片。

活动过程:

(1)介绍活动内容及简单要求。

——老师要带小朋友们去 ×× 小朋友家做客,比一比看谁是最有礼貌的小客人。

(2)幼儿到 ×× 小朋友家做客,在做客过程中学习礼貌用语和简单礼节。

学习有礼貌地问候主人。

到了主人家轻轻地敲门,见了主人会礼貌地问候,学说“您好”。见了不同的人会使用合适的称谓。

学习有礼貌地与人交往。

对于主人的招待,如请客人坐、请客人喝茶、请客人吃东西,客人都要有礼貌地说“谢谢”。

在别人家不随便翻看、拿走别人的东西。

在别人谈话时,不随便插嘴。但别人提出问题时,要大方地回答。说话时,声音要轻一些,不大声喧哗。

学习有礼貌地与主人告别。

临走时,向主人说“××,再见”,还可客气地邀请别人去自己家做客。

(3)请幼儿看操作卡片,对幼儿在做客中的表现进行评价。

小结:小朋友在别人家做客时很有礼貌,会说“您好”“谢谢”“再见”,并且不随便翻、拿别人的东西。以后到其他人家去做客也要做到这些,做个有礼貌的小客人。

活动建议:

(1)引导幼儿在幼儿园的一日生活各个环节中练习使用简单的礼貌用语。

(2)家长利用节假日带领幼儿去亲戚家、朋友家做客,让幼儿继续练习做个有礼貌的小客人。

2. 活动:同伴生病了②

适合年龄:4~5 岁。

活动目标:

(1)能用自己的方式表达对生病同伴的关心。

(2)积极参与讨论,体验关心别人带来的快乐。

---

① 参见周梅林主编:《学前儿童社会教育活动指导》(第 2 版),上海,复旦大学出版社,2009。
② 参见蒋静主编:《多元整合幼儿园活动课程》(第 3 版),上海,少年儿童出版社,2012。

（3）知道预防生病、保护健康的一些知识和技能。

活动准备：情景表演片段《我生病了》。

活动过程：

（1）回忆生病的感受，萌发对生病同伴的关爱之情。

——你生病的时候有什么感觉？最想做什么？

（2）观看情景表演《我生病了》，体验生病时渴望关爱的迫切心情。

幼儿观看表演。

——看完这个表演，你有什么感觉？最近我们班××小朋友生病了，没有来幼儿园，你有什么想法？

（3）交流、讨论慰问生病同伴的方式。

与同伴讨论并记录：可以以怎样的方式慰问生病的同伴？

集体交流慰问同伴时应注意的问题，如打电话时间不宜过长，声音不宜过响，要清楚地表达自己的慰问之情等。

（4）引导幼儿学习关心自己和身边的人。

——如果我们身边的朋友、亲人生病了，我们应该怎么做？

——如果自己生病了，应该怎么做？

教师小结幼儿的讨论情况，并引导幼儿进行尝试体验。

（5）延伸谈话，了解怎样才能少生病。

小结：要经常参加体育锻炼，注意根据天气变化增减衣服，讲究饮食卫生，多吃有营养的食物等。

活动建议：

（1）活动安排在有幼儿生病未来幼儿园的时候进行更具有针对性。

（2）可根据班上幼儿的情感发展情况，选择性地开展谈话活动，从多个角度培养幼儿对他人及周围事物的关爱之情。

（3）家长在家庭教育中要引导幼儿关爱生病的小朋友和亲人，使幼儿知道用合适的方式表达对亲人或同伴的关心。

3. 活动：起床喽[①]

适合年龄：4~5岁。

活动目标：

（1）让幼儿学会自己穿裤子、穿鞋、系鞋带，在成人帮助下穿好上衣。

（2）培养幼儿自己穿上衣、穿裤子、穿鞋的习惯，知道自己的事情自己做。

（3）通过看表演、竞赛，培养幼儿的自尊和自信。

活动准备：

（1）情景表演：小花熊和小黑熊。

（2）实况录像：幼儿在园午睡室起床的情景；某幼儿在家起床的情景。

---

① 参见 http://www.jy135.com。

（3）开汽车的音乐、电话机（玩具）。

（4）幼儿已学会自编儿歌《起床喽》。

活动过程：

（1）导入活动，幼儿集体唱《小弟弟，早早起》。

——这首歌主要讲了一件什么事？

——早上起床时你们的衣服、裤子、鞋子是谁帮忙穿的？

（教师：真棒，很多小朋友的小手真灵巧，衣服、裤子、鞋子都是自己穿的，可还有的小朋友是爸爸妈妈穿的。）

放电话铃声，教师接电话：

——熊妈妈打电话来邀请班里的小朋友去看她的孩子小花熊和小黑熊是怎样起床的，那么，我们一起去看看吧。

放开汽车的音乐，幼儿自由律动。

（2）观看情景表演《小花熊和小黑熊》。

——熊妈妈家有哪两个宝宝？

——你喜欢哪只小熊？为什么喜欢它？

——你们喜欢小黑熊吗？小黑熊怎么做你们就喜欢它了？

小结：小花熊真能干，在家起床时不要妈妈帮它穿衣服、裤子，自己的事情会自己干，我们奖给它一朵笑脸花。可是小黑熊怕穿不好衣服、裤子、鞋子等，我们怎样去鼓励它？（幼儿以鼓励的口吻激发小黑熊的自信心。）例如，幼儿说："我以前不会穿衣服，老师、妈妈教我后，我慢慢地会穿了。"

（3）看实况录像，幼儿在园午睡室起床的情景。

——小朋友都看到自己了吗？你起床谁帮你穿衣服、裤子、鞋子的？

——你还看到谁？她是怎样起床的？

小结：小朋友和小花熊一样能干，大多数小朋友在幼儿园不要老师穿衣，个别小朋友老师帮一下忙他也会穿了，有的小朋友甚至还帮助其他小朋友。

（4）看实况录像，某幼儿在家起床的情景。

——她是谁呀？

——这位小朋友在家起床时是怎么做的？（用"先……再……最后……"来讲述。）

小结：这位小朋友真了不起，在家和在幼儿园一样，都是自己穿衣、穿裤、穿鞋、系鞋带的，老师也要奖给她一朵笑脸花。

集体念儿歌《起床喽》。

（5）穿衣、系鞋带比赛。

——我们来一个穿衣、系鞋带比赛，好吗？老师这儿还有许多笑脸花，如果你们有进步，笑脸花就会跟你交朋友。如果这次你拿不到笑脸花，怎么办？

有目的地挑选依赖性强的幼儿参加比赛。

小结：看到小朋友的进步，笑脸花很高兴，也希望你们以后在家、在幼儿园一个样，坚持自己的事情自己做，笑脸花才会继续跟你做朋友。

活动建议：

（1）可在班级活动区娃娃家中有目的地投放相关材料，加强幼儿自理能力的巩固和练习。

（2）请家长来园参加游戏，以了解自己孩子的自理能力，使家长知道自己的孩子很能干，在家要放手让孩子锻炼；家长发放记录卡，如果孩子在家自己穿衣裤，家长奖给孩子笑脸花。比一比，一星期中在幼儿园、在家的笑脸花哪个多，激发孩子独立、自主的愿望，增强孩子的自尊与自信。

附：儿歌

《起床喽》

小朋友，早早起，
叠好被子穿衣裤。
系鞋带，蹦蹦跳，
自己的事情自己做。

附：情景表演

小花熊和小黑熊

熊妈妈（一位教师扮演）：小花熊，小黑熊，起床喽！（说完，熊妈妈去厨房做饭。）

小花熊：好，起床了。（说着从床上坐起来，熟练地穿衣、穿裤、系鞋带、叠被子；而小黑熊仍缩在被窝里睡觉，不理妈妈。）

熊妈妈（又喊）：小黑熊，起床喽！

小黑熊：不，我不会穿衣服。

熊妈妈：你看，小花熊自己穿衣，真是个好孩子，你也自己学着穿吧，不会的地方妈妈来教你，好孩子自己穿。

小黑熊（撒娇地）：我不，我怕穿不好，我还怕麻烦，我要妈妈给我穿。

熊妈妈：真没办法。（说着帮小黑熊穿起衣裤来。）

小花熊：妈妈，我穿好了，我自己洗脸去。（下场。）

熊妈妈：好孩子，去吧。（小黑熊穿好衣服，下场。）

4. 活动：面对陌生人①

适合年龄：4~5岁。

活动目标：

（1）懂得面对陌生人时的应对方法，提高自我保护的意识和能力。

（2）学用清楚、连贯的语言表达教学情景的内容和自己的想法。

活动准备：自拍课件、自制小花或贴纸。

活动过程：

（1）说说谈谈。

——小朋友，当你一个人在路上行走或一个人在家时，有不认识的人来和你说话或者来你家，你会怎么办？

---

① 参见蒋静主编：《多元整合幼儿园活动课程》（第3版），上海，少年儿童出版社，2012。

（2）观看课件。

播放视频。

情景一：一个陌生的叔叔对一位小朋友说："小朋友你真可爱，我请你吃果冻。"接着又拿出玩具给他玩。

集体讨论。

——能不能接受陌生人的礼物？为什么？

——面对陌生人，我们应该怎样做？

播放视频。

情景二：一个陌生的阿姨敲门进入教室，对某幼儿说："我是你妈妈的好朋友，她今天没有空来接你，让我接你回家，你跟我走吧！"

集体讨论。

——如果你是这个小朋友，想想能跟这个阿姨走吗？为什么？

——那你应该怎么对这位阿姨说？

——有什么好办法能知道她是不是你妈妈的好朋友？

教师小结：我们不认识、不熟悉的人就是陌生人。面对陌生人，我们不能轻易相信他们的话，也不能要他们的东西，更不能跟他们走。我们可以动动脑筋，想想办法，来考考他们。

（3）"有奖竞猜"游戏。

将幼儿分为男女两队，互提问题，幼儿迅速且较完整地说出答语，答对的一方可奖励一朵小红花。

——在商店里，不小心和家人走散，你该怎么办？

——你一个人在家时，若有敲门声或门铃声，你该怎么办？

——在幼儿园里玩，有不认识的人来接你，你跟他走吗？你该怎么办？

——在家门口玩，有不认识的人要带你去玩或去买东西吃，你该怎么办？如果有人强迫你走，你该怎么办？

（4）活动延伸。

向幼儿讲述报纸、电视等媒体中有关幼儿失踪事件的报道，使幼儿充分认识到相信"陌生人"所造成的严重后果，从而提高幼儿的自我保护能力。

活动建议：

（1）活动后，可让幼儿在区角的表演区进行情景表演《陌生人来了怎么办》，进一步巩固幼儿自我保护的意识和能力。

（2）家长平时注意结合社会上的相关报道与幼儿进行交流，提高幼儿在碰到陌生人时的应对能力。

5. 活动：快乐地向前走①

适合年龄：5~6岁。

① 参见周兢、陈娟娟主编：《幼儿园活动整合课程指导》，南京，南京师范大学出版社，2002。

活动目标：

（1）能主动地与同伴进行有效的交往、合作和分享。

（2）练习轻松自如地绕过障碍曲线走和跑。

（3）体验克服困难取得胜利后的愉悦。

活动准备：

（1）体能游戏：快乐地向前走。

（2）绳子、形状板或椅子、平衡木、纸箱。

活动过程：

（1）和幼儿一起看幼儿用书《快乐地向前走》的图页，并讨论两个人绑在一起时怎样走才能走得比较快。

（2）实际练习，设计5个关卡。

先请幼儿一个人走走看，再用绳子变成两人“三条腿”，请幼儿再走走看。

走关：用一块形状板或一把椅子当折返点，中间摆上地垫或绳子，请幼儿看到地垫就跳过去，然后再跳回来。

跑关：请幼儿以两人“三条腿”，快速跑过去再跑回来。

平衡关：在地面架一根矮的平衡木，请一个幼儿一只手抱着另一个幼儿，另一只手伸出进行平衡，通过平衡木。

钻钻关：取一纸箱，做成中空的门，请幼儿想办法钻过去。

（3）结合体验，组织幼儿讨论。

——怎么走会比较好呢？（如喊口令。）

（4）游戏“集体向前走”。

全班手挽手，排成一横队，快乐向前走，教师帮助幼儿照一张快乐向前走的照片。

活动建议：

（1）活动过程中，注重幼儿的体验，让幼儿在与同伴合作走遇到困难的情况下，尝试解决问题，并讨论得出有效合作越过障碍的方法。

（2）鼓励幼儿不断尝试，克服障碍，在尝试中总结，在体验中感受。

四、人格教育

（一）人格教育应注意的问题

学前期是幼儿个性初具雏形、人格发展的关键期。对3~6岁幼儿进行人格教育主要集中在促进幼儿自我意识的发展上，力求通过专门的教育使幼儿能够恰当地评价和支配自己的认识活动、情感、态度和行为，正确认识自己的性别角色，并逐渐养成自主、自尊和自信等性格特征。组织开展幼儿人格发展教育应注意以下问题。

1. 多用鼓励、肯定的方式

幼儿自信、进取的动力及开朗的性格来自赏识，教师应多对幼儿施以肯定、赞美、表扬、鼓励及宽容。教师要承认差异，尊重幼儿，善于捕捉闪光点，及时肯定并鼓励幼儿的点滴进步，让每个幼儿都能看到自己的长处和优点，树立对自己的正确评价，逐步提高对自我行为、兴趣的控制能力。在运用赏识时要注意把握好度，并能根据幼儿的特点进行不同程度的赏识。

2. 让幼儿获得成功的体验

成功的体验可以使幼儿增强自信心和自尊心，在教师应充分了解每个幼儿的特点，在设计活动时能提出适合幼儿水平的任务和要求，在活动中给予幼儿适当的评价，帮助他们在活动中不断获得成功，从而建立自信，逐渐具备自我接受、勤奋、乐观等特征。

3. 正确的态度，科学面对

虽然性别是由遗传基因决定的，但性别角色却是从儿童时期受到成人影响、教育的结果。性别教育的缺失，容易造成幼儿性别角色的错位，带来心灵的扭曲和伤害。开展有效的性别教育，需要成人改变和修正原有陈旧的观念，以科学、自然的态度教给幼儿正确、有效的知识，帮助幼儿正确认识自己的性别并养成与性别一致的行为方式。

4. 知行结合

幼儿良好的自我意识的形成和发展，尤其是自我控制能力的发展和提高，不但需要从内在思想观念入手进行认知教育，而且要从外在的行为方式入手进行行为训练。因为幼儿对行为的自制力差，虽然有的幼儿能够明白正确的道理，说出正确的做法，但在实际行为中往往做不到。因此，教师需要将这两种方式结合起来，通过教育活动让幼儿“知道”，通过一日生活各环节和丰富多彩的其他活动形式让幼儿有践行的机会，能“做到”，在实践中提高，在体验中成长。

5. 家园同步

教师要能正确认识家长的作用，以多种形式帮助家长创设良好的家庭教育环境，让家长认识到帮助幼儿形成积极的自我意识的重要性，学会正确评价自己的孩子等。只有家园密切配合、协同一致，才能取得最大的效果。

（二）人格教育活动方案举例

1. 活动：男孩和女孩[①]

适合年龄：3~4岁。

活动目标：

（1）能按照人物的某一特征（头发、服饰等）进行分类。

（2）引导幼儿区分男女，知道自己和同伴的性别，发展自我意识。

（3）体验集体游戏的快乐。

活动准备：

（1）男、女布娃娃各一个，大号呼啦圈一个，公共场所常用的表示男、女性别的标志各一个。

（2）挂图、幼儿操作材料。

① 参见蒋静主编：《多元整合幼儿园活动课程》（第3版），上海，少年儿童出版社，2012。

活动过程：

（1）找一找。

——我们来找一找，班级里哪些人是男孩，哪些人是女孩。

——谁是你的好朋友？你的好朋友是男孩还是女孩？

小结：小朋友可以分成男孩和女孩。

（2）认一认。

出示两个娃娃。

——这里有两个娃娃，你们知道他们哪个是男孩，哪个是女孩吗？

玩“开火车”的游戏，男孩一列，女孩一列。

——男孩和女孩有什么地方不一样？（裙子、裤子不一样，头发不一样，鞋子不一样等。）

——说说自己家里谁是男的，谁是女的。

小结：我们可以从发型和衣服的式样来区分男孩和女孩。

出示两个性别标志。

——你们见过这两个标志吗？在哪里见过？

——它们表示的是什么意思呢？

——你从哪里看出来这个标志代表女孩（男孩）呢？

——我们来做个游戏。我把标志放在橱柜上，请你们看到标志后，赶快站到代表自己性别的标志前，响亮地说出“我是男孩”或“我是女孩”。

教师摆放标志，幼儿进行游戏。

（3）站圈圈。

教师带领幼儿围在呼啦圈旁。

——我们再来玩个游戏，听我的指令站圈圈。

教师说出指令：穿裙子的孩子站圈圈。

幼儿根据指令作出反应。

——你站在哪里？（幼儿：我在圈圈里面/我在圈圈外面。）

游戏可反复进行，幼儿听指令站圈，并说出自己在哪里。

指令举例：穿运动鞋的孩子站圈圈；穿裤子的孩子站圈圈；梳辫子的孩子站圈圈。

活动建议：

（1）教师可提供各类人物图片，引导幼儿进一步区分男女。

（2）利用击鼓传花等游戏，进一步帮助幼儿区分同伴性别。

（3）家长和教师在日常生活中注意培养幼儿的性别意识，如带幼儿外出的时候让幼儿留意观察公共场所的各种性别标志等。

2. 活动：好孩子不任性[1]

适合年龄：4~5 岁。

---

① 参见 http://xhlh.age06.com。

活动目标：

（1）让幼儿了解什么是任性，知道任性是不好的心理品质和行为。

（2）让幼儿初步学会有意识地控制自己的情绪和行为，提出合理的要求，提高自控能力。

活动准备：

（1）图片“我要吃冰淇淋”。

（2）教学课件（《应该怎样》）。

（3）教学课件（《谁对谁不对》）及笑脸娃娃、哭脸娃娃。

活动过程：

（1）看课件《应该怎样》，提出问题。

——三位小朋友这样做对吗？为什么？

——他们是什么样的孩子？什么是任性的孩子？

小结：这三位小朋友都是任性的孩子，是大家不喜欢的孩子。

任性就是自己想得到的东西或想做的事情，不管条件允许或不允许非要达到目的不可，随着自己的脾气去做，并不听从大人的劝告。这样做是不对的，是不好的习惯。

（2）讨论活动：怎样做。

——你告诉三位小朋友应该怎样做。

在幼儿认识任性的基础上，通过讨论“怎样做”促进幼儿学习有意识地控制自己的不良情绪和行为。在幼儿讨论怎样做的过程中，引导幼儿做一个听从劝告、懂道理的好孩子。

（3）小组看图讲述“我要吃冰淇淋”。

概括故事的内容，使幼儿明确任性带来的不良后果。

——冬冬由于任性遇到了怎样的麻烦事？

小结：任性的孩子不但大家不喜欢，而且还伤害了身体住进了医院，任性一点儿好处也没有。

（4）巩固知识，做游戏“笑脸娃娃和哭脸娃娃”。

通过看课件，判断谁对谁不对，在正确的行为图片下方贴一个笑脸娃娃，任性的行为图片下方贴一个哭脸娃娃。

（5）结合幼儿自身实际，不断提高认识。

请幼儿讲一讲自己任性的事情。

——在生活中，你是一个任性的孩子吗？以后应该怎样做？

教师读几封家长来信，目的在于正面引导幼儿，自觉做一个不任性的好孩子。

（6）歌曲表演《好孩子不任性》。

以轻松、愉快的形式，让幼儿感受不任性的孩子会得到很多快乐，保持愉快的心情。

活动建议：

（1）关于任性表现的图片，应选择能引起幼儿共鸣的、符合其特定年龄阶段特征的图片，可事先在平常的生活中注意收集，或请家长参与设计选取，解决幼儿身上普遍存在或突出存在的一些不良行为，家园共育，使教育的针对性和实效性更强。

（2）活动过程中多注重幼儿的参与，让幼儿主动说出自己在生活中任性的例子和带来的后果，增强体验和感受。

3. 活动：勇气[1]

适合年龄：5~6 岁。

活动目标：

（1）初步了解“勇气”的含义，能区别“勇气”和“莽撞”。

（2）知道生活中做许多事都需要勇气，遇到困难能勇于面对、不畏惧。

（3）体验克服困难、取得成功后的快乐。

活动准备：

（1）有关图片或照片，如：跳伞，吃从来没有吃过的蔬菜，骑两轮车，一个人在屋里睡觉，攀岩，和小朋友吵架后主动和好，下棋输了没有哭，积木倒了重新再搭等。

（2）有关小学生的生活图片，如：上课举手发言，找不到厕所主动询问，做错事情后主动承认错误，看到一条小虫在自己的座位上没有尖叫，主动找朋友等。

活动过程：

（1）谁是最有勇气的人？

——你认为谁是最有勇气的人？为什么？

看图思考：消防队员救火，运动员跳高，吃从来没有吃过的蔬菜。

——他们有没有勇气？

小结：有的事情很难（如跳伞），有的事情很平常（如吃从来没有吃过的蔬菜），但都需要勇气。我们如果有勇气面对生活中的各种挑战，就能成为一个勇敢的人。

（2）我有勇气做这些事吗？

结伴观看图片、照片。

——他们在做什么？我们是否也遇到过这些事？

——为什么说这是有勇气的？

（3）我会更有勇气。

观看小学生的生活图片：上课举手发言，找不到厕所主动询问，做错事情后主动承认错误，没有同学和自己玩会主动找朋友等。

小结：只要有勇气想办法，我们就能变得不害怕。

活动建议：

（1）设计一些幼儿没有尝试过的内容，鼓励幼儿尝试参与，锻炼幼儿的勇气。

（2）家长和教师在日常生活中鼓励幼儿不怕困难，有勇气尝试新的事物和克服困难。

（3）预设小学生活可能会遇到的问题，让幼儿自主探索解决的方法。

4. 活动：特别的我[2]

适合年龄：5~6 岁。

活动目标：

（1）发现自己与别人不同的体貌特征、习惯爱好。

（2）能大胆介绍自己的特点，对自己有正确的认识。

---

① 参见蒋静主编：《多元整合幼儿园活动课程》（第 3 版），上海，少年儿童出版社，2012。

② 参见周兢、陈娟娟主编：《幼儿园活动整合课程指导》，南京，南京师范大学出版社，2002。

（3）大胆地讲述特别喜欢的事与物，建立自信。

活动准备：

（1）教师准备一幅自画像，一件自己最喜欢的物品。

（2）图画纸、画笔。

（3）自制关于“我”的题目卡：我最喜欢吃的东西、我最喜欢做的事、我最喜欢的颜色等。

活动过程：

（1）教师示范。

教师出示自画像和自己最喜欢的物品，介绍自己的体貌特征和习惯爱好等。

（2）组织幼儿讨论。

——你觉得你和别人最不一样的地方是什么？为什么？

（3）游戏“特别的我”。

教师与幼儿一边念儿歌《我几岁》，一边玩传物游戏。当儿歌念完时，被传到物品的幼儿抽一个有关“我”的题目卡，根据内容回答问题。

要求幼儿清楚地、有重点地回答问题。幼儿回答问题时，可以采取“超级比一比”“比划”的方式，让其他人猜一猜答案，以增加游戏的难度和趣味性。

（4）画一画“特别的我”。

让幼儿在图画纸的中间画上自己，然后在边上画上自己的喜好。绘画内容可以根据题目卡自由选择3~5个方面。

请幼儿与大家分享自己的作品。

活动建议：

（1）可以将活动延伸到“我的好朋友”“我的家人”，让幼儿了解自己的好朋友、爸爸妈妈、爷爷奶奶有哪些喜好，增进同伴之间、亲子之间的感情。

（2）举办玩具/图书分享会，幼儿向大家介绍自己的玩具/图书，能主动和别人分享。

本章小结

本章主要探讨了3~6岁幼儿心理健康教育的目标、内容、原则和方法、组织形式及活动方案设计等问题。在教育活动及活动设计中，目标起着非常重要的导向作用。在实际工作中，我们要根据幼儿的年龄特点和实际发展状况，设计和提出符合幼儿实际的具体目标。内容是实现目标的载体，心理健康教育的内容主要涉及幼儿的认知、情感、社会性及人格四大方面，每一个领域下又有各自相应的具体要求。在明确了目标和内容之后，为产生优化的教育效应，教师要选择适宜的组织形式（一日生活渗透、家园合作等）和方法（游戏法、移情法等）实施教育，并遵循主体性、活动性、整合性、个性化、发展性、知行结合等教育原则。同时，在设计、组织一个具体的心理健康教育活动时，我们还需要注意不同心理健康领域发展与教育的差异性，做到能根据幼儿的特点及活动目标的侧重点，合理、有效地安排活动内容和过程，实现最佳的教育效果。

知识结构图

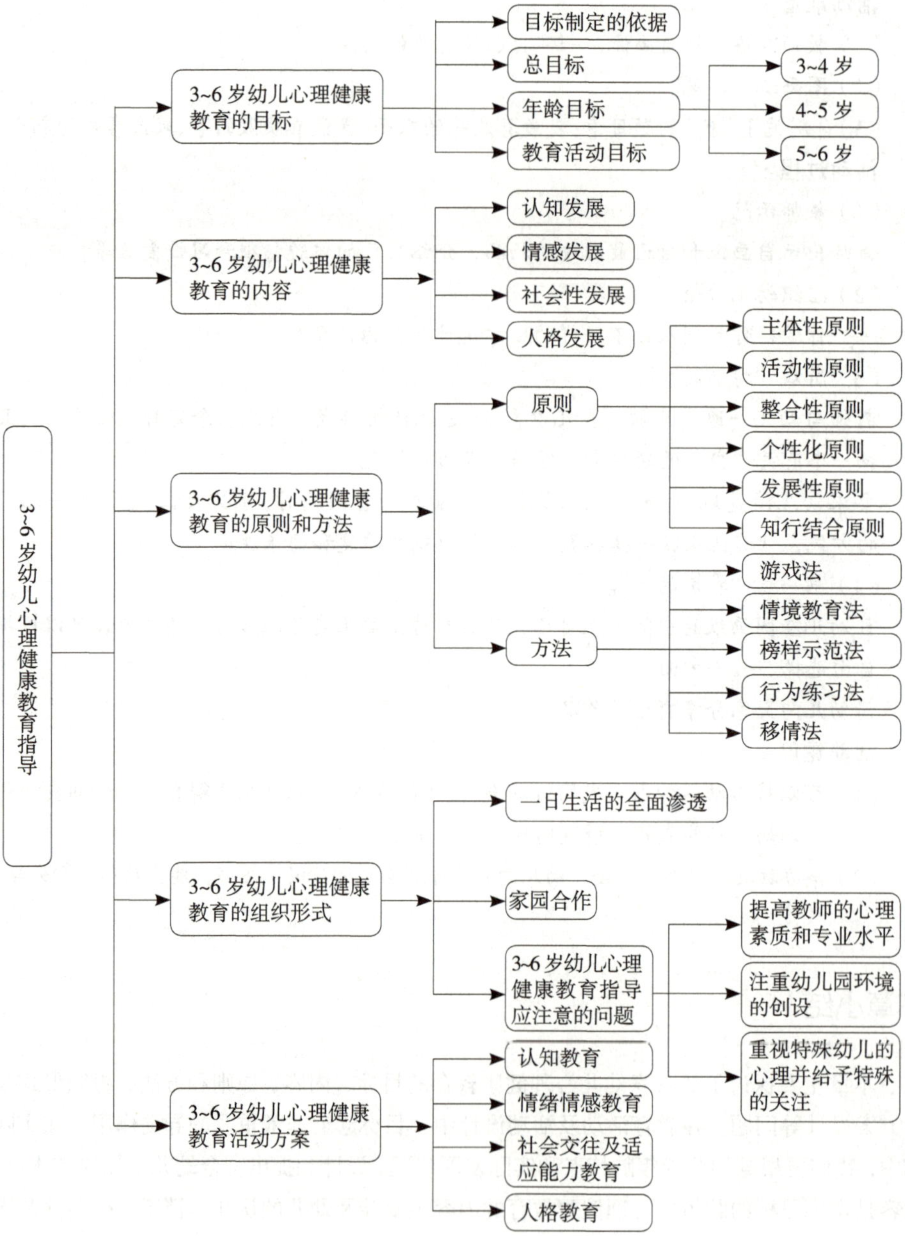

关键概念

心理健康教育总目标　　心理健康教育年龄目标

认知发展　　情感发展

社会交往技能
人格发展
整合性原则
知行结合原则
榜样示范法
一日生活全面渗透
社会适应能力
活动性原则
个性化原则
游戏法
移情法
家园合作

讨论及思考题

1. 如何理解3~6岁幼儿心理健康教育的目标？

2. 幼儿心理健康教育的内容包括哪些方面？

3. 结合实例，分析幼儿心理健康教育活动的原则有哪些，如何体现。

4. 幼儿心理健康教育的组织形式有哪些？如何选择恰当的组织形式和途径？

5. 结合实例，分析幼儿心理健康教育不同发展领域活动组织的基本要求。

6. 结合幼儿园某一年龄班的心理健康教育活动方案，从目标、内容、组织等方面分析其合理或不合理之处。

7. 尝试为见习班级的一个心理健康教育活动拟定目标并选择组织途径、组织形式、方法等，形成教育活动设计方案，尝试开展该活动。

案例分析

1. 中午，小朋友们正在玩玩具。这时，球球小朋友慢悠悠地走过来，说："老师，我尿裤子了。"老师在他的小书包里没找到替换的衣服，于是打电话给球球的妈妈。很快，妈妈来到了幼儿园，给球球换好裤子，顺便把他接回了家。到了第二天中午，球球又来找老师："老师，我尿裤子了，给我妈妈打电话吧。"

请结合所学知识，说说你的看法。如果你是这位老师，你会如何处理呢？

2. 言言是个甜美、乖巧的小朋友，从来不敢在陌生人面前大声说话和表现自己，甚至在老师面前也是如此。可是，老师从爸爸妈妈的口中了解到在家时的言言却是另外一个样子，性格活泼，有时还很调皮。

请结合所学知识，说说你的看法及教育建议。

3. 在介入其他小朋友的游戏时，每个班级都会有一些"破坏性"的选手，他们有时候是故意的，有时候是不小心的，更多时候是因为他们不知道如何恰当地表达自己想参与游戏的想法，或是没有掌握正确的交往方式。请参照中班幼儿年龄特点及幼儿心理健康发展目标，设计一个《我们一起玩吧》教育活动方案，让幼儿学习体验如何与同伴共同游戏。

参考文献

[1] 杜燕红主编 . 学前儿童心理健康教育 . 郑州：大象出版社，2009.
[2] 傅宏主编 . 学前儿童心理健康 . 南京：南京师范大学出版社，2002.
[3] 李季湄，冯晓霞主编 .《3~6 岁儿童学习与发展指南》解读 . 北京：人民教育出版社，2013.
[4] 郑春玲主编 . 学前儿童心理健康教育 . 北京：中央广播电视大学出版社，2012.
[5] 罗家英主编 . 学前儿童发展心理学 . 北京：科学出版社，2011.
[6] 麦少美，孙树珍主编 . 学前儿童健康教育活动指导（第 2 版）. 上海：复旦大学出版社，2012.
[7] 郑建成主编 . 学前教育学 . 上海：复旦大学出版社，2007.
[8] 汝茵佳主编 . 幼儿园环境与创设（第 2 版）. 北京：高等教育出版社，2012.
[9] 郑春玲，毛玲主编 . 心灵快车——幼儿心理健康教学活动设计 . 北京：中央广播电视大学出版社，2012.
[10] 蒋静主编 . 多元整合幼儿园活动课程（第 3 版）. 上海：少年儿童出版社，2012.
[11] 周梅林主编 . 学前儿童社会教育活动指导（第 2 版）. 上海：复旦大学出版社，2009.
[12] 周兢，陈娟娟主编 . 幼儿园活动整合课程指导 . 南京：南京师范大学出版社，2002.
[13] 桑青松 . 幼儿心理健康教育的方法与途径探微 . 中国健康教育，2002（7）.
[14] 刘彦志 . 大班心理健康教育活动——微笑的魅力 . 幼教博览，2009（10）.
[15] 黄金花 . 幼儿心理健康教育内容的确定 . 教育教学研究，2012（5）.
[16] 吴荔红 . 关于幼儿心理健康教育课程的目标及原则 . 赣南师范学院学报，2000（10）.
[17] 薛小玲 . 浅谈幼儿心理健康教育途径 . 希望月报，2008（4）.
[18] 李槐青 . 幼儿心理健康教育途径探索 . 湖南科技学院学报，2010（7）.
[19] 刘晶 . 幼儿园心理健康教育的策略研究 . 学理论，2012（29）.
[20] 刘月平 . 如何开展幼儿心理健康教育 . 考试周刊，2010（21）.
[21] 陈晶纳 . 幼儿心理健康教育途径探析 . 现代妇女，2012（1）.
[22] 钟洪 . 幼儿心理健康教育问题探讨 . 今日南国，2009（2）.
[23] 邓明 . 论幼儿心理健康教育的原则与方法 . 当代教育论坛，2004（6）.
[24] 姚本先，邢贯荣，高英 . 幼儿心理健康教育初探 . 中国教育学刊，2004（5）.
[25] 姚本先，邓明 . 幼儿心理健康教育的目标、任务、内容与途径 . 教育科学研究，2004（1）.
[26] 王丽梅 . 幼儿心理健康教育策略研究 . 知识经济，2012（16）.
[27] 王徽 . 新生入园适应性问题策略探析 . 中国科教创新导刊，2009（27）.
[28] 幼儿学习网：http://www.jy135.com.
[29] 中国幼儿教师网：http://www.yejs.com.cn.
[30] 上海龙华幼儿园：http://xhlh.age06.com.
[31] 小精灵儿童网站：http://new.xjlet.com.
[32] 宜兴教育：http://www.yxedu.net.

第五章　学前儿童问题行为概述

本章学习目标

- 了解问题行为的定义、分类
- 了解学前儿童问题行为的特点
- 理解学前儿童问题行为产生的主要原因
- 理解学前儿童问题行为预防的意义
- 掌握学前儿童问题行为预防的措施

教师专业标准及教师职业资格能力考试要求

- 学会关爱幼儿，重视幼儿身心健康，将保护幼儿生命安全放在首位
- 了解幼儿心理发展中容易出现的问题或障碍，并开展适宜性的教育

引导案例

令人头疼的孩子

磊磊有时会突然发怒，还对别的小朋友拳脚相加；

小军经常无法集中注意力，别的小朋友在做事情，他就会过去跟他们说话或者捣乱；

阿敏总喜欢独处，不愿意和小朋友一起玩；

莉莉吃饭非常偏食，只喜欢吃西红柿炒鸡蛋、喝紫菜汤；

…… ……

一个班级里总会有那么几个“令人头疼的孩子”。比如，磊磊有攻击行为，小军有多动行为，阿敏有退缩行为，而莉莉则有偏食和挑食行为。面对这些有问题行为的孩子，教师用已有的教育方法似乎并不奏效，有时绞尽脑汁想帮助这些孩子，但总是事与愿违，把自己和孩子都搞得很累。如何理解和干预学前儿童的这些问题行为呢？本章拟先探讨学前儿童问题行为的定义、分类及发展特点，然后介绍学前儿童常见的问题行为的表现及成因，并阐述如何预防学前儿童的问题行为。

第一节 学前儿童问题行为的理解

一、学前儿童问题行为的界定

（一）问题行为的定义

问题行为（Behavior Problem）又叫做行为问题，对它的界定目前还没有统一的认识，各个研究者从不同的研究角度提出了众多解释。林格伦（1983）认为，“问题行为是指任何一种引起麻烦的行为，或者说这种行为会产生麻烦”。孙煜明（1982）认为，“问题行为是指那些妨碍儿童身心健康、影响儿童智能发展，或是给家庭、学校、社会带来麻烦的行为”。车文博（1991）认为，“问题行为是儿童和青少年在成长过程中常见的各种不利于品格发展和身心健康的行为，它是品格教育和心理卫生教育的对象”。台湾学者张春兴（1992）在其编著的《张氏心理学词典》中把问题行为界定为：“凡带有反社会性或破坏性者称为问题行为，因此等行为不利于别人。此外，行为中带有不良适应性质者，亦属问题行为，因此等行为不利于自己。”

尽管国内外学者对问题行为的界定有差异，但基本上可以确定的是问题行为有三层含义：第一，问题行为对自己和他人产生不利影响；第二，问题行为因不符合社会期望而不被人们所接受；第三，问题行为或轻度或重度偏离同龄人的正常行为。

综上所述，**问题行为是指在儿童发展过程中出现的，妨碍其智能和人格正常发展、身心健康成长，或给家庭、学校、社会带来麻烦的一系列行为。**

（二）问题行为与正常行为、异常行为

儿童的问题行为与其生理、心理、社会等多方面的因素有关。生理因素、教养方式、社会环境及心理创伤等，都可能影响儿童的正常发展，导致他们产生情绪或行为问题。应该说，大多数儿童的心理和行为属于健康或正常范围，只有当行为问题严重突出，并妨碍了个人的正常学习、交往和生活，或者在不该出现的年龄阶段出现了一些不适宜的行为，我们才应该去考虑这种问题是否应该被列为行为问题或行为障碍（异常行为）。

1. 正常行为

正常行为是指与个体所处年龄阶段和社会文化相称的，能促进个体身心健康发展的适应性行为。一般认为，正常的心理和行为应具备三大功能：(1）保障个体顺利地适应环境，健康地生存、发展；(2）保障个体正常地进行人际交往，在家庭、社会团体、机构中正常地肩负责任，使社会组织正常运行；(3）保障个体正常地反映、认识客观世界的本质及其规律性。

基于儿童的身心发展水平及特点，学前儿童的正常行为应符合下列标准：(1）儿童的行为必须与年龄相称；(2）儿童的行为必须与当地的社会文化相适应；(3）儿童通过学习能掌握、使用所处社会的语言等，能参与社会生活及互相交往；(4）儿童在日常生活、学习中能逐步学会遵守纪律，能懂得奖与罚的意义，并能遵守有关的法则；(5）儿童能正确处理与小伙伴的关系；(6）儿童能逐渐学会控制自己的情绪，其情绪表现与环境是一致的。

2. 异常行为

异常行为是指严重偏离常态的障碍性行为，也称行为障碍。有异常行为的儿童一般有以下临床症状：(1）有比较严重和广泛的生活与社会功能损伤，并且损伤的原因主要是精神性的，如孤独症儿童有比较严重的语言障碍；(2）障碍性行为持续时间长久，通常不会随着年龄的增长而自行消失；(3）许多问题与家族遗传有关，通常在一些直系亲属中可以找到相关或类似问题，或者其父母双方至少有一方具有一些人格缺陷，如多动症患儿就存在家族遗传的证据。

正常与不正常（异常）是儿童行为连续体的两端，绝大多数儿童的行为居于两者之间，因此，一般儿童都不同程度地存在一些行为问题，只是严重程度不同而已。在实际生活中，我们不能把问题行为与不良品德行为、犯罪行为和变态行为等概念混淆或混用。郑静、曹家正、邵慧玲（1996）认为，不良品德行为属于问题行为，但问题行为的范围更广；犯罪行为是严重违反法律的行为，常由问题行为发展而成；异常行为则多半是由于心理失常所造成的较严重的行为异常。另外，从行为矫正的角度区分：“问题行为、不良品德行为”等多由教师和家长通过教育纠正，“异常行为”多为专业心理或医疗工作者的工作对象，而“犯罪行为”则由司法人员负责。

（三）问题行为与问题儿童

问题儿童是指生理、心理发展异常和品德、行为上有严重缺陷的儿童。这类儿童有一系列生理、心理症状，往往不能与他人正常交往，不遵守社会公认的正常儿童的社会规范，在处理事情、学习等方面与正常儿童有着显著差别。问题儿童的症状表现有以下两种：一是性格发展偏离或具有一定神经质表现和神经症行为；二是有恶意的甚至反社会的行为。问题儿童如果得不到及时的治疗，会有两种后果：一种是成为精神病性儿童；另一种是形成孤僻性格，不能与他人正常交往，社会适应不良，易做出越轨举动，走上反社会道路。

问题行为主要是指在儿童发展过程中出现的暂时性的偏常行为。当儿童偶尔出现问题行为时，家长和教师不能武断地把他们当做问题儿童，但也不能掉以轻心。家长和教师应深入了解儿童的心理及行为产生的原因，有的放矢地进行教育，从而减少儿童的问题行为，使儿童健康成长。需要注意的是，正常儿童也可能在某一时刻出现问题行为，不能把出现问题行为的儿童叫做问题儿童，只有问题行为严重且很难改变的儿童才是问题儿童。因此，问题儿童是个别现象，问题行为则具有普遍性。正常儿童的问题行为具有暂时性，可以矫治。

二、学前儿童问题行为的分类

问题行为的分类是研究者在问题行为比较中产生的。了解学前儿童问题行为的分类，有助于教师和家长对问题行为的识别与矫正。由于分类的依据、角度不同，产生了二分法、三分法、四分法、七分法等对学前儿童问题行为的不同分法。

（一）学前儿童问题行为的“二分法”

杨国枢曾在台湾对青少年的问题行为进行研究，通过因素分析发现了两个因素：违纪行为和神经症行为。违纪行为又可进一步分为寻求乐趣的违纪行为和破坏规则的违纪行为。

郑静等把儿童的问题行为分为心理性问题行为与品德性问题行为两大类。心理性问题行为即由心理方面的原因造成的问题行为，包括：（1）由矛盾心理引起的神经性行为，如强迫性行为、歇斯底里行为、神经性失声、心因性不食等；（2）情绪方面的问题行为，如过度焦虑所引起的神经质式的敏感、多虑、害怕、烦躁、过分依赖、敌对等；（3）性格方面的问题行为，如性格偏执、爱发脾气、粗暴、过分胆怯、退缩、孤独等；（4）学习方面的问题行为，如智力水平低、难以适应学习要求或学习压力过大而引起的厌学、弃学、逃学等；（5）活动过度的问题行为，如注意障碍、冲动、综合多动症等；（6）习惯性方面的问题行为，如厌食、儿童遗尿症、吮吸手指、睡眠失调等。品德性问题行为即由教育方面的原因所造成的问题行为，如说谎、讲脏话、独占玩具、不遵守游戏规则、打人等。

（二）学前儿童问题行为的“三分法”

休伊特和詹金斯将儿童的问题行为分为三类：（1）不适合社会要求的违纪行为，如偷窃、逃学行为；（2）缺乏社会教养的攻击行为，如不服从、残忍、侮辱他人等；（3）过度抑制行为，如害羞、焦虑、担忧等。有 60% 的患儿为混合型。

拉特将儿童行为障碍分为反社会行为、神经症行为和混合型三类：（1）反社会行为（Antisocial Behavior），又称为 A 行为，包括攻击行为和违纪行为，如躯体和言语攻击、破坏行为、不负责任、不服从等一系列问题；（2）神经症行为（Neurotic Behavior），又称为 N 行为，反映情感方面的问题，如童年期恐惧和害怕、抑郁、社会性抑郁等；（3）混合型，无法归属上述两类行为障碍但同时又具有这两类行为障碍的特点。

（三）学前儿童问题行为的“四分法”

左其沛等人用内部动因、外部情境、心理活动状态及个性特点、行为方式及特点、行为后果、自我评价及体验、性质程度等七项指标，将儿童问题行为分为四类：（1）过失型，由不正当或不合理的需要，或者由好奇、好动、试探、畏惧等心理引起，由于缺乏知识经验或认识能力不足，采取了不适当的行为方式而产生的违反纪律或一般行为规则的行为，常带有情境性、偶发性、盲目性等特点；(2) 品德不良型，由不良需要引起，受不良意识倾向或个性特点所支配而产生的违反道德规范、损害他人和集体利益的不良行为，带有经常性、倾向性、有意性等特点；(3) 攻击型，由挫折造成的愤怒、不满等情绪引起，并受一定气质、性格所制约，如与他人发生冲突时产生的发泄、对立、反抗、迁怒等攻击性行为，一般带有公开性、爆发性等特点；(4) 压抑型，由受挫折引起焦虑，受一定的气质、性格（抑郁气质、内向性格者居多）的制约，在挫折持续作用的条件下所产生的逃避、消极、自暴自弃等行为，一般带有隐匿性、持续性等特点。

冯夏婷等人也把学前儿童的问题行为分为四大类：(1) 社会性发展方面的问题行为，包括攻击、捣乱、破坏、乱发脾气、说谎、不服从、不分享、社交退缩；(2) 情绪情感方面的问题行为，包括吮吸手指、依赖、过度焦虑、冷漠、妒忌、口吃、特异性恐惧；(3) 学习方面的问题行为，包括注意力不集中、没有学习兴趣、懒惰、被动、说话晚、粗心、健忘、怕上幼儿园；(4) 生活习惯方面的问题行为，包括不良饮食行为、不良睡眠行为、不良卫生行为、丢三落四、毛手毛脚、晃头眨眼、尿裤尿床。

(四) 学前儿童问题行为的“七分法”

埃萨把学前儿童的问题行为分为七大类：(1) 攻击行为和反社会性行为，包括打人、咬人、向他人扔东西、伤害他人、说脏话、起外号、不爱分享、贿赂别人博取友谊或好处、爱拿不属于自己的东西、拒绝服从；(2) 捣乱行为，包括扰乱集体活动、擅自离开教室、在教室无目的地乱跑、在教室里乱喊乱叫、乱扔东西来制造噪声；(3) 破坏行为，包括撕毁图书、损坏玩具、把东西丢进马桶里冲走、浪费纸张、破坏他人的作品；(4) 情绪及依赖行为，包括爱哭、爱发脾气、动不动就撅嘴生气、儿语、吮吸手指、尿裤子、黏人、寻求关注；(5) 社会交往和幼儿园活动中的问题行为，包括不参与活动、不参加社会性游戏、因害羞而不参加集体活动、只玩一个或某一类玩具、很少参加大肌肉活动、很少玩假装游戏、不爱说话、不能集中注意力；(6) 不良饮食行为，包括挑食、多食、乱食；(7) 多种问题行为。

由于研究者的理论观点、研究目的和研究方法不同，新的问题行为的分类标准及分类还会产生。目前，对儿童问题行为的分类较受认可的是阿肯巴克的分类，他认为儿童的问题行为分为三类：(1) 内化问题行为，包括退缩、躯体主诉、焦虑或抑郁；(2) 外化问题行为，包括违纪行为和攻击行为；(3) 混合型问题行为，包括社交问题、思维问题、注意问题。

三、学前儿童问题行为的特点

学前儿童的问题行为是教师和父母都感到头痛的问题，但某个儿童的行为是否已成问题，常因各人的主观解释不同而有较大的差异。如有些教师会轻易地给儿童的行为戴上“问题”的帽子，而有些家长却为孩子已成问题的行为作有意或无意的辩护、掩饰，导致正常行为变成问题行为，或问题行为变得更加严重。教师和家长怎样判断儿童的问题行为呢？较直观的方法是看该儿童的行为与同年龄的其他儿童的行为在表现上的差异。

（一）学前儿童问题行为的表现特点

问题行为首先是一种偏离常态的行为。因此，一般认为，儿童的问题行为具有三个基本的表现特点。

1. 良好行为不足

良好行为不足指人们所期望的行为很少发生或从不发生。如学前儿童很少讲话或不愿和同伴接触、交往，智力迟滞，不会自己穿衣服或吃饭等，都是良好行为不足的表现。

2. 行为过度

行为过度是指某一类行为发生太多、太频繁。如学前儿童上课时经常注意力不集中、做小动作、走来走去，一天要洗许多次手或经常咬手指甲等，都是行为过度的表现。

3. 行为不适当

行为不适当是指期望的行为在不适宜的情景中发生，但在适宜的条件下却不发生。如学前儿童将玩具放在垃圾堆里，或在悲伤时大笑、在欢乐时却大哭等。

（二）学前儿童问题行为的发展特点

儿童问题行为发展变化的规律也是学者关注的焦点问题之一。人们试图通过考察问题行为在个体一生中的发展历程，了解其变化情况及发展的方向，为问题行为的干预提供客观依据。下面根据国内外研究资料，介绍外化问题行为、内化问题行为及混合型问题行为的发展特点。

1. 外化问题行为的发展特点

外化问题行为是儿童适应不良的常见表现形式。研究表明，外化问题行为，如攻击行为，是学步儿童用以解决同伴冲突的常用方法。随着儿童认知能力和情绪调节技能的发展，外化问题行为在学前及学龄期逐渐减少。追踪研究发现，反抗和财物侵犯等外化问题行为的频率随年龄增长而下降，身份侵犯随年龄增长而上升。

事实上，多数儿童在整个发展期间，外化问题行为都比较少，而且即使早期外化问题行为处于中等或较高水平的儿童，进入小学之后其外化问题行为也开始下降。而那些问题行为一直持续上升的儿童容易遭到同伴的排斥，也容易加入行为不良的儿童群体中，从而进一步加重他们的问题行为，形成恶性循环。

2. 内化问题行为的发展特点

内化问题行为的起始年龄与外化问题行为一样，都是在婴儿期。与外化问题行为不同的是，自婴儿期起一直到童年早期，内化问题行为都处在缓慢增长之中，其中，女孩增长的速度要高于男孩。阿肯巴克等对4~16岁具有临床症状的儿童进行考察，发现内化问题行为随着年龄的增长而增多。有人认为，内化症状的增多可能是认知成熟的结果，因为认知的成熟使儿童能够自我反省，记住并能够预测消极或令人烦闷的事情。

3. 混合型问题行为的发展特点

在有的儿童身上，内化问题行为和外化问题行为具有共发性。相关研究采用横断和纵向研究方式，对纯粹的外化问题行为、内化问题行为及外化与内化共发问题行为进行了考察。研究结果表明，内化问题与外化问题的共发现象在儿童很小的时候就已经发生，其形成均受环境和个体危险因素的影响。其中，家庭的社会经济地位、困难型的气质类型、不良的家庭环境、母亲抑郁及认知缺陷等都与内化问题行为和外化问题行为的形成密切相关，从而导致起始点相同的个体产生了不同的问题行为，即发展进程的多样性。

第二节 学前儿童常见的问题行为

随着社会的发展，我国学前儿童的问题行为呈上升并有加重的趋势。本节重点分析了10种我国学前儿童常见的问题行为的表现及成因。

一、攻击行为

案例：中班的牛牛长得很壮实，虎头虎脑的，很惹人喜爱。可是，小朋友们却不喜欢跟他玩。老师观察发现，牛牛经常因小事追打班上的小朋友，常常惹得班内哭声不断，被攻击的小朋友的家长意见较大。

牛牛的行为明显带有攻击性，给他人和自己带来了麻烦。一方面，攻击行为较强的儿童惹是生非，影响正常的生活和教学秩序，使得老师需要花很多时间来解决因此而产生的矛盾，故很多老师对这样的孩子感到头疼；另一方面，在幼儿园受到攻击行为影响的儿童，有时会产生恐惧心理，甚至不愿上幼儿园。更要引起人们重视的是，如果对学前儿童的攻击行为不及时加以干预和矫治，这种孩子长大后很容易走上犯罪的道路。

（一）攻击行为的定义

攻击行为又称侵犯行为，是指身体上的进攻（打、踢、咬）、言语上的攻击（大声叫嚷、贬低人），也可以是侵犯别人的权利（如用暴力抢走别人的东西）的行为。

依据不同的标准，对学前儿童的攻击行为可有不同的分类：

（1）从攻击行为的意向性来分，可以分为目的性攻击行为和手段性攻击行为。目的性攻击行为源于愤怒的情绪，目的是给他人造成痛苦或伤害，并以此为乐。手段性攻击行为也存在伤害他人的动机，但伤害是为了达到其他目的，而不是有意想给他人造成痛苦。从心理问题的严重程度来看，前者比后者要严重得多，更需要教育工作者的关注。

（2）从攻击行为发生的频率来分，可以分为习惯性攻击行为和偶发性攻击行为。个别儿童由于多次发生攻击行为又没有得到有效的控制，因而养成某种习惯，攻击行为频频发生，成为习惯性攻击行为。偶发性攻击行为是指某个儿童只是偶然发生的一两次攻击行为，大多数儿童的攻击行为属于这一类。教育工作者需要特别关注习惯性攻击行为，它产生的原因也特别复杂，在纠正时，一是要找出行为背后的原因，然后对症下药；二是要有相当的耐心，因为作为一种习惯，它的形成已经历一个较为漫长的过程，它的消除当然也需要一个相当长的过程，其中还会有反复。偶发性攻击行为只是一般的行为问题，只要能及时进行有针对性的教育，都会取得比较理想的教育效果。

（二）学前儿童攻击行为的表现

学前儿童的攻击行为与成人不同，有其自身的特点，具体表现在以下三个方面：

（1）学前儿童攻击行为频繁。学前时期是社会性萌芽时期，儿童开始喜欢友伴和团体的游戏活动，但他们同时又正处于以自我为中心的阶段，缺乏必要的社会交往经验，两者相互冲突，便产生了攻击行为。

（2）学前儿童更多依靠身体的攻击，而不是言语的攻击。例如，一旦他们所要玩的玩具被别人拿走，他们立刻就会产生敌意，并用抓、打、咬的方式来抢夺玩具，而并不会用言语来攻击对方。

（3）学前儿童的攻击行为存在明显的性别差异。有研究表明，攻击行为倾向与雄性激素水平有关，所以，通常男孩比女孩的攻击行为多，这是生理因素造成的。当然，由于受气质的影响，相同性别的儿童也会有不同的行为方式，那些身体强壮、精力旺盛、易怒、易哭闹的学前儿童容易出现攻击行为。

（三）学前儿童攻击行为的成因

1. 父母的惩罚

研究发现，攻击型学前儿童平时受到父母对他的惩罚要比其他学前儿童多。很多家长认为，惩罚可以制止学前儿童的攻击行为。其实恰恰相反，对于攻击型的儿童，惩罚不能抑制他们的攻击行为，反而会加重他们的攻击行为。

社会学习理论认为，儿童的攻击行为主要是通过两条途径获得的：一是观察学习；二是直接学习。其中，观察学习是儿童行为获得的最主要来源。也就是说，儿童是在各种社会情境中，通过观察他人的行为和行为后果所受的强化间接地习得攻击行为的。

2. 强化

在学前儿童出现攻击行为时，教师不加以制止，或听之任之，或不适当地鼓励，都可能强化学前儿童的攻击行为。所以在幼儿园里，教师一定要及时制止或有效地控制儿童攻击行为的发生。

3. 挫折

攻击行为产生的直接原因主要是挫折。当成人强制儿童遵守某些日常规则，或者要求他们中止某些感兴趣的活动的时候，他们会因发脾气而产生攻击行为。当一个儿童兴致正浓地做着某一件事情时，他受到了其他伙伴的干扰、破坏，就会因愤怒而产生攻击行为。一个受挫折的儿童比一个心满意足的儿童更具有攻击性。心理学家多拉德认为：挫折是一切侵犯行为的源泉。所以，教师和家长应该尽量避免让儿童经常面对挫折。

4. 认知的偏差

学前儿童攻击行为的发生主要依赖于具体情境和儿童的认知水平。认知行为理论认为，某些具有攻击行为的儿童可能缺乏社会信息的处理能力，或者对社会信息的解释出现了偏差。高攻击性的学前儿童在社会交往中倾向于带着敌意的眼光去解释伙伴的行为和意向，存在着归因偏差。

二、多动行为

案例：4岁的明明几乎在任何时候都不能集中注意力，经常不经允许就离开座位，或者在座位上和小朋友说话、打闹。由于他经常在上课时打扰小朋友，并且无法耐心地排队等候游戏，因此，他和伙伴们相处得很不好。

活泼好动本是学前儿童的天性，体现了儿童的好奇、探究心理及对运动的兴趣。但明明的行为显得活动过度并具有扰乱性质。这种注意力不集中、多动甚至带有冲动性的问题行为，在学前儿童身上比较常见，如果不及早加以干预和矫治，可能发展成为儿童多动症。

（一）多动行为的定义

多动行为是学前时期儿童的一种常见的问题行为，其核心症状为注意缺陷、多动和冲动，可导致明显的功能损害，如伙伴关系不良、社会能力低下、学习成绩差、自尊心低、性格抑郁、警觉性低等。

儿童有多动行为不等于就患了多动症。具体地讲，多动行为与多动症的主要区别如下：

（1）注意力与兴趣的关系：患多动症的儿童无兴趣爱好，无论何时何地，不能较长时间地集中注意力，具有注意力缺损症状；而有多动行为的儿童在做自己喜欢做的事时，能专心致志地去做，并讨厌别人的干涉和影响，他上课及做功课时表现不安宁，主要是因为对学习缺乏兴趣。

（2）行动的目的性、计划性及系统性：具有多动行为的儿童，其行动常具有一定目的，并有计划及安排；患多动症的儿童，其行动常呈冲动式、杂乱，有始无终。

（3）自制能力：具有多动行为的儿童在严肃的、陌生的环境中，有自我控制能力，能安分守己，不再胡乱吵闹；患多动症的儿童却无此能力，常被指责为“不识相”。

一般认为，6岁以后的儿童才能够被诊断为多动症。6岁之前出现的儿童多动行为，要加以重视，避免不适当处置，以免强化儿童的多动行为。对于多动症的儿童，要及时诊治，否则会影响其学习成绩和社会适应能力。

小资料

注意力缺陷与多动障碍（儿童多动症）诊断标准

1. 注意力缺陷诊断标准

（1）学习时容易分心，听见任何外界声音都要去探望；

（2）上课很不专心听讲，常东张西望或发呆；

（3）做作业拖拉，边做边玩，作业又脏又乱，常少做或做错；

（4）不注意细节，在做作业或其他活动中常常出现粗心大意的错误；

（5）丢失或特别不爱惜东西；

（6）难以始终遵守指令完成家庭作业或家务劳动等；

（7）做事难以持久，常常一件事没做完又去干别的事；

（8）与他说话时，常常心不在焉、似听非听；

（9）在日常活动中常常丢三落四。

2. 多动障碍诊断标准

（1）需要静坐的场合难以静坐或在座位上扭来扭去；

（2）上课时常做小动作，或玩东西，或与同学讲悄悄话；

（3）话多，好插嘴，别人问话未完就抢着回答；

（4）十分吵闹，不能安静地玩耍；

（5）难以遵守集体活动的秩序和纪律，如游戏时抢着上场，不能等待；

（6）干预他人的活动；

（7）好与小朋友打斗，易与同学发生纠纷，不受同伴欢迎；

（8）容易兴奋和冲动，有一些过火行为；

（9）在不适当的场合奔跑或登高爬梯，好冒险，易出事故。

资料来源：中华医学会精神科分会：《中国精神障碍分类与诊断标准（CCMD-3）》，济南，山东科学技术出版社，2001。

（二）学前儿童多动行为的表现

1. 注意力不集中

具有多动行为的学前儿童，注意力常不集中，集中注意听讲的时间很短，干什么事情总是半途而废，即使是做游戏也不例外。上课时东张西望，即使看连环画或看电视节目，都只能安坐片刻便要站起来走动，不能自我控制、调节。这是学前儿童多动行为的最基本特征之一，但多动行为儿童如果做自己喜欢做的事情，注意力集中的时间会有所延长。

2. 多动

活动过度，上课时手脚不停，甚至会站起来在教室里随意走动，不遵守课堂纪律。他们常把玩具拆坏，甚至出现危险性行为。多动的学前儿童发展到多动症时，约有一半会出现动作不协调，不能做系纽扣、系鞋带等精细动作，不会用剪刀。

3. 任性、冲动

情绪不稳，极易冲动，对自己欲望的克制力很薄弱，一兴奋就手舞足蹈、忘乎所以，稍受挫折就发脾气、哭闹；容易被激怒，对不愉快的刺激常做出过分的反应，要求必须立即得到满足，显得很任性；常与同伴发生争吵，行为冲动且带有攻击性。

4. 社会适应不良

个性倔强，不愿受别人制约或排斥小伙伴，所以很难与其他同龄儿童相处，不得不常找比自己年龄小的儿童做游戏。

5. 学习困难

有多动行为的学前儿童的智力水平大都正常或接近正常，但在学习活动中存在认识活动障碍，从而导致学习成绩不佳。

此外，多动症儿童所具有的认知障碍、神经发育障碍等状况，在多动行为学前儿童身上表现的状况不是很明显，但是如果任其发展下去，很可能也会产生上述状况。一部分儿童的多动行为甚至会持续到青年期，对其生活、学习、工作和交际等带来很大的影响。

（三）学前儿童多动行为的成因

（1）遗传因素。研究表明，学前儿童的父母、亲属中有此类症状或其他精神疾病者，其多动行为出现的概率明显高于其他儿童。

（2）学前儿童在母亲怀孕时出现过宫内感染、缺氧或出生时窒息等，可能造成了轻微脑损伤，则有可能引起多动。

（3）剖腹产的儿童容易出现多动行为，出生后营养过度也会导致多动行为。

（4）父母关系不好、儿童学习困难或学习压力过大等都可减弱脑的调节功能，使多动行为发生和持续。

（5）成人对学前儿童的不良教育方法也可能诱发和促使多动行为的出现。

（6）环境污染。研究发现，几乎一半以上的多动儿童血液中含铅量较高，工业污染、使用含铅的玩具或餐具等都可能使儿童体内铅蓄量过大，引起多动行为，甚至多动症。

三、破坏行为

案例："刺啦"一声，拉金老师循声望去，只见杰米手中拿着一张撕下来的书页。3岁的杰米到幼儿园不久，他仍然处于探索什么能做、什么不能做的阶段。"啊，杰米！那是幼儿园图书馆的书！"拉金老师奔向杰米，从他手里拿过了书，沮丧地看着那张被撕下来的纸。她靠着杰米坐了下来，告诉他不要再撕书了，并且向他解释为什么不能撕。杰米听了老师的话，点了点头。拉金老师并不抱什么希望，因为这已经是杰米撕的第三本书了。上周，园长和杰米的家长谈过，要求他们承担幼儿园更换图书的费用。杰米的父亲告诉拉金老师，他们为此好好地惩罚了杰米一顿。但杰米撕书的行为并未停止。

杰米撕书行为出现的原因，可能是没有人教他应该特别小心地对待书本；或者，他缺乏足够的身体协调性，不能做到翻动书页而不损坏它；还有可能是撕书可以引起老师的关注，因而持续出现这种行为。不管哪种原因，这种破坏性行为都需要教师和家长认真对待，以免学前儿童养成不良的品德行为。

（一）破坏行为的定义

破坏行为是指经常故意损坏家里、学校或邻居的物品（如沙发、教具等），或故意搞脏别人晾晒的衣服、床单等，并以损坏他人的财物为乐的行为。但不是所有损坏财物的行为都是破坏行为。有些学前儿童的行为从表面上看是破坏性的，但其目的是想探究和认识事物，如有的学前儿童把闹钟拆开，想了解它怎么会响；把彩色的玻璃镜砸开，想看看里面有没有花等。因此，根据学前儿童破坏行为的意图，可分为“无意破坏行为”和“有意破坏行为”两类。

1. 无意破坏行为

无意破坏行为是指无破坏性动机的破坏。由于学前儿童尚处于神经发育旺盛期，性情活泼、以自我为中心、认知缺乏等年龄特征而造成的行为上的破坏性表现，称为“后果性破坏行为”，即“无意破坏行为”，主要出现在年龄小的儿童身上。例如，递给儿童一件新玩具，他刚接过去就把手一松，玩具“啪”的一声掉在地上摔坏了。这个时期的儿童由于反应协调机能还很弱，注意力不易集中，所以他们的“破坏行为”主要是由生理原因造成的。对于学前儿童的无意破坏，可通过一些生理和心理训练来解决。例如，用不易摔坏的木制玩具教学前儿童分别做单手、双手抓握动作，以训练上肢肌肉的力量；用玩具琴让学前儿童弹拨，用铅笔或彩笔让学前儿童画、涂、写，以训练手指动作的灵活性和准确性；用塑料杯、碗盛水，让学前儿童捧着慢慢行走，要求水不洒出来，以训练注意力和动作的协调能力。实验证明，经过一段时间的训练，学前儿童的无意破坏行为会大大减少。

2. 有意破坏行为

有意破坏行为是指带有动机的主观性的破坏。例如，故意干扰别的儿童的活动；因情感上的困扰或焦虑引起的情绪发泄性的破坏；因任性、发脾气而产生的破坏；由报复性心理而产生的破坏；因吸引成人注意力而产生的故意性破坏；等等。学前儿童的有意破坏行为需要矫正，教师和家长应高度重视，以免形成习惯，影响良好品德的形成。

（二）学前儿童破坏行为的表现

1. 由敌对情绪引起的报复

有的学前儿童经常受到欺侮和讥笑，自己又缺乏说理、辩解的能力，便偷偷摸摸地搞一些破坏行为来报复。

2. 由不愉快情绪引起的发泄

有的学前儿童好生气，总感到心烦意乱，容易把这种情绪发泄到周围事物上，如摔门、敲桌椅、乱丢东西等。当学前儿童受到挫折而极度烦恼时，也可能通过破坏行为来发泄怒气。

3. 为了炫耀自己“能干”

有的学前儿童错误地认为，打碎玻璃、损坏他人财物是一般儿童不敢干的，而自己干了，以此作为炫耀自己的资本，认为自己比别人都“能干”。

（三）学前儿童破坏行为的成因

对于学前儿童在活动中出现的破坏行为，教师和家长不要一味地指责儿童或者视而不见，而是要用探究的眼光去看待，去寻找他们行为背后的原因，切忌想当然地主观臆断后就对儿童进行批评教育，这样对儿童是不公平的。

1. 因不良情绪而引起的破坏行为

学前儿童在活动之前有不愉快的情感体验而又不知道如何进行适当表达时，就有可能以一种破坏行为作为不良情绪的突破口。例如，儿童在活动中将“娃娃家”的娃娃的辫子扯掉了，其原因可能是早上爸爸妈妈的吵架造成了儿童情绪上的波动而为之。

挫折感容易诱发学前儿童的破坏行为。当学前儿童手中的工作远远超过了他的实际能力，多次尝试失败后的挫折感往往会激怒年幼的儿童，为了发泄自身的挫折感，他们就会做出一些破坏性的行为。例如，一开始对拼图兴趣浓厚，一块块地试拼，可是好久之后还没有成功，就故意将拼图撒落一地。

2. 因好奇、探索而做出的破坏行为

学前儿童在强烈的好奇心驱使下会出现超乎寻常的探索行为。为了验证自己的想法或进行自己的游戏，学前儿童会进行一些自己认为理所当然的活动，教师对此应该给予适当的鼓励和帮助。学前儿童破坏玩具只是因为他想知道这些漂亮、好玩的东西到底是怎么做成的，换句话说，他其实就是想了解玩具里面到底有什么。玩具本身对他已经没有吸引力，所以有时候他就像面对一个讨厌的人一样使劲砸碎玩具，然后再研究隐藏在里面的让他感到神秘的东西。学前儿童的这种破坏行为，正是其智力一步步发展的结果。

随着能力的提高，学前儿童将越来越多地表现出一些破坏性的行为。学前儿童到快2岁的时候，好奇心开始逐渐增强，对所有的物品都很感兴趣，喜欢东摸摸、西看看。但是，由于他们的动手能力和手、眼协调能力都还比较差，对各种物品的性能也不是很了解，所以难免会破坏一些东西（有时甚至可能是家长十分喜欢的东西），这应该得到家长的谅解。同时，家长也应该对学前儿童进行适当的引导。

3. 因病理性原因而做出的破坏行为

例如：患多动症的儿童，因为总是难以集中注意力，容易被外界刺激吸引而分心，在家里或在幼儿园，他们总是动来动去，做事缺乏思考，没有耐心，而且随心所欲地捣乱，甚至破坏东西。

4. 因家庭教育不当而引发的破坏行为

父母由于各方面的压力，也常常会控制不住自己的情绪而大发脾气，甚至在儿童面前发脾气，给儿童做出负面的榜样，如心情不好时乱扔东西、说脏话等，这也会引发儿童的破坏行为。

四、饮食问题行为

案例：灿灿4岁，上幼儿园中班，因为父母工作很忙，从生下来半岁起，灿灿就一直和爷爷奶奶一起生活。所以灿灿很依恋爷爷奶奶，同时老人家也很宠爱这个小孙女，想要什么都尽可能去满足。灿灿不爱吃饭，挑食很严重，就喜欢吃小零食，爷爷奶奶也默许，放纵她这样做，任其自然发展。

挑食是学前儿童常见的饮食问题行为之一。饮食问题行为关系到学前儿童的身体健康。饮食问题行为的形成往往跟家庭饮食习惯、教养方式有关，对学前儿童良好性格的形成和发展有相当大的影响，值得教师和家长重视。

（一）饮食问题行为的定义

饮食问题行为是指饮食方面所出现的偏食、厌食、贪食等不良的行为。无论是哪一种饮食问题行为，都会给学前儿童的生长发育带来负面的影响。因为学前儿童出现偏食或厌食行为，会导致营养不良、生长过慢；学前儿童出现贪食行为，会导致营养过剩、过度肥胖，影响身体运动功能的正常发育。

（二）学前儿童饮食问题行为的表现及成因

1. 偏食

偏食是目前学前儿童饮食障碍中的典型行为，具有一定的普遍性。这种不良习惯的形成不仅有生理的原因，而且与心理因素关系密切，特别是与家长的抚养方式有直接的关系。有些家长为了迎合孩子的胃口，尽量满足孩子的要求，剥夺了他们尝试各种食物的机会，造成偏食；有的孩子因为有逆反心理，对家长做的饭菜表现为对抗，如故意不吃或打翻菜碗，而家长因为担心孩子营养不良，便百般讨好，任由其挑食；还有一些学前儿童由于缺乏关心，故意以偏食来引起家长的注意，这是一种心理自卫机制。当成人忽略儿童的需要和变化时，偏食习惯已经形成。

2. 厌食

学前儿童厌食主要是指神经性厌食。神经性厌食是指由于失去母爱、受到惊吓、生活环境突然改变或家长教养方式不当等心理因素引起的不愿进食的行为。这种由心理因素引起的饮食问题主要表现为对食物不感兴趣，吃得很少，经常回避或拒绝进食，如果强迫喂食则会引起呕吐。儿童不好好吃饭，会导致体重骤减、面黄肌瘦，还会出现贫血、低血糖、体温下降、脉搏减缓，严重的有四肢发冷、精神萎靡等症状。

研究发现，学前儿童的厌食问题常出现在以下类型的家庭中：父母离异、生病、死亡；家长过分关注体重和相貌；母亲不接受自己的形象和家庭角色；儿童对家长过分依赖，与家长关系过于亲密；父母对儿童的期望过高，儿童期望得到更多的关注。儿童的人格特征也是影响进食行为的因素之一，如完美主义、自卑、虚荣、注重外貌和体型、爱幻想等。年龄越大的儿童，性格因素的作用就越大。

除此之外，家长对儿童的不当教养方式也是造成儿童厌食的重要因素。心理学家研究发现，儿童进餐时的气氛往往会影响他们的食欲。气氛愉快则食欲好；气氛不佳则食欲不振。

另外一个原因是食物品种过于单调。有些妈妈担心孩子消化吸收不好，总给他吃那几种常吃的“安全”的食品，使孩子产生了厌恶情绪。因此，家长给孩子做饭时要注意，菜的烹调方式不要一成不变，应尽量混合多种食物，口味以清淡为主。

3. 贪食

贪食从表面上看就是儿童喜欢多吃，哪怕已经吃得很饱了。贪食有两大不良后果，一是食物过多，肠胃消化不了，造成肠胃等消化系统超负荷工作，长此以往，容易导致消化系统的疾病；二是导致人体营养过剩，引发学前儿童的肥胖症。应该说，吃是每个人的天性，人类从吃这一基本形式中获得生命所需的各种营养，贪食则是在吃的方面过了头，所吃的东西超过人体所需的营养和能量。

学前儿童贪食由多种原因所致，主要有以下几种：一是溺爱。在许多情况下，孩子的“多食症”是由于家长的溺爱所造成的，家长经常过多地为孩子提供食物，使孩子在被动地吃的过程中获得被疼爱的心理满足，从而产生了对食物的更大需求。家长常以食物作为奖品，时间一长，孩子就会贪食。二是需求不足。孩子的生理需求是多方面的，当某种需求无法得到满足时，便会用吃食物来取代，进而产生贪食。三是安全代偿。如孩子被父母打骂或被小朋友欺负时，只要对方拿出几块糖来，孩子便会立即停止哭闹，糖使孩子暂时忘记了刚才的不安全感。四是情感代偿。一位儿童心理学家做过一项研究，他让年龄、体重相同的一组独生子女和一组非独生子女生活在一起，控制副食供给。在两天中，非独生子女的主食量大大超过独生子女。后来，让两组儿童的父母专门照顾他们，他们的饭量就慢慢接近了。由此可见，非独生子女在缺乏爱的情况下，只能用多食来补充情感需求。五是挫折反应。当学前儿童在高级心理需求受挫后，就容易回归到对食物的需求上。有时学前儿童受挫折后，往往不会把攻击的矛头直接指向构成挫折的事物，而是去多吃食物来发泄心中的不满。为此，孩子贪食，家长要查出原因，有针对性地进行教育。

五、吮吸手指行为

案例：5 岁的慧慧，自幼与父母生活一起。爸爸妈妈都是公务员，对自己女儿的期望较高。在慧慧还很小的时候，他们就开始对她进行“全面的素质教育”，立志要把慧慧培养成天才儿童。为了实现这个宏伟的计划，慧慧的生活被安排得满满的，每天基本上都是在培训班度过，回到家爸爸妈妈还要检查验收，几乎没有出去玩的机会。半年前，慧慧偷偷跑出去玩被爸爸发现后，作为惩罚，爸爸妈妈一整天都没有跟她说话。自此，慧慧开始出现吮吸手指的行为，尤其是在上美术课、音乐课的时候。严重时，食指上的指甲都被咬掉一部分。

对于较小的婴儿来说，吮吸手指是一种常见的行为，也属正常现象。但像慧慧这样的幼儿还吮吸手指，则会给自身的成长带来许多不利的影响，应视为一种问题行为。

（一）吮吸手指行为的定义

吮吸手指行为，是指儿童将手指放入口中进行吮吸的习惯性行为。吮吸手指通常是儿童从婴儿早期就开始形成的习惯。实际上，在母亲子宫里的胎儿就已经开始吸手指了。随着儿童年龄的增长，到了 2 岁以后，这一行为会逐渐地自行消失。如果儿童在幼儿期仍保留着吮吸手指的习惯，则应视为一种问题行为。

儿童吮吸手指会产生许多不利的影响。例如，会引起同伴的嘲笑，致使儿童产生胆怯、紧张、自卑等心理问题；会将手指上的细菌、病毒、寄生虫卵等通过口腔带入体内，引起肠炎、肠道寄生虫等疾病；会导致手指肿胀、脱皮、发炎甚至变形等；会引起下颌部发育不良，导致牙齿排列不整，影响面部美观。

（二）学前儿童吮吸手指行为的成因

1. 教养方式不当

第一，家长的教养观念不正确。家长对儿童的成长抱着“树大自然直”的态度，对儿童不良行为的忽视在一定程度上强化了儿童吮吸手指的行为。第二，家长的教养行为不当。首先，家长忽视儿童口唇期的需要。弗洛伊德曾提出，对于 0~1 岁的儿童而言，饮食、吮吸等口唇需要成为支配其行为的主导性力量，口腔的经验成为儿童最基本的快乐源。研究表明，口唇期若没有得到良好的发展，长大后面对压力、挫折，儿童会重返口唇期。此外，从小缺乏母爱的儿童，因为缺乏安全感很容易形成以吮吸手指来自我安慰或自我娱乐的习惯。其次，家长教育方法粗暴会导致儿童因紧张、焦虑而吮吸手指。

2. 压力过大

家长要求过高，情绪变幻莫测，儿童没法预料其下一步会说什么或做什么，这也会让儿童产生焦虑而不自觉地吮吸手指，久而久之会养会吮吸手指的不良习惯。此外，生活节奏的改变，如入托、入学时有些儿童会因紧张而吮吸手指；有的儿童生病时也易诱发此症；部分儿童因模仿他人而形成此不良习惯；具有内向、敏感、焦虑等性格特点的儿童也容易患此症；部分儿童诱因不明。

六、依赖行为

案例：3 岁的浩浩看到别的小朋友玩玩具玩得那么开心，他却不敢去触摸玩具，显得有点胆怯。吃午饭时，小朋友拿着鸡腿高兴地啃着，可他表现出来的却是想吃又不知如何下手，勺子也经常握不住。老师喂他吃饭时也很容易紧张。放学了，看到奶奶，他立刻兴奋起来，能说会道，判若两人。通过交流老师才知道，浩浩在家吃饭都是奶奶喂的，连鸡腿都是奶奶把鸡肉撕下来后再喂给他吃。

学前儿童在家里与父母、爷爷奶奶等亲人朝夕相处，建立了稳固的情感联系。看到亲人，快乐无比；亲人离开，伤心着急，这些是学前儿童依赖心理的特有表现。但是，像浩浩这样的孩子，独立生活的能力特别差，过分依靠父母或其他亲人，这就属于依赖行为了。

（一）依赖行为的定义

依赖行为是指学前儿童过分依靠父母（或看护人）且与其年龄不相符的一种不良行为。从出生起与父母（或看护人）亲密接触，依靠他们无微不至的照顾，最终发展成为独立生活的个体，这是每个儿童必须经历的正常的生长发育过程。但如果儿童总是把父母呼来唤去，依靠父母解决所有的生活和交往中的问题，不愿自己动手动脑，则是依赖心理和行为的表现。

（二）学前儿童依赖行为的表现

学前儿童依赖行为从个性上看是一种依赖型人格，缺乏自主性和独立性，凡事依赖他人；从行为方式来说，表现为缺少主动性，常常处于被动、退缩状态；从选择主意角度来说，具有依赖行为的儿童，需要自己拿主意时，总感到一筹莫展，总想依赖他人做决定，对父母、老师的意见常常盲从，缺乏自信心，倾向于用别人的看法来评价自己，一旦遇到麻烦往往会陷入恐慌和迷茫之中，不知所措。

依赖型人格和依赖行为不利于发展儿童的独立性和创造性，不利于培养高素质的现代化新人。许多学前儿童不同程度地存在着依赖型人格和依赖行为，所以，预防学前儿童的依赖行为十分必要。

（三）学前儿童依赖行为的成因

1. 安全感不足

美国心理学家马斯洛的需要层次理论证明，当人最基本的生理需要、安全需要得到满足后，才会有更高的心理需要。学前儿童离开父母，就失去了安全感，安全需要的缺失以及伴随而来的恐惧心理，是学前儿童出现依赖行为的首要原因。

2. 溺爱

许多家长出于对儿童的爱，有意无意地对他们的生活起居包办代替，对儿童的行为方式采取过多的干涉和保护性措施，儿童很少有机会认识到自己是一个独立个体，更谈不上有独立生活的能力和独立参与活动的能力，致使有的儿童事事依赖成人，缺乏自主性和独立性。

3. 胆小、害羞

胆小、害羞的学前儿童，在陌生的环境里会表现出依赖行为。

七、退缩行为

案例：中班来了一个名叫丹丹的小姑娘，她因为家里换新房，就转学到离家比较近的这家新的幼儿园。但自进园那天起，丹丹就很不开心，因为其他小朋友都互相认识，只有她一个人是“新生”。她本来就是一个安静的孩子，现在变得更加沉默了，总是一个人坐在教室的一角，自己玩。老师想让她多认识几个小朋友，就有意安排她跟其他小朋友一起玩，但她就是玩不起来。几周过去了，她仍然是孤独一人。

很明显，丹丹不能很好地适应新的人际环境，表现出一种退缩行为。这种退缩行为会阻碍学前儿童对外界环境的探索，影响其社会化的发展，不利于其认知能力、交往能力、言语能力的提高。因此，家长和教师要重视预防和减少学前儿童的退缩行为，帮助他们更好地从“自然人”过渡到“社会人”。

（一）退缩行为的定义

学前儿童的退缩行为是指在日常生活中，学前儿童不主动与同伴交往，沉默寡言，宁愿一个人玩，也不愿与小朋友们一起玩耍，在陌生的环境中表现出害怕、胆怯，常独来独往等问题行为。

依据退缩行为的功能，可将退缩行为划分为社会退缩和言语退缩。

（1）社会退缩。社会退缩主要有行为描述和社会测量两种定义类型。从行为描述的角度，“社会退缩”被界定为交往频次低的独处行为；从社会测量的角度，“社会退缩”则被视为低水平的同伴接受（称为被忽视儿）或高水平的同伴拒绝（称为被拒绝儿）。有学者对这两种界定方法的相关性进行了研究，发现它们并不相关，社会测量中的被忽视儿和被拒绝儿并不等于社会退缩儿童。之后，人们更多地采用行为描述的方法来界定社会退缩。

（2）言语退缩。言语退缩是指在一些学前儿童的言语中存在的“退缩性现象”，主要表现就是怯“说”，即不爱或不敢说话。言语退缩所反映出来的胆怯、沉默直接影响儿童的学业、交往以及自身的发展。

按退缩行为的表现，可将退缩行为划分为抑制性退缩、安静性退缩和活跃性退缩。

（1）抑制性退缩。所谓抑制性退缩，是指学前儿童无所事事和观望行为，反映了学前儿童气质上的羞怯、抑制，既希望又害怕接近同伴的动机冲突。

（2）安静性退缩。所谓安静性退缩，是指学前儿童单独进行安静的探索或建构性游戏，反映了学前儿童对物比对人更感兴趣，不存在内心的动机冲突和焦虑情绪。

（3）活跃性退缩。所谓活跃性退缩，是指学前儿童独自一人进行喧闹的身体动作游戏、装扮游戏，反映了儿童冲动、活跃的特征。

（二）学前儿童退缩行为的表现

1. 胆小、害怕、羞怯

有退缩行为的学前儿童一般都胆小怕事，他们怕见生人，即使家里来了客人也常躲开。躲不开时，较小的儿童就往父母的身后藏，大些的儿童则紧张不安、浑身不自在，或低眉眨眼，或面红耳赤。他们还不愿在公开场合抛头露面，害怕在众人面前讲话，表现得很不大方。按理来说，学前儿童生性好玩，爱活动，特别喜欢逛公园、动物园和游乐场，而有退缩行为的儿童常常因为害怕、胆小而不愿去公园和游乐场玩耍，更不敢离开父母独自去玩，逢年过节也不愿随父母走亲访友。

2. 孤僻、不合群，难以适应新环境

学前儿童喜欢与同龄儿童一起玩耍、游戏，而有退缩行为的儿童从不主动与人交往，小点的儿童总是独自一人与玩具为伴，喜欢独自游戏，而不喜欢与小朋友一起玩；较大一些的儿童在集体中往往既不被他人所选择，也不被他人所排斥，而是被人忽视，同时他们自己也不选择他人或排斥他人，往往是游离于各种群体之外的孤独者。即使有儿童主动与他们交往，或邀请他们参加活动，他们的态度也往往是消极的、冷漠的。正因为他们不愿与人交往，不参加集体活动，很难了解和喜欢别人，也很难被别人了解和喜欢，所以他们很长时间都难以适应新环境。

3. 对客观现实常采取被动或逃避的行为方式

有退缩行为的学前儿童在各种活动中往往只是旁观者，而不是参与者，对他人采取冷淡态度，都是为了逃避他人对自己的了解或认识。在课堂中，他们很少主动积极地回答老师的提问。如果遇到困难，他们往往没有克服困难的信心，不是去积极想办法战胜困难，而总是想方设法避开困难或依赖老师、父母的帮助。

教师在识别退缩行为时要注意一点，即不能把正常儿童在特殊情况下暂时表现出的害怕、恐惧、孤僻、冷漠等行为与学前儿童退缩行为混为一谈。比如刚入园的儿童，绝大部分在开始时都不同程度地表现出害怕、拘谨、羞怯、不与人交往。但正常儿童一般一个月内就能很好地适应，变得大胆、活泼，主动找别人说话和游戏。所以，这些症状是暂时性的，属于正常儿童的生理防护反应。但有退缩行为的学前儿童则会长时间表现出退缩行为，他们即使在无特殊原因的情况下，也经常表现出特别害怕、羞怯、孤独、胆小等行为。

（三）学前儿童退缩行为的成因

学前儿童退缩行为是研究者研究得最多的一个问题，几乎所有的研究者都有所涉及。学前儿童退缩行为产生的原因是多方面的，有父母教养方式不得当、家庭关系不正常、缺乏与同伴联系，也有儿童自身先天素质问题、后天的性格和身体状况不佳等因素。

1. 教养方式不当，过分严厉或溺爱

管教过严是造成学前儿童退缩行为的主要原因。调查表明，有退缩行为的儿童家庭中，家长对儿童管教过严的占 74.07%，而一般儿童只占 38.8%，差异非常显著。而过分的保护和溺爱，会限制儿童的必要活动及他们与同龄人的交往，也会造成儿童的退缩行为。一些儿童在家受到过分的保护与溺爱，他们的一切需要（合理的或不合理的）总会得到及时的满足，儿童养成了有求必应、以自我为中心的习惯。他们一旦进入幼儿园，在家里可以得到满足的许多需要，如独占玩具，就不能得到满足。当儿童到了外界环境中，就不会和陌生人交往，到最后变得离群孤僻，产生退缩行为。另外，在集体中还必须遵守纪律、游戏规则等，老师和其他的儿童不会像家里人一样处处让着他，以他为中心，于是他就会觉得受到了莫大的委屈，内心会产生一种强烈的挫折感，从而情绪低落，变得冷漠，极力想逃回自己温暖的家，重享“皇帝”般的快乐生活，重新获得安全感。

此外，有些家长不懂教育规律，不了解儿童的心理特点，常常以自己的标准去评价儿童的某些行为。例如，儿童觉得一件玩具挺好玩，于是拆开看看里面有什么，而家长则把这种行为看做是破坏行为，一顿批评；儿童想干好事，打扫卫生不小心打碎了东西，家长不分青红皂白，只是一味地埋怨、责备。这样不仅极大地挫伤了儿童的求知欲望，更让儿童觉得自己不如别人，从而产生强烈的自卑心理，到了外界生活中，做事缩头缩脚，不敢想，不敢干，从而产生退缩行为。

2. 缺乏同伴联系

国内许多学者的研究都认为，“早期与同伴隔绝的儿童存在着后来调整问题的危机”。缺乏与同伴联系也是导致学前儿童退缩行为的重要原因。父母不管是出于保护儿童的安全，怕他受外人的欺负，还是怕他学坏等原因而限制儿童与同龄儿童交往的，都会使儿童失去处理生活中各种事情的机会，失去学习和锻炼与他人相处技巧的机会。以后，儿童一旦进入陌生环境和集体生活，就会一筹莫展、无所适从，或者由于不能或不会与其他人合作而遭受其他儿童的责备与冷落，从而情绪低落，渐渐地厌恶和害怕集体生活，不愿与人交往。

3. 家庭关系和气氛不正常

父母感情不和、对儿童的态度不一致、感情用事等不正常的家庭气氛，也是儿童产生退缩行为的原因。父母感情不和，会使儿童常常处于紧张、惊恐、孤立无助的状态，他们没有安全感，享受不到家庭的温暖，从而对成人产生不信任感。父母对儿童的态度不一致，一个严厉、一个放任，一个宠爱、一个粗暴；或者高兴时对儿童宠爱有加，忧虑时无故责骂，也会使儿童无所适从，处于紧张、焦虑、惊恐的状态，迫使儿童采取退缩、逃避的方式来保护自己，以适应环境。

4. 个人素质因素

心理学家的研究表明，有退缩行为的学前儿童大多性格内向且孤僻，还有一些是天生适应能力就差，他们天生就难以适应新环境，在新的环境中感到特别拘谨，不愿接触人，即使教师引导、帮助他们去适应，也很难奏效。这类儿童一般不喜欢活动，对新鲜事物和陌生人缺乏兴趣和热情。还有的学前儿童因为身体虚弱，与同伴游戏、活动、学习时特别容易疲劳、烦躁不安。他们看到同伴可以尽情地干自己的事，而自己却不能，或遭到反复的失败或拒绝时，便产生自己不如别人的自卑心理，进而不愿或害怕参加集体活动，特别是竞争性强的活动。

八、说谎行为

案例：6岁的牛牛上大班了，但他总爱说谎话，家长和老师都很担忧。由于牛牛聪明伶俐，深得爸爸妈妈和爷爷奶奶的喜爱。进入幼儿园后，看到别的小朋友屡屡受老师表扬，牛牛也极力表现自己，渐渐地用假话、大话来炫耀自己，说家里有很大的房子、好多的玩具，还有多辆汽车等。回到家里，跟家长说自己在幼儿园受到多次表扬，小朋友可喜欢他了。后来与老师沟通后，家长才发现牛牛一直在撒谎，于是爸爸很生气地揍了牛牛一顿，但他并未因此停止撒谎行为。

每个学前儿童都有说谎的时候，他们说谎的原因多种多样，不同种类的谎言，性质也不相同。有学者分析了儿童的700个谎言，其中67%是由于畏惧惩罚和害怕被嘲笑，16%与儿童缺乏正确的想象、夸张和表达有关，而故意说谎的不到20%。所以，要帮助这些儿童，首先要了解他们说谎的原因与性质，再做有区别的对待。

（一）说谎行为的定义

说谎是一种以欺骗他人为目的，心口不一致的表达方式。说谎不仅是一种心理问题，也是一种不道德的行为。

学前儿童说谎具有一定的普遍性，但从学前儿童心理发展的角度来看，学前儿童的说谎行为又不仅仅是一个简单的道德问题，还有许多更复杂的原因。比如 4 岁左右的儿童，会编造一些偏离事实的话题或故事，这是由于学前儿童想象力有了初步发展但又不能将想象与事实区分开来，因而常常把各种零碎经验，包括童话、神话中的描述杂乱地编造在一起。另外，学前儿童在遭遇困难或处境难堪时也会说一句小小的谎话来掩饰自己，这不足为奇，但如果使用过度，经常撒谎，屡教不改，就会受到别人的鄙视和不信任，造成社会适应不良，形成人格偏差。

（二）学前儿童说谎行为的类型

儿童心理学家研究发现，几乎所有的儿童都会“说谎”，但学前儿童说谎并不一定都是不诚实的品质问题。学前儿童说谎的原因有很多，家长要具体分析儿童说谎的心态和动机，针对不同情况采取不同的措施。

1. 想象型说谎

想象型说谎是指学前儿童把想象的东西当成现实，或把事实夸大而表现出的说谎行为。

学前儿童说谎，有时是一种幻想和想象的表现。学前儿童的好奇心强，脑子里会有各种各样的想象，常把想象的东西当成事实，来满足自己的心理需要。当他把这种夸大的并不现实的想象当做真实的东西说出来时，自己还沉浸在其中，成人听起来就成了说谎。家长需要把儿童善意的想象和恶意的谎言区分开来。

2. 取乐型说谎

取乐型说谎是指学前儿童用谎话捉弄别人，以获得快感的说谎行为。

有些学前儿童用欺骗来捉弄别人，并因此自鸣得意。故事《狼来了》中的那个小孩就属于此类。对于这类说谎，教师和家长可通过《狼来了》之类的故事加强说服教育，让儿童懂得欺骗别人最终会自食其果。

3. 虚荣型说谎

虚荣型说谎是指学前儿童为了炫耀自己而表现的说谎行为。

有的学前儿童说谎，是为了避免丢脸或得到赞许的目光。对于这类说谎，家长应抓住儿童要“面子”的积极一面，使儿童懂得只有付出努力，才能获得赞许。

4. 模仿型说谎

模仿型说谎是指在成人经常性说谎行为的示范下，学前儿童因模仿成人而表现出的说谎行为。

有些家长自己本身就常常说谎，甚至要求儿童对别人说谎，这样，儿童自然就很容易说谎成性。父母的行为举止中表现出来的人格特征、道德品质对儿童的影响远胜于任何说教。对于这类说谎，家长应该从自身做起，诚实守信。

5. 侠义型说谎

侠义型说谎是指学前儿童出于对同伴的保护而出现的说谎行为。

有些学前儿童会为庇护小朋友的错误，或为他们的不良后果承担责任而说谎。例如，小强的表弟不小心把爸爸的茶杯摔碎了，小强就谎称是自己干的。对于这种侠义型说谎，家长既要肯定儿童的动机，又要引导儿童学会实事求是。

6. 被迫型说谎

被迫型说谎是指学前儿童为了逃避教师或家长的批评与惩罚而出现的说谎行为。

有些学前儿童犯了错误，害怕成人批评、责骂，就隐瞒了事实而说谎。家长过于严厉，儿童容易表现出被迫型说谎。

（三）学前儿童说谎行为的成因

学前儿童说谎的原因，可从无意说谎和有意说谎这两个方面进行分析。

1. 无意说谎

无意说谎是指学前儿童分不清自己的想象与现实之间的界线，企图用言语描述某种幻想的东西。儿童会把自己想象的东西当做事实加以描绘，形成无特殊目的的谎言，这种谎言实际上是儿童想象的反映。无意说谎的原因有以下几点：

（1）满足愿望的心理。

学前儿童有时会把幻想、愿望与现实混在一起。他们为了满足某种心理需要，常常无意识和不自觉地“说谎”，这与品德行为无关。如某幼儿园在上主题活动“好吃的水果”课程时，教师展示了许多水果图片，并绘声绘色地告诉小朋友们吃这些水果的感觉，然后又介绍了海南的一些水果。这时，一个儿童打断了老师的话，说她也去过海南（后经了解没有去过），还将她的感受讲得非常美妙。面对这种“美丽的谎言”，教师不能简单地责备，而应给予正确的引导。

（2）理解性心理错觉。

学前儿童常因认识不足和理解错误产生心理错觉，用想象的情节代替记忆不确切的情节，于是便出现了“说谎”现象。例如，有个小朋友在幼儿园里做了错事，老师教育说：“你做错事是不对的，但改了也同样是好孩子。”小朋友听到“好孩子”这样的词语，往往会把它当成“表扬”，回家就高兴地对爸爸妈妈说：“老师今天表扬我了，说我是好孩子！”这种情况就是由于学前儿童缺乏经验而产生的理解性心理错觉。有时，学前儿童不理解某些概念的真正内涵，往往不自觉地“说谎”。例如，有的学前儿童在家看过爸爸妈妈和朋友玩扑克牌、下象棋，就对老师说：“我会玩扑克牌，也会下象棋。”其实，他只不过是会模仿大人的样子,并不理解这类活动的真正含义。对于这类因认识不足或理解性心理错觉而产生的“说谎”现象，教师应采用适当的方法让学前儿童明白，帮助他们真正理解有关概念。

（3）自信心的萌动。

学前儿童由于理解问题的简单化和不善于分辨想象与现实，往往不切实际地说“大话”、夸“海口”。例如，在进行体育游戏拍皮球时，教师问：“咱们班谁会拍皮球？”结果全班儿童都争着举手说："我会拍皮球！"这是学前儿童自信心的萌动，教师切不可将此视为"说谎"或"吹牛"，对学前儿童的积极性应当加以保护。当然，不能让学前儿童的这种自信心只停留在一种幼稚可笑、盲目幻想的低水平上，而应在注意保护、鼓励的同时，给予积极的引导，让学前儿童逐步学会客观地看待自己所想、所说与现实的差距，使其懂得要实现美好的愿望必须从小好好学习的道理。

2. 有意说谎

有意说谎通常带有明显的欺骗目的。有时，学前儿童说谎是他们推理的产物。例如，当他们知道一旦讲出事实真相将要受到惩罚时，就可能用谎言来掩盖事实。或者，当学前儿童意识到不隐瞒事实将得不到社会承认或家长表扬时，也可能采用说谎的手段。有意说谎容易变成一种习惯行为。这类说谎与品行有关，虽不能说是品行坏，但多少反映了学前儿童品德发展中存在的问题。对于这类说谎，教师应当给予足够的重视。有意说谎的原因有以下几点：

（1）取悦家长，虚夸成绩。

学前儿童有时想取悦家长但又没有实际成绩时，往往会出现有意说谎现象。例如，涵涵在老师指导大家贴动物衣服的过程中，留下一些彩纸放进口袋里，回家后向妈妈夸耀："妈妈，我今天得了漂亮的纸。"妈妈说："老师奖励给宝宝的吗？"涵涵说："老师叫我拿回来让爸爸妈妈看的。"学前儿童的这类说谎属于有意编造事实骗人，是学前儿童说谎现象中性质较为严重的一种。这类错误的产生，多与成人的教育不当有关。作为教师，应当注意经常和家长取得联系，交流情况，一旦发现这类说谎现象，必须家园配合，对儿童提出恰当的期望，及时批评教育，绝不可姑息迁就、任其发展。

（2）谎造优越感，满足虚荣心。

学前儿童有时也会谎造优越感，以满足自己的虚荣心。这类说谎在学前儿童中是较常见的，如见到别人有一件好玩具，便谎称自己家中的那件更好；见别人的爸爸是警察，也谎称自己的爸爸是警察，还抓住了很多大坏蛋……这类谎言产生的原因也常与家庭教育不当有关。如有的家长为儿童过多地提供优越的物质条件，人为地滋长了儿童过强的优越感，一旦某一方面比不上别人，儿童便可能以说谎来满足自己的虚荣心。面对这类说谎，教师不应当简单地采用批评的方法，而应采用耐心说服、讲道理的方法，指出好孩子不能说谎，从而引导学前儿童切实认识到说谎是无用的、不光彩的。此外，教师也应与家长多交流，促进家庭教育的优化。

（3）开脱责任，逃避惩罚。

学前儿童的这类说谎，往往是恐惧心理所致，而滥施惩罚就是造成学前儿童产生恐惧心理从而说谎的一个重要原因。例如，有的家长怕儿童变坏，常常不问清事由就训斥、责备儿童；有的家长受传统思想影响，认为"棍棒底下出孝子"，动辄打骂；有的家长性格粗暴，儿童稍有不当之处就呵斥、打骂。这些错误的家庭教育，都容易造成儿童的恐惧心理。儿童做错了事或有行为过失时，为了开脱责任，逃避家长、教师的惩罚或打骂，便有意说谎。

作为成人，尤其是教师，更应当认识到，说谎的实质是学前儿童在恐惧心理支配下所采取的一种自卫措施，其错误和责任应更多地归咎于成人而不是学前儿童。所以，不论是教师还是家长，处理这类错误的要领在于首先要反省自己给学前儿童心理造成的影响，而不是只严厉指责儿童。

（4）成人说谎，殃及幼儿。

有些学前儿童说谎，往往与成人的影响有关。学前儿童家长的说谎行为，常是造成学前儿童说谎的直接原因。教师对儿童说的话不兑现，也往往被儿童视为“骗人”。父母和教师是儿童心目中的权威人物，如果在儿童面前说了谎，就会使儿童产生“说谎不为错”的错觉，起码为他们说谎壮了胆儿。有的父母对儿童的诚实言行非但没有给予赞扬、鼓励，还指责、训斥。例如，客人来访，丈夫不愿接待，就叫妻子去说“我先生不在家”。儿童不明究竟，直接说出“我爸爸在房间里，他不出来”，弄得父母难堪，事后就责备儿童。假如儿童帮着父母圆谎，说“爸爸出差去了”，倒可能受到表扬。这类谎言看似无大碍，但儿童积累了经验，说实话挨骂，说谎则可平安无事甚至受奖励，日后就会学着说谎。

研究还发现，学前儿童的说谎行为与家庭气氛也有密切关系。生活在气氛融洽、和睦、愉快的家庭中的学前儿童，说谎行为比生活在对抗、紧张、父母不和或离异家庭中的学前儿童少得多。

九、嫉妒行为

案例：午睡后，老师在给女孩子梳头发，云云哭叫起来：“老师，诺诺扯我头上的发夹。”老师赶忙跑过去阻止，可来不及了。诺诺边嘴里说着“难看死了”边无情地扯下了云云发夹上的蝴蝶花。云云见状伤心地哭了。诺诺反而显露出一副发泄后的满足的表情。后来老师问原因时，得知早上云云入园时，老师夸云云的发夹漂亮，被旁边的诺诺听到了。

许多成年人认为，儿童没有在社会上攀比、竞争的经历，不该有嫉妒心理。但研究资料显示，不满周岁的婴儿看到母亲给其他婴儿哺乳时，就会出现心率加速、面色潮红等不良反应，甚至哭闹起来；当儿童五六岁时，妒意会更频繁地涌上心头。

（一）嫉妒行为的定义

嫉妒是人类的一种原始情感，是人类心理活动中动物本能的表现，具有一定的普遍性。**学前儿童嫉妒行为是指当学前儿童看到他人某些方面比自己强，自己当时却无法拥有或胜过时所产生的不安、烦恼、痛苦、怨恨，并企图破坏他人优越状况而表现出的行为。**

学前儿童的嫉妒心理是从早期的情绪中分化而来的。儿童1岁半左右，从苦恼情绪中进一步分化出嫉妒和普通的苦恼，而四五岁时，嫉妒会更频繁地涌上儿童心头，并表现出嫉妒行为。这种行为如果蔓延与激化，儿童就很难协调同伴关系，很难在生活中心情舒畅。因此，作为与学前儿童接触频繁并具有独特影响力的教师，必须对学前儿童的嫉妒心理进行正确引导，使嫉妒成为儿童积极向上的原动力。

（二）学前儿童嫉妒行为的类型

1. 独占性嫉妒

独占性嫉妒是指学前儿童不能容忍自己身边亲近的大人疼爱别的儿童。儿童最初的嫉妒总是与自己的爸爸妈妈等身边亲近的人有关，当看到大人们疼爱别的儿童时，往往会表现出不满、哭闹、反叛等，有的甚至会出现一些倒退行为，如故意尿湿裤子，故意做出比自己实际年龄幼稚的行为，以期引起大人的注意。

2. 敌对性嫉妒

敌对性嫉妒即对获得家长、老师表扬的其他儿童怀有敌对情绪。这类儿童当发现别的儿童受到家长、老师表扬时，往往表现得不高兴、不服气，认为自己不比受表扬的儿童差；有的还会当众揭发受表扬儿童的缺点或不足之处，尽管有些事实与其他儿童受表扬无任何关联性，如“他的爸爸是个拉三轮车的”等。

3. 排斥性嫉妒

排斥性嫉妒是指对拥有比自己玩具、用品、零食多而又不和自己共享的伙伴进行排斥。一般情况下，学前儿童都很喜爱和拥有很多玩具、用品、零食的同伴在一起玩，但当同伴没有将自己拥有的东西与他们分享时，他们往往会表现出嫉妒情绪，如损害同伴的玩具、孤立同伴等。

（三）学前儿童嫉妒行为的表现

学前儿童的嫉妒行为具有明显的外露性、攻击性和破坏性。

1. 外露性

学前儿童因为年龄小，不能有效地控制自己的情感，嫉妒行为就表现得比较外露。

2. 攻击性

学前儿童有嫉妒行为就会有相应的攻击行为，比如对比他好的小朋友直接表现出相应的攻击行为，根本不考虑后果。

3. 破坏性

当有的学前儿童因为邻桌赢得了一朵小红花而闷闷不乐，有的学前儿童对小伙伴在游戏时投中了球而感到不快，有的学前儿童对自己最好的朋友穿上好看的新衣而耿耿于怀时，嫉妒就悄悄地爬上了他们的心头。而产生嫉妒时，学前儿童最容易表现出破坏行为。

（四）学前儿童嫉妒行为的成因

1. 受自身年龄特点的局限

学前儿童的年龄特点决定了其思维方式是以自我为中心的，情绪反映强烈，自控能力差，还不会理性思考。因此，他们常根据外界事物对他们的利弊，做出直接的情绪反映，如他们希望独占父母和老师的宠爱，希望能总是处于受表扬的优越者的地位。他们不会分析这种希望是否客观合理，也不会进行自我调节，因而会轻率地表现出嫉妒行为。

2. 与他人缺乏情感交流

许多父母忙于工作，孩子出生后就交给保姆，因而，在婴幼儿期，孩子和爸爸妈妈的交流很少。如果保姆也不怎么和孩子说话，就会导致这些孩子缺乏与他人的情感交流，慢慢地就会造成情感饥渴，缺乏安全感，长大后便不能理解别人的情感，显得特别以自我为中心，就更容易出现嫉妒行为。

3. 受环境和教育的影响

有些儿童自小受到父母的溺爱和娇惯，养成了唯我独尊的习惯，即使出现了嫉妒行为，父母也会同情儿童，不会太认真地纠正儿童的嫉妒行为。儿童在这种环境中长大，从来就不需要考虑别人，独霸心理极为严重。

总之，嫉妒是一种不良的心理状态，但嫉妒也是一种十分自然的心理反应。嫉妒心强、爱嫉妒别人只是儿童心理不成熟的一种表现，成人不必过于担心。只要引导得当，儿童的嫉妒行为是不难克服的。

十、睡眠问题行为

案例：佳佳是个可爱的小女孩，圆圆的脸，还有两个小酒窝。4 岁的佳佳近来有了一个毛病，就是睡觉睡到半夜时，容易惊醒，又哭又闹，之后再难入睡。经过了解，佳佳最近跟妈妈一起看了一部跟鬼有关的故事片，看的过程中，妈妈不经意说了一句，不听话的小朋友晚上就会有小鬼来抓她。没多久，佳佳就出现了夜间容易惊醒的毛病。

合理的睡眠，对学前儿童的身体健康和发育及心理健康都很重要。合理、充足的睡眠，会让儿童心情愉快、精神饱满。如果睡眠不合理或欠充足，儿童会精神萎靡不振或神经兴奋过度，容易诱发吵闹、哭泣等不良情绪行为。所以，要认真对待学前儿童不良的睡眠行为，积极思考对策加以应对。

（一）睡眠问题行为的定义

儿童睡眠问题行为是由睡眠时间不足及一系列相关症状构成的。相关症状包括打呼噜、喉头哽咽、睡眠不安、张口呼吸、多汗、肢体抽动、磨牙、说梦话、梦游、遗尿等。

睡眠是大脑皮质的抑制过程，对神经系统起保护作用。但有的学前儿童每天晚上或迟迟不能入睡，或只睡一会儿便醒来不再入睡，甚至哭闹、夜惊、梦游等，让家长十分苦恼。

（二）学前儿童睡眠问题行为的表现

1. 入睡困难或睡眠不安

前者指儿童不能入睡，后者指儿童睡眠不深或容易惊醒。儿童年龄愈大，睡眠障碍的形式愈接近成人。入睡困难的儿童，有的不愿上床睡，有的要抱着走动，对于这类儿童，入睡前，家长不要过分逗引或恐吓，要让其养成定时上床睡觉的习惯。有睡眠问题的学前儿童，睡眠时经常翻动、反复摇头、无故哭闹、磨牙、讲梦话等。

2. 夜惊

夜惊是指睡眠中突然出现的短暂性惊扰症，常见于 4~7 岁的儿童，男孩多于女孩。夜惊通常表现为：儿童入睡一段时间后，突然坐起，哭喊、瞪目直视或双眼紧闭，呈惊恐状，对周围的事物无反应，很难唤醒，强行叫醒时可出现定向障碍或意识混乱，心跳增快、呼吸急促、出汗等，持续3~5分钟再次平静入睡。严重者可一夜发作几次，次日对发作经过一般不能回忆。

3. 梦行症

梦行症是指学前儿童在睡眠中突然起床，在周边走动或做机械的动作，表情茫然，喃喃自语，一般持续几分钟后又入睡，醒后全部遗忘。

4. 打鼾

打鼾就是常说的打呼噜。这本来是成人才有的毛病，可现在一些学前儿童也经常打鼾。说起学前儿童打鼾，有的家长觉得挺有趣，有的认为这说明孩子睡得香，其实这是一种病，应引起家长重视。

（三）学前儿童睡眠问题行为的成因

是什么扰乱了儿童的睡眠呢？究其原因有以下几点：

（1）受惊和紧张不安是主要的精神因素。

（2）鼻咽部疾病导致睡眠时呼吸不畅，以及肠道寄生虫病是导致夜惊的常见原因。

（3）家庭遗传史，家族中有睡眠问题基因，也会遗传至儿童的身上。

（4）有的儿童因为大脑皮质抑制功能减退，白天过于兴奋或紧张、不安等不良情绪得不到缓解，也容易引起梦游。

第三节 学前儿童问题行为的预防

预防学前儿童问题行为的发生是教师和家长的首要工作。目前，国际上一般将问题行为的预防分为三级：第一级预防，希望从根本上消除问题行为产生的原因，以达到预防疾病发生的目的；第二级预防，希望早期发现问题，早期进行干预，从而防止问题的进一步发展；第三级预防，目的在于减少精神病理的后作用，实际上属于治疗、康复计划的范畴。学前儿童问题行为的预防主要涉及第一级预防和第二级预防。

一、学前儿童问题行为预防的意义

（一）学前阶段是儿童问题行为的多发阶段

国内外的研究均发现，问题行为是学前阶段儿童中普遍存在的现象。我国学者最近几年的研究发现，学前儿童问题行为的发生较为普遍，问题行为表现多样，各种问题行为的总检出率为 10% 左右。

儿童发育过程中的行为偏异并不是无关紧要的。一个人心理上的失调或异常并不是无缘无故突然产生的，其根源大多在儿童时期，尤其是在学前阶段。因此，学前儿童的问题行为不仅有可能阻碍学前阶段儿童正常的心理发育和发展，影响其生活和学习，而且可能是其成人期心理障碍和社会适应不良的先兆。

（二）问题行为影响学前儿童的身心发展

学前儿童问题行为的存在影响儿童身心的健康发展，对儿童以后的社会交往、学业适应、认知发展、情绪情感以及个体发展均有消极影响。

1. 问题行为影响学前儿童的同伴关系

众多研究表明，儿童问题行为不利于儿童良好同伴关系的建立。考依和道奇（1988）发现，受欢迎的儿童倾向于更多的亲社会性，擅长体育，幽默风趣；被拒斥的儿童最容易产生攻击和破坏性；被忽视的儿童在同伴评定的各个维度上得分最低。社交退缩、抑郁、孤独、多动、攻击、说谎等问题行为是影响儿童受欢迎程度的重要因素，预防和干预学前儿童的问题行为，有利于学前儿童良好同伴关系的建立，促进其身心健康发展。

2. 学前阶段是防治儿童问题行为的黄金时段

在学前期为儿童创造融洽、和谐的心理环境，注意培养儿童健全的人格，及早发现和矫正儿童的不良行为，对儿童有效地实施心理卫生保健，效果最佳。儿童行为上的偏异会得到矫正，或者完全消失，或者即使终生保留也不会引起其他行为方面的问题，既有利于促进儿童身心的健康发展，也有益于一个人一生的健康。学前儿童的问题行为若不及时发现和矫治，那么以后矫治就会变得十分困难，甚至会诱发新的问题行为。

（三）我国当前对学前儿童问题行为的重视程度不够

近年来，在我国学前教育迎来大发展的背景下，研究者和一线教育工作者逐渐关注学前儿童的问题行为，重视儿童的全面发展。但囿于传统教育观念的束缚或由于教育和干预能力不足，幼教机构、教师和家长对学前儿童的认知发展、知识和技能的学习较为重视，对儿童的心理社会适应能力、心理健康等发展问题的关注相对较少。

1. 幼儿园教育存在缺失

从当前学前教育体制、教育方法以及教师素养等方面来看，我国学前教育这些年来取得了长足的发展，学前教育日益重视儿童身心的全面发展，重视开发学前儿童的各种潜能，并根据儿童心理发展的规律进行教学。但在实际中仍存在一些问题，集中表现在以下几方面：

（1）个性化教育不足。

《幼儿园工作规程》（1996）第二章第十一条明确规定：学前幼儿班不超过 40 人。但事实上，许多地方幼儿园班级人数经常超过这一规模，一些公立幼儿园每班人数甚至多达 50 人。尽管幼儿教师知道要因材施教，要根据儿童不同的认知、气质以及家庭文化背景的差异进行教育，但面对如此多的儿童，他们通常不能兼顾。所以，在实际教育过程中，教师设计的集体活动多、小组活动少，个人自由活动的机会更少。教师因无法兼顾各个方面，从而在一定程度上忽视了儿童个性的发展。

（2）幼儿园教育小学化。

《幼儿园教育指导纲要（试行）》规定幼儿园的教育内容是全面的、启蒙性的，可以相对划分为健康、语言、社会、科学、艺术五个领域，各领域的内容相互渗透，从不同的角度促进儿童情感、态度、能力、知识、技能等方面的发展。但在具体实践过程中，幼儿教育小学化现象特别明显，托幼机构往往把教儿童学习科学文化知识，包括识字、算术甚至学英语作为重要任务，这种情况在城市更为明显。其中的一个主要原因是许多家长并不懂得儿童发展的规律，要求幼儿园教儿童识字、写字、算算术，幼儿园为了生存迫不得已迎合家长的需求。其结果是既增加了儿童的负担，影响了儿童的健康发展，也影响了儿童各种情感、兴趣爱好的培养。

（3）重模仿轻创造。

《幼儿园教育指导纲要（试行）》明确指出，科学教育的目标是培养幼儿对周围的事物、现象感兴趣，有好奇心和求知欲。但在实际教学过程中，教师很难贯彻该教育目标。例如，在美术教学中，教师通常给儿童提供示范图例，儿童往往依葫芦画瓢；在舞蹈课上，教师也要求儿童的舞蹈动作和自己的一模一样；在科学课上，教师也总是引导儿童向自己预定的思路前进。这些做法使儿童变得循规蹈矩，阻碍了儿童创造能力的发展。

2. 家庭教育存在不良

从家庭结构来看，我国传统的联合家庭（两代、三代甚至多代人生活在一起）逐渐消失，核心家庭逐渐增多。受家庭结构的影响，家庭功能也随之发生了变化，并影响父母的教养理念、教养方法。概括而言，当前家庭教育存在的问题主要表现在以下两个方面：

（1）教育观念上，重智力开发而素质教育不全。

许多家长并不了解幼儿教育的内容包括健康、语言、社会、科学、艺术这五大领域，认为幼儿教育就是学习文化知识，在家庭教育中仅重视智力发展而忽视其他方面。具体表现为：忽视儿童的生活能力、独立性的培养，致使儿童的生活自理能力与独立能力差；亲子互动过程中，忽视儿童的性格、情感培养，影响儿童情感认知、情绪表现以及社会性情感的发展。

（2）教养方式上，宽严失度而民主化不足。

父母教养方式受其教养观念的影响。在重视智力开发、忽视社会性情绪情感发展的教育理念指导下，父母的教养行为与教养方式也存在许多不当之处。教养不一致、过于严厉、溺爱、没有明确的规则等是当前家庭教育中存在的主要问题。

3. 社会教育存在不足

教育的发展不能脱离社会政治、经济制度以及文化的变迁。改革开放以来，我国的社会政治、经济、文化等方面发生了巨大变化，人们的观念也随之发生了巨大改变。多元文化的相互交融、计划经济向市场经济的逐渐过渡、以信息技术为标志的科学技术的迅猛发展、人口的迅速流动等均促使人们的教育理念发生改变。

（1）计划生育政策的推行，导致家庭教育模式变化。

我国独生子女政策已经推行了几十年，这一政策导致的直接后果是以父母和一个子/女构成的核心家庭大量出现。这必然导致家庭教育模式出现某些特定变化：一方面，父母对儿童寄予很高的期望并给予其更多的教育投入；另一方面，由于没有其他子女分享父母的关注、期望与爱，独生子女往往受到父母的过分关注，乃至溺爱，使儿童缺乏生活所必需的独立能力，交往中产生许多身心问题。

（2）信息技术的发展，使儿童教育的渠道多元化、复杂化。

网络、电视、电影以及其他大众媒介的普及，使儿童能够获得多种渠道的信息。但由于学前儿童模仿能力强，尤其易于模仿消极行为，而且在认知上缺乏辨别是非的能力，这些媒介在向儿童传递大量有用信息的同时，也给儿童带来诸多负面影响。攻击行为方面的研究表明，玩暴力影像游戏与攻击行为呈正相关，玩暴力影像游戏的时间越长，儿童表现出的攻击行为越多。

二、学前儿童问题行为的预防措施

无论是家庭教育，还是幼儿园教育，遵循学前儿童身心发展规律进行教育是预防儿童问题行为发生的基本策略。

（一）幼儿园教育中的预防措施

1. 幼儿园教育要针对学前儿童身体发育的特点

学前期是儿童身体迅速发展、运动机能逐步形成的时期，在这个时期里获得的基本能力和对运动的兴趣，对于儿童以后的发展有巨大影响。此外，在个性的形成和智力的发展上，幼儿期是个关键时期，身体的发展同它们都有密切的关系。教师对于努力使学前儿童的身体和运动机能健全发展应有明确的责任感。具体地讲，学前儿童身体发育的特点表现在以下几方面：

（1）极为好动。

长时间地让学前儿童静坐，不符合学前儿童身心健康发展的要求。教师要有意识地安排一些既自由又有一定约束的游戏活动，尽可能多地为学前儿童提供充分的动手、动脑、自主活动的机会。

（2）不会控制活动量。

学前儿童玩起来总是全力以赴，容易过度疲劳，所以，教师应注意调节学前儿童的活动量，做到有张有弛，动静搭配得当。

（3）身体发育尚未完成。

学前儿童小肌肉发育不完善，教师要善于安排与学前儿童肌肉发育水平相适宜的活动，避免太多地进行精细、复杂的活动。学前儿童眼、手协调能力不完善，教师应尽量不让他们注视细小的物体，提供给他们看的读物、符号或图片要稍大些。学前儿童的颅骨很柔软，教师应极力避免儿童之间打闹时敲打头部，并讲清危害性及理由。学前儿童“偏手性”已形成，教师不宜强迫其改变，否则易引起一些问题行为。

（4）存在很大的个体差异。

每个儿童各有其不同的发展速度和界限，教师不能机械地用一般标准去观察和衡量儿童的发展状况，而应综合考虑儿童发展的一般规律和现有的发展水平，拟订出相应的发展目标进行指导、教育。仅仅因为个别儿童的发展状况比标准低了一些，教师便忧心忡忡，视为大问题，结果可能会使儿童内心不安，有自卑感，影响身心发展，出现问题行为。

2. 按照学前儿童的认知特点组织教育

一个人的认知水平并不是与生俱来的，而是后天习得并逐步发展的。儿童的认知水平反映了儿童对自己在环境和社会中所处地位的认识，也反映了其评价自身能力的价值观念。它对人的心理活动和行为起着调节作用，是人的行为的强烈动机。儿童在认知发展过程中出现不良的倾向，若不及时加以调整，就有可能使他们在人格结构上出现不协调，发生行为上的偏异，甚至产生心理疾病。学前儿童的认知特点表现在以下几个方面：

（1）主动记忆。

学前儿童所保持的信息并不是通过被动的死记硬背简单地贮存在大脑里，而是在不断发展的智力的引导下进行回忆与再记忆。教师不宜用赏罚等外部的强化手段迫使儿童被动地记住许多知识，而应努力唤起他们的好奇心，使之把过去的经验编入不断发展的智力中，充分发挥记忆力的作用。

（2）喜欢说。

大多数的学前儿童都很喜欢说，在众人面前更是如此。教师可以利用“说说听听”等活动为儿童提供说话的机会。不过，还要注意培养儿童说完整、说流畅和仔细倾听别人说话的良好习惯。教师应让善于说话和生性羞怯的儿童都有表现的机会；对于那些不善言谈、缺乏自信的儿童，要提供特别的帮助和更多的鼓励。

（3）想象丰富。

学前儿童的想象力和创造力简直令人吃惊。教师应尽可能地鼓励儿童在做游戏、讲故事及绘画中发挥所长，舒展想象的翅膀，表现出独创精神，而在其他时间不要任其耽于幻想。教师应努力创设想象与现实交融的情境，帮助儿童懂得故事是十分美妙、新奇的，但我们也必须知道生活中确实发生着什么，逐步习得现实与想象的区分。不过，学会区分并不是意味着要放弃想象。

（4）能力发展需要帮助。

学前儿童能力的发展离不开相互作用、机会、鼓励和赞赏。教师要经常通过多种方法与儿童保持相互接触，要对儿童的一言一行表示兴趣及关注，要用慈祥、真诚的方式表达对儿童的爱心，要让儿童体会到教师为他们的每一点进步感到高兴和自豪。同时，教师还要向儿童提供探究及体验各种事物的机会，允许并鼓励儿童独立活动，鞭策儿童的行为趋于完善和熟练，用儿童能理解的方式严格约束那些不适宜的行为方式，以建立良好的教育气氛，使儿童的才能得以充分施展。

3. 按照学前儿童的情绪特点组织教育

与成人一样，儿童也能利用喜、怒、哀、乐等表现情绪的方式表达他们的需要和愿望，调节他们与其他人之间的社会距离。情绪有积极和消极之分，积极的情绪能对儿童机体的生命活动和正常的生长发育起促进作用；消极的情绪一方面是儿童适应环境的一种必要的反应，另一方面也可使儿童的心理活动失去平衡，造成神经系统功能性失调，导致各种疾病和问题行为。学前儿童的情绪特点表现在以下几个方面：

（1）情绪公开、纯真。

儿童的情绪表现比较简单，往往根据周围环境毫无遮掩地、自由公开地表达自己纯真的感受。教师要尽可能创设舒适的物质条件以及协调和谐的人际气氛，并借助优美的音乐、有规律的生活、丰富的教学材料和活动等，以使儿童拥有充分的安全感和满足感，经常体验积极的、良好的情绪。

（2）情绪波动大。

儿童的情绪反应稳定性较弱，经常会为了一点小事而产生情绪变化，且容易生气。教师要允许儿童公开表达自己的感情，特别是出现了不良的情绪反应时，最为忌讳的做法是让儿童强行自我压抑，甚至用体罚或变相体罚的方式压抑他们的情绪，不准他们表现出来。不让儿童的情绪通过正常的途径得以发泄，可能会导致儿童身心产生失调，甚至出现其他问题。

（3）情绪缺乏自制。

很多儿童在遇到矛盾事件和引起心理冲突时，都能认识到应该怎样做，不应该怎样做，但是在情感上他们却往往无法克制自己按照正确的认识去做，甚至表现出相当强烈的不满情绪——哭闹、打滚。教师一方面要善于通过绘画、音乐或讲故事等来帮助儿童疏泄内在的不良情绪，指导儿童在出现情绪波动时会主动找伙伴倾吐自己的烦恼，以保持心境的平衡和稳定；另一方面要鼓励儿童分析自己的行为，使儿童意识到产生情绪的原因，这种意识反过来又可以帮助儿童学会接受与控制自己的感情。

（4）情绪需要教师激励。

儿童对教师有很强的依恋情感，并向往得到教师的赞赏和认可。教师必须坚持以表扬为主，不断激励儿童产生积极情绪，要十分谨慎而客观地对待每一个儿童，尤其不能在他们面前经常向外人揭露其短处，更不应该当场辱骂甚至体罚儿童，否则很容易损伤他们的自尊心和自信心。对儿童的表扬或奖励也应当合乎事实，既不夸大，也不缩小，使儿童感到愉快，但又不产生骄傲情绪。教师还应多给予儿童获取成功的机会，让他们在实践中体验成功的喜悦，以培养儿童良好的自我意识。

4. 按照学前儿童的社会交往特点组织教育

学前儿童个性的发展与社会化过程的实现都离不开社会交往。儿童与同伴，特别是同龄人的交往不仅是他们不可缺少的生理需要，而且对于维持儿童的心理健康具有很大的作用。一个善于与别人交往和相处的人，能将自己的思想、情感通过一定的方式向适当的对象表达，并能得到他人的理解、信任、接纳和尊重，心理容易得到平衡；同时，在社会交往过程中能获得知识和技能，逐步掌握符合社会要求的行为方式，并根据社会规范调节自己的行为。反之，则可能出现种种障碍，产生各种行为问题。可以说，很多人的异常心理，究其原因，都可以追溯到人际关系失调这一因素。因此，教师要善于按照儿童的社会交往特点组织教育活动，并指导儿童学习社会交往的技能。学前儿童的社会交往特点表现在以下几个方面：

（1）交往灵活多变。

绝大多数儿童有一两个特别要好的朋友，不过这种友情改变得也相当快。教师要经常注意观察那些在交往方面缺乏能力或自信心的儿童，要热情帮助很想与他人交往而不知怎样交往的儿童跨出第一步，要积极鼓励善于交往的儿童与胆怯的、退缩的或过分孤僻的儿童交朋友。当发现儿童不肯与他人交往或相处时，要及时找出其中的原因，有针对性地进行辅导和干预。

（2）群体变化不定。

学前儿童的群体游戏规模较小，且相当松散，如果儿童频繁地从一项活动转到另一项活动，教师不必在意。教师应考虑的是究竟多大程度的控制才是适宜的。当儿童兴趣十足地进行某项活动时，哪怕这项活动在成人眼里是毫无价值的，教师也不宜去横加干涉，要让儿童潜心地去做，用心地去思考和解决问题，以培养儿童行为的统一性。

（3）争吵随时可见。

小朋友为了争抢玩具发生些小摩擦是正常的，因此，教师不要过多地去干涉。只要可能，教师就应让儿童自己解决他们之间的分歧。只有在争吵出格时，教师才有必要予以调解。不过，教师最好不要一味充当裁判，而是引导儿童遵守游戏规则或是让争吵双方各自参与其他的活动以分散他们的注意力。

（4）喜欢游戏活动。

儿童间的社会交往主要是通过游戏活动进行的，其中大多数情节来自他们自己的经验或影视中的故事。教师不应因为儿童所选择的活动不合乎自己的口味或者与自己培养儿童的计划相悖而强令他们停止自己选择的活动。教师可以向儿童提供一些合乎教师要求的故事情节，引导儿童开展游戏。教师也可以有意识地安排一些活动以鼓励缺乏交往技能或过分害羞的儿童积极参加，以利用集体活动的机会，帮助儿童建立良好的同伴关系。

（5）具有性别意识。

绝大多数幼儿园小朋友已有两性差异的意识。一般而言，女孩依赖性较强，男孩独立性较强。教师要鼓励女孩有更多的成就意识，有必要防止过多地满足女孩的依赖要求。教师对男孩则要引导他们在社会交往中关心他人，虚心地学习他人的长处。这样做能帮助儿童抵制某些性别定势，兼具两性良好的心理品质。

（二）家庭教育中的预防措施

学前儿童的问题行为，往往来自问题家庭，它与父母能否正确、有效地教育子女关系重大。父母教育子女应注意的事项很多，但以下较重要的几点，教师务必通过家长学校、家长会、家访等多种途径，指导家长掌握。

1. 父母应有的观念与态度

父母彼此间应友爱合作，共同创造和睦、温暖的美满家庭，使子女获得心灵上的安全感；父母对待子女要公正，管教子女态度要一致；父母对子女不可溺爱；父母对子女不能期望过高，督促过分；父母对子女应多用鼓励，少用责备，多用暗示，少用命令，不打骂，多引导；父母和子女一起游戏、共同活动，以了解子女的心理，及时施教；父母不可欺骗子女。

2. 父母应给子女充分的爱

儿童幼年缺乏“父母的爱”是一生中最不幸的事，“爱”不是自主自长的，爱是需要培养的。物质只能调整情绪，但不能产生真爱。懂得爱人的人才能受到人爱，受过爱的人才懂得爱人。所以，幼儿在家庭中如果得不到“爱”和“安全感”，就会感觉到世界是冷酷的、不可靠的。当然，父母的爱不应是溺爱，而是要蕴藏着爱护、养育及教导，并时时给子女以温暖，以满足其精神上的需要与安全感。

3. 父母应关心子女的全部生活行为和学习效果

首先，父母应注意子女的健康，因为幼儿正处于富有发展可能的时期，此时的健康基础最易建立，也最易于摧毁。其次，父母应启发、教育、指导、训练子女对于事物的是非判别能力，以此来确定自己的行为标准，并逐渐养成良好的习惯。

4. 父母应不让子女感到生活单调

生活的单调枯燥，非但丧失了心灵的陶冶，而且会损及身体的健康，很难使幼儿达到均衡发展的效果。所以，凡是对于幼儿身心的发育成长有益的场合、活动，父母都不妨带孩子参加，让他们在这些场合、活动中调剂身心，观察体验，潜移默化地受到教育。

5. 父母教育子女应有耐心

有些父母对子女做事，常持不信任和不肯忍耐的态度，不让他们尝试，这样会使幼儿养成依赖、偷懒的不良习惯。若让幼儿运用自己的能力去做，失败了鼓励他再做，反而能使幼儿在成功时获得无法形容的快乐。

6. 父母的教育应与幼儿园教育保持一致

父母要十分注意幼儿园教育，经常与教师保持联系，切忌家园不协调，甚至产生割裂、不相关的现象。有些父母误认为孩子进了学校自有教师管理，教育好坏自有学校负责；孩子在家中的行为，则是家长责任，教师无需过问。这样的教育是不可能收到良好效果的。家庭教育和学校教育原是一体两面，目的一致，相辅相成。在教育措施上，家长和教师应该多接触、多联络，并且互相尊重对方的意见，针对孩子的优缺点，施以其所需的教育，这样才能事半功倍、相得益彰。

（三）教室及幼儿园环境中的预防措施

1. 空间大小要适合儿童活动的需要

空间对于儿童的行为发展是非常重要的。有时，环境本身能引发或消除儿童某种特定的行为。例如：空间较大且没有隔断的教室容易使儿童疯跑；材料被放置在高高的架子上，儿童必须依靠教师的帮助才能拿到，这促进了师幼互动行为的发生。所以说，当儿童天生的高活动水平遭遇过于狭小的活动空间时，儿童问题行为必然会产生。

合适的活动空间不仅能预防问题行为的发生，还能促进幼儿亲社会行为的学习。具体而言，教师要对物理环境（主要是教室）进行合理的布置，安排好常规活动，制定合适的教学进度表。物理环境包括活动区的设计和划分、在教室中的行走线路、材料的选择和呈现等。教室的合理布置应包括两个要点：一是有利于培养幼儿之间积极的创造性互动；二是能给幼儿提供较安静和舒适的空间环境。

2. 活动材料的投放要充足

教室里为儿童提供的活动材料，也是教师要评估的一个方面。材料要足够多才不会导致儿童发生争抢行为，也不会导致某些弱势儿童没有活动材料可操作。活动和材料既要具有发展适宜性的特征，又要具有多样化的特点，以促进儿童各个领域的发展。

3. 合理安排教学进程与常规活动

教学进度表、各种常规活动的合理安排也可以预防问题行为的出现和发展。教学进度表应包括小组和大组活动、结构性和非结构性活动等。固定的教学进度表能使幼儿预见下一步要发生的事情，并按照清晰的规则进行活动，获得固定的结果，有利于幼儿形成自我调节的技巧。开展适合幼儿发展水平的有趣又有创造性的活动，既有利于幼儿的发展，也可以较好地防止问题行为的发生。

此外，教师还可以通过与幼儿的积极互动，促使幼儿积极行为的出现。对幼儿偶然出现的问题行为，教师应避免过多强调“问题”，而是尽量对其行为中的积极部分给予鼓励和表扬。教师还应给幼儿明确的、可理解的行动方向，如告诉幼儿做什么，而不是仅仅告诉他们不要做什么，为他们的积极行为提供参考。对于幼儿出现的逐步增强的不良行为，教师要及时进行监控。

本章小结

学前儿童的问题行为会影响儿童身心的健康发展，也会给他人及社会带来麻烦。本章首先介绍了学前问题行为的定义、分类及表现特点，然后举例说明了攻击行为、破坏行为、依赖行为等 10 种常见的问题行为的表现及成因，最后阐述了学前儿童问题行为的预防意义以及预防的主要措施。

知识结构图

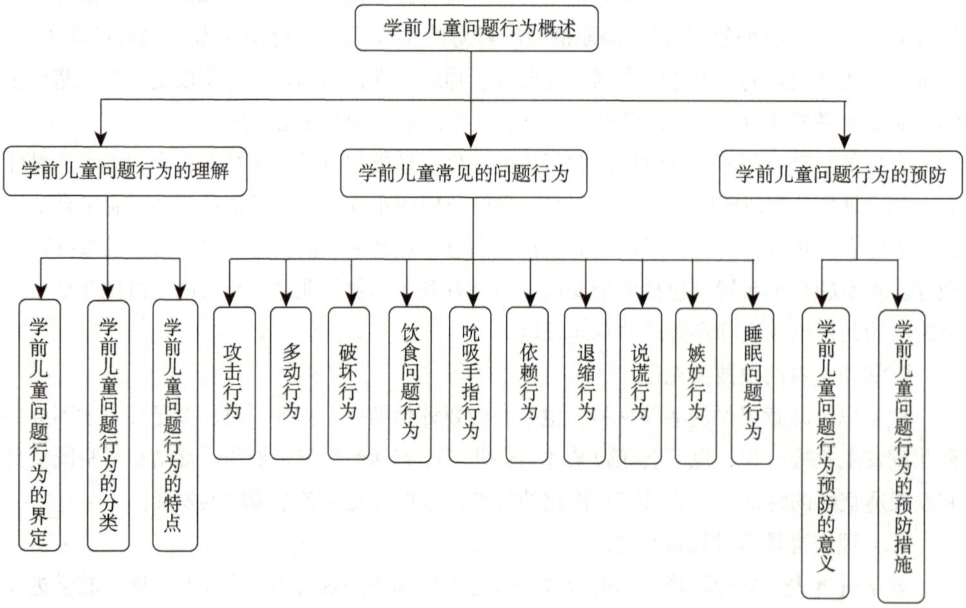

关键概念

问题行为	异常行为
内化问题行为	外化问题行为
攻击行为	多动行为

破坏行为	饮食问题行为
吮吸手指行为	退缩行为
说谎行为	嫉妒行为
睡眠问题行为	问题行为预防

讨论及思考题

1. 如何对学前儿童问题行为进行界定和分类？
2. 结合实例，分析导致学前儿童产生问题行为的原因。
3. 预防学前儿童问题行为有何重要意义？
4. 幼儿园和家庭应如何预防学前儿童问题行为的发生？

参考文献

[1] 李季湄，冯晓霞主编：《3~6 岁儿童学习与发展指南》解读．北京：人民教育出版社，2013.
[2] 王萍主编．学前儿童问题行为及矫正．北京：清华大学出版社，2013.
[3] 董会芹著．学前儿童问题行为与干预．北京：清华大学出版社，2013.
[4] 郑静，曹家正，邵慧玲编著．学前儿童问题行为及其矫正．上海：华东师范大学出版社，1996.
[5] 冯夏婷编著．幼儿问题行为的识别与应对（家长篇）．北京：中国轻工业出版社，2012.
[6] 张彩云编著．学生行为问题与教育方案．北京：中国轻工业出版社，2009.

第六章　学前儿童问题行为矫正

本章学习目标

- 理解行为矫正的基本原理
- 掌握行为矫正的一般过程
- 初步掌握增加学前儿童良好行为的矫正技术
- 初步掌握减少学前儿童不良行为的矫正技术
- 初步掌握通过认知改变矫正学前儿童问题行为的技术

教师专业标准及教师职业资格能力考试要求

- 了解有特殊需要的儿童的身心发展特点及教育策略与方法

引导案例

明明，5岁。在幼儿园，他基本上不爱开口说话，上课时很少举手发言，即使老师问他，也是不吭声。游戏活动也不参加，即使参加了有时表现得比较霸道，会跟其他小朋友抢玩具，不愿跟其他小朋友一起玩。课间也很少动，经常自己一个人玩。

亮亮，4岁。来幼儿园的第一天就显得与众不同，别的孩子会因为父母的离开而哭闹，他却很活跃，跑来跑去，各种玩具都玩了个遍。后来，老师发现，亮亮经常跟别的小朋友发生冲撞，上课注意力不太集中，活动中还经常无故打人、抢玩具。

这两名儿童所表现出的问题行为有明显的区别：明明表现出的是退缩行为，而亮亮表现出的是多动行为。那么，应如何对待这两名儿童的问题行为呢？矫正这两种问题行为所用的程序和方法是一样的吗？本章拟就上述两方面的问题展开讨论，并重点介绍学前儿童问题行为矫正的基本原理、程序和方法。

第一节 问题行为矫正的基本原理

一、行为矫正概述

（一）行为的理解

行为是指个体任何可被观察到的或者可被测量的动作或者活动。在心理学领域，不同的理论派别对行为的界定是不同的。华生、斯金纳等传统的行为主义者认为，行为是可以测量的外显反应或活动，如跑步、吃饭、谈话等，而内隐性的心理结构、意识历程则不属于行为的范畴。霍尔、托尔曼等新行为主义者既重视外显行为，又重视内隐的心理活动。与行为主义学派不同的是，认知主义者通常重视注意、记忆、思维等心理活动过程，而不太重视外显的、可测量的行为。

目前，心理学界普遍认同行为既包括外显行为也包括内隐行为这一观点。行为矫正专家米尔顿伯格认为，人的行为应具有以下六个基本特征。

1. 行为是人们的所说所做

行为是一个人具体的行动，而不是静态的特征。从行为矫正的角度看，对行为的界定应尽量是外显的、可观测的行为表现。比如判定亮亮有“多动行为”，但这不是对亮亮行为的描述和界定，而只是说出了其问题行为的名称。当描述出“跑来跑去”“冲撞”“注意力不太集中”“打人”“抢玩具”等具体表现时，才是对亮亮多动行为的描述和界定。

2. 行为具有一种或一种以上的测量尺度

可以测量一种行为的频率（如亮亮与小朋友冲撞的次数、打人的次数）或行为持续的时间（即一次行为发生从开始直到结束的时间，如亮亮注意力集中仅持续 10 秒钟），也可以测量行为的强度（如亮亮是用拳头重击还是轻轻推别的小朋友）。

3. 行为可以由别人或行为人自己进行观察、描述和记录

当一种行为发生时，人们可以看到它。由于它是可观测的，所以看到该行为的个体就可以对它的发生进行描述和记录。比如，亮亮的多动行为教师和家长都能看到并可加以描述。但是个体内心的想法、情绪情感体验等，可能只有行为人自己能体察到，这些属内隐行为。对于内隐行为，通常需要特殊的方法才能为别人所观察，比如由行为人自己来报告

内在的心理活动和心理过程，其他人依据其报告内容观察这些行为。

4. 行为会对外界环境（包括自然环境和社会环境）产生影响

因为行为是一种包含时间和空间运动的行动，所以行为的发生会对它周围的环境产生影响。比如，亮亮的多动会干扰其他小朋友的活动；如果在课堂上，还会干扰教师的教学。亮亮的多动行为还会引来教师对他的关注，而且很可能是教师的关注维持着亮亮的多动行为。

5. 行为受自然规律支配

按照行为主义的观点，行为的出现和维持与环境中的事件、行为出现之后的结果有密切关系，通过对行为的观察与分析，可以找到控制行为的规律。比如，亮亮的多动行为与教师的关注（行为结果）可能存在互动关系。

6. 行为可以是公开的，也可以是隐蔽的

行为矫正程序最经常地被应用于了解和改变外显行为。外显行为是指可以被行为人以外的人观察并记录的个体行为。内隐行为又称隐秘行为，是无法被外界观察的，如思考和情绪都属于内隐行为。

（二）行为矫正的定义

行为矫正是指依据学习的原理和技术，分析和矫正儿童问题行为的过程。

行为矫正的原理和技术主要来源于两个方面：一是行为学习的理论，经由条件作用过程，改变个体已有的不当行为或者矫治不良的习惯，而令个体获得健康生活；二是认知学习理论，通过改变个体的态度、观念、思想等较复杂的心理状态，从而达到改变某种不良行为的目的。

米尔顿伯格认为，行为矫正包括对人类行为进行的分析和矫正。分析是指识别环境和某一特定行为之间的相互关系，从而识别该行为产生的原因或者确定为什么一个个体会有他所表现出来的行为。矫正是指开展和实施某些程序与方法，来帮助个体改变其行为。

（三）行为矫正的假设

之所以依据学习原理对行为运用一系列的技术进行矫正，促使其改变，与行为矫正所持的有关问题行为的哲学观有一定的关系。开展行为矫正的研究者在对问题行为形成原因以及如何处理问题行为方面有着共同的观点，主要包括以下三点。

1. 行为是习得的

行为矫正的研究者一般认为，先天的遗传以及后天的不良生理条件不是个体产生问题行为的真正原因或者直接原因，行为都是个体在后天的生活环境中通过学习而获得的，而且问题行为与良好行为一样，都是个体在某个特定情境中进行了某种特定学习的结果。比如，哭闹之后父母满足了孩子的需求，那么下一次孩子更有可能通过哭闹的方式要求父母满足自己的需求，这个孩子的哭闹行为是一种通过正强化的过程习得的行为。

2. 行为是可以预测的

行为是在后天的环境中习得的，因此，行为与个体所处的环境有着密切的关系。对于问题行为来说，环境中所存在的不良因素可以用来解释问题行为持续存在的原因。因此，在考察问题行为时，一定要检查个体所处环境中的各个因素，分析与行为有关的各个事件，特别是行为发生之前的事件，以及行为出现之后的后果，这可以帮助我们预测个体的行为将会在什么样的情境中发生，并将以什么形式发生。

3. 行为是可以改变的

既然问题行为是习得的，那么按照学习的原理，也就可以重新学习和改变。通过分析导致问题行为发生的具体因素，可以帮助我们了解问题行为持续存在的原因，并通过改变维持问题行为的不良环境因素，采取一定的措施让个体系统地学习新的良好行为，达到改变问题行为的目的。因此，行为矫正的实质就是指导个体重新学习，以使问题行为发生改变的过程。

二、问题行为的功能评估

（一）行为功能的定义

行为功能就是行为服务的目的或原因。行为功能可以是获得个体想要的东西，如引起他人的注意，逃离某种讨厌的情景、某个讨厌的人；也可以是从行为中获得某种感觉的刺激，如摇头丸带来的强烈兴奋感。

行为具有某种功能，意味着环境中所存在的某些因素可能对个体行为起到了某种强化作用，行为之所以持续、反复出现就与这种强化作用有关。因此，在理解行为功能时，首先需要理解强化和强化物的概念。

强化是指某种行为发生之后，所跟随的结果能够导致将来该行为发生概率增加的过程。行为得到强化，通常表现为行为发生次数、持续时间增加或者行为强度得到某种程度的增强。而强化物是指一切能增加行为发生概率的刺激和事件。

根据强化的时间程式，强化可以分为连续强化与间歇强化，前者是指行为发生之后每次都能获得强化，而后者则是指偶尔、间歇地获得强化。根据行为结果的性质，强化可以分为正强化与负强化，正强化指的是个体行为发生之后获得了某种令人满意的刺激物，因此行为得到了加强；负强化是指行为发生之后，导致某种厌恶刺激的撤销、移去、减少或者延缓到来，因而行为得到了加强。

此外，强化还可划分为一级强化和二级强化。一级强化满足人和动物的基本生理需要，如食物、水、安全、温暖、性等。二级强化是指任何一个中性刺激如果与一级强化反复联合，它就能获得自身的强化性质。比如金钱，对婴儿来说它不是强化物，但当儿童知道钱能换糖时，它就能对儿童的行为产生效果。再如分数，也是在儿童意识到它受家长或教师的关注后才具有强化性质的。

（二）问题行为的功能类型

一般认为，问题行为有四个强化类型或功能。

1. 社会性正强化

一类强化结果是由他人给予的积极强化。在目标行为之后，他人给予了正性的强化后果，就称为社会性正强化。社会性正强化包括注意、得到活动或来自他人给予的物质刺激。

2. 社会性负强化

具有社会性负强化功能的行为通常是逃避或者回避行为。当其他人在目标行为出现后停止消极交往、任务或活动时，这一行为就是被社会性负强化所维持的。例如，当父母要求孩子做事时，孩子就抱怨，结果父母就不让他做了，此时，孩子的抱怨就受到了社会性负强化。

3. 自动正强化

在有些情况下，对目标行为强化的结果不是由另一个人做出的，而是由行为本身的结果自动出现的。当行为自动产生强化结果时，这个行为就被认为是被自动正强化所维持的。例如，有些行为产生感官刺激，因此对行为产生强化。孤独症儿童做出转东西、摇自己的椅子、在自己的眼前拍打手指等行为，是因为这些行为产生强化性的感官刺激。

4. 自动负强化

在自动负强化中，对消极刺激的躲避不是由另一个人的行为得到的。一个由自动负强化维持的问题行为的例子是暴饮暴食。在有些情况下，暴饮暴食的维持来自于对不愉快情绪的减少，这种情绪发生在暴饮暴食之前。

（三）问题行为功能评估的过程

问题行为的功能评估是指收集与问题行为的发生有关的前提和后果的过程。这些前提和后果与问题行为的发生有着功能联系。具体来说，问题行为的功能评估有以下几个步骤。

1. 描述问题行为

即识别问题行为。在这一步骤，干预者要对“什么是问题行为”进行回答，并描述该行为具体发生的频率、每次发生所持续的时间及强度。这一过程可以通过访谈与直接观察进行。访谈通常是了解个体问题行为的第一步，对行为的直接观察则是第二步。访谈和观察一般围绕以下几个问题：

（1）问题行为是什么?

（2）该行为的发生频率常常是怎样的（每周、每天或每小时等）？

（3）每次该行为发生时持续多少时间?

（4）每次该行为发生时严重程度如何?

（5）该行为已经持续多长时间了？

在这个阶段，干预者常常需要判断父母或者教师所抱怨的行为是否真的是需要进一步进行干预的问题行为。因此，需要通过细致的访谈和观察对与行为有关的一些问题进行澄清。

2. 识别环境中的因素

对问题行为进行清晰描述之后，干预者需要对个体所处的环境进行评估，进一步分析环境中是否存在与行为有关的因素，以便确定行为具有什么样的功能。这一过程需要确定与问题行为发生有关的三类事件：

（1）前奏事件。

前奏事件指的是发生在行为之前的事件。在大多数情况下，前奏事件可能是诱发个体出现问题行为的直接原因。比如，妈妈拒绝了孩子购买新玩具的要求，然后孩子就开始哭闹。妈妈的拒绝就是诱发孩子哭闹的直接原因。

在问题行为功能评估过程中，对于前奏事件信息的收集一般比较容易，通过访谈和行为观察等方式就可以让干预者很容易了解行为发生之前常常出现的事件，并确定这类事件与行为发生之间可能存在的关系。

（2）情境事件。

情境事件也可称为背景事件，一般是指出现在行为发生之前，但在行为发生过程中一直存在的各种环境因素。比如个体的身心特点，包括生理状态、障碍程度、认知水平、社交能力水平、运动技能水平等；物理环境，如个体所处环境的嘈杂程度、拥挤程度、天气情况、物品排放的杂乱水平等；社会因素，如父母的家庭教养方式、家庭经济条件、老师或家长对个体的期望水平、周围人的接纳态度、所经历的创伤性事件、特殊的成长经历等。这三方面的因素都可能影响个体问题行为的产生和维持。

在问题行为功能评估过程中要注意：与前奏事件有所不同，情境事件对个体问题行为产生的往往不是直接诱发作用，而是间接的影响。因此，在实际问题行为发生过程中，干预者往往很难通过直接的行为观察方式了解与问题行为发生有关的情境事件。大多数情况下，干预者需要通过深入的访谈及比较分析行为发生情况下的环境信息来获得，有时还需要对个体进行直接的测验、生理检查或者医学检查才能进行确认。

（3）行为结果。

行为结果是指行为出现之后所出现的结果。某种行为反复出现，一般就会认为是行为结果在维持着该行为。因此，对于需要干预的问题行为，在评估时就要确认是否有强化物在维持着行为的持续存在。课堂环境中常见的行为结果包括表扬、惩戒、同伴大笑、隔离、对活动的控制、同伴或成人拒绝等。

访谈和行为观察这两种行为评估方法常常用来收集此方面的信息。一般来说，对于某一种行为，行为结果可能会有以下几种情况：一是个体在行为出现之后总是获得某种刺激物、他人关注或参加某种活动的机会等；二是行为出现之后，个体正在承受的某种刺激物总是出现减少、撤销的情况，或者即将要承受某种刺激物没有到来的情况；三是行为出现之后没有出现明显的可以观察到的结果，或者观察到的结果非常不一致。行为结果的不同，预示着控制个体行为的强化规律有所不同。通常，从第一种情况可推测行为功能为社会性正强化功能，第二种情况则是社会性负强化功能，而第三种情况则预示着可能存在自动强化。

3. 提出行为功能的假设

对维持问题行为的各类环境因素的材料进行收集之后，就可以对行为与各类环境因素之间的关系进行分析。前奏事件、情境事件及行为结果与行为之间存在的关系是判断行为功能的基础。用 ABC 分析表的方式可以比较好地显示它们之间的关系。表 6—1 所示为某个学生问题行为的 ABC 分析。

表 6—1　　ABC 分析示例

前奏事件 / 情境事件（A）	行为（B）	行为结果（C）	行为功能
老师在讲课，同学们都在听课	持续大叫	老师停止讲课，批评他	寻求关注，社会性正强化功能
同学们安静地做课堂作业，老师在某位同学旁边指导	持续大叫并敲击桌子	老师走到他的位置旁，批评他，让他安静，并指导他做作业	寻求关注，社会性正强化功能
老师提问，他举手，但老师让另外的同学回答	持续大叫	老师让他安静，让答题的同学坐下后，让其回答	寻求关注，社会性正强化功能
老师布置作业	持续大叫	老师让他到台上之后变安静	逃避作业，社会性负强化功能

将行为与前奏事件、情境事件、行为结果用 ABC 分析表形式表现出来之后，干预者就可以基于它们之间的关系对问题行为的功能进行判断。

在分析问题行为的功能时，干预者有时会遇到同一个问题行为的首要或者主要功能是什么、次要功能是什么的情况。以表 6—1 中的示例来说，该学生持续大叫的行为在多种情况下的结果都是获得了老师的关注，但也有逃避了作业的情况。因此，这一问题行为的主要功能为社会性正强化功能，目的是获得他人的关注；而次要功能则是社会性负强化功能，目的是逃避教师布置的作业。

4. 对假设进行验证

通过 ABC 分析方式对问题行为功能的判断，事实上仅仅是对问题行为功能的假设。如果个体问题行为的结果一致性较差，所提出的行为功能假设往往需要进一步通过对某些环境变量的控制进行验证。表 6—1 中的示例，假设该学生持续大叫的行为是为了获得教师的关注，那么，可以通过让教师在该学生出现问题行为之后停止给予关注（包括批评）并观察该学生的行为是否因为教师停止关注而发生变化，来验证这一假设是否正确。如果该学生行为的目的确实是教师的关注，那么当教师的关注停止之后，该学生的行为可能出现一个短暂增加的现象，然后开始减少。通过这样的行为功能分析的过程，干预者对个体问题行为的功能可以有更全面和完整的理解。

三、问题行为的矫正过程

问题行为矫正是一个系统过程。昝飞认为，行为矫正的过程通常需要经过三个阶段：行为评估阶段、制订矫正计划阶段和行为矫正实施阶段。

（一）行为评估阶段

行为评估指的是干预者（通常是心理咨询师或教师）通过访谈、测验、观察等方式来收集学前儿童的行为信息，运用分析、推论、假设等方式对儿童的行为性质进行判定，并对需要矫正的问题行为的基本特点及环境因素进行详细测量的过程。这一阶段有两个任务：

一是筛选并确定需要矫正的问题行为；二是对所确定的问题行为进行更仔细的测量。

1. 行为筛选

干预者只有全面了解儿童的情况，才有可能知道儿童所出现的行为是否是问题行为，这些问题行为是否需要进行矫正。因此，行为筛选的过程实际上是一个问题行为识别的过程。在这个过程中，干预者需要将儿童令其他人或者本人所烦恼的问题转化为可以观察、可测量的具体行为，并对这些行为进行详细分析，以确定行为矫正的目标。为了达到这一目标，干预者可以通过访谈、观察、测验的方式来了解儿童的个人资料及行为的详细信息。

在筛选过程中，干预者需要确认哪些行为是问题行为并需要进一步矫正。在回答这一问题时，可以考虑下列内容：

（1）行为是否干扰了儿童的学习和生活？

（2）行为是否干预了其他人的学习和生活？

（3）行为是否干预或阻碍了某种社会关系的建立？

（4）行为是否对儿童的自尊有负面影响？

（5）行为对儿童来说是否很危险或者有危害？

（6）行为是否会危害或者威胁到其他人的安全？

（7）行为是常常发生还是偶尔发生？

（8）行为与儿童年龄相称吗？

如果前 6 个问题的答案为“是”，那么，这个行为一般是有问题的，需要进行干预或矫正。而对第 7 个问题的回答则说明了儿童行为的严重性，越是经常发生的越需要矫正。另外，如果行为与儿童的年龄不相称，通常也会成为矫正的目标。

2. 问题行为的功能评估

如果干预者确定行为需要进一步进行矫正，那么对之进行详细的评估则是非常有必要的。这一过程除了进一步获得有关行为发生频率、每次行为发生所持续的时间及行为强度方面的准确资料之外，更重要的是对行为发生过程中环境因素对之产生的影响进行分析，以确定行为的功能是什么。

（二）制订矫正计划阶段

在对儿童的行为进行全面评估之后，干预者就可以着手制订行为矫正计划。

1. 确定行为矫正的目标

在制订计划的过程中，干预者首先要回答的一个问题是行为矫正的目标。具体来讲，行为矫正的目标针对以下两类行为：

（1）不需要的行为。

在行为评估过程中，干预者会发现有一部分行为会阻碍、伤害个体或者他人的发展，甚至威胁到自己或者他人的安全，这类问题行为通常是不需要的行为。对于这些行为，矫正目标应该是消除、减少或限制。

1）行为应予以消除，即指该行为应尽可能不再发生或者不再出现。这些行为通常是那些对个体自身、他人或者社会有害的行为，如自我伤害行为、攻击行为和破坏行为等。

2）行为应予以减少，指的是行为的发生次数或发生强度、持续时间应该减少。这类行为通常表现为控制在一定限度内的时候能够为他人所接受。比如玩网络游戏、吃零食、看电视等行为，如果控制在一定时间内，那么可接受度就会增加。

3）行为应予以限制，指的是行为本身不是问题，而是发生在不该出现的环境中，因此需要限制这些行为在特定的环境中出现。比如，在大家安静做作业的时候不可以大声说笑，但是在下课时则可以。

（2）需要的行为。

行为矫正不仅仅处理不需要的行为，也需要培养符合儿童发展需求的良好行为。对于需要的行为，也要进一步确定该目标行为是加强、发展还是拓展。

1）行为应予以加强。对于个体来说，从技能水平上完全可以也已经表现出这些目标行为，但是行为发生次数、持续时间或强度还没有达到所希望的水平，因此需要制订计划进行加强。比如，孩子说话声音很轻，已经能够用勺子吃饭但常常用手抓饭等。

2）行为应予以发展。这一类行为对于个体来说是必须发展的，但是个体还没有发展出这些行为，因此，需要通过特别的矫正计划来教会个体如何适当地表现出这些行为。比如，在别人抢走其玩具时孩子不会用合理的方式表示反对，而是采用打架的方式，这就需要采用行为矫正的手段帮助孩子学会合理表达自己的要求，如学会说“请把玩具还给我”。

3）行为应予以拓展。这一类行为是指孩子已经掌握某些具体的行为，但是这些行为仅仅发生或者表现在为数有限的若干情境或者情况下，因此需要通过行为矫正的方式帮助其拓展行为使用的情境，促进其行为迁移。比如，儿童已经能够与父母对话，但是当其他人问他问题时，他总是保持沉默，这就需要制定一定的措施来帮助其将所掌握的对话技能迁移到与其他人的交流情境中。

2. 确定行为矫正的方法与具体步骤

干预者应根据所确定的行为目标、评估结果及个体的具体情况，选择适当的行为矫正技术来达到预定的目标。所采用的行为矫正技术不同，所设计的行为矫正步骤、具体实施方案及所需要注意的问题也会有所不同。

（三）行为矫正实施阶段

当行为矫正计划制订好之后，就可以根据计划实施。在实施过程中，干预者要做好行为的监测工作，并在必要的时候及时调整矫正措施。

第二节 良好行为形成和增加技术

学前儿童问题行为的表现之一就是行为不足。行为不足意味着与同龄人相比，该儿童某种行为出现的频率太低、持续时间过短或者强度不够，比如行为退缩的儿童，其与他人交往的行为过少。因此，需要使用诸如正强化法、负强化法、行为塑造法、代币制法和行为技能训练法等行为形成和增加技术，以促使儿童表现出教师和家长所期望的良好行为。

一、正强化法

案例：米米家来了妈妈的大学同学。妈妈一边忙着招待同学，一边把米米的布偶娃娃拿给同学的女儿玩，还时不时夸同学的女儿长得又可爱又漂亮。米米见妈妈没有理睬她，就把积木搬到离妈妈和同学不远的地方，一边敲打，一边往妈妈坐着的地方扔，还时不时地向妈妈那边看。妈妈知道米米这样做是想引起大人的注意，就没有理睬她。见妈妈没有反应，米米又跑过来要妈妈给她买冰淇淋吃，妈妈没有接她的话茬儿，而是对同学说："我们米米是个很棒的孩子，自己玩了积木，会把它们收好，放回架子上。"妈妈的同学故作惊讶地说："真的吗？米米真是太棒了！阿姨好想看看米米是怎么做的。"米米听了，高兴地跑过去把扔得到处都是的积木一块一块捡起来，装进盒子里，放回架子上，然后再坐到妈妈的旁边，妈妈当着同学的面表扬了她。等同学走了以后，妈妈给米米买了冰淇淋，并告诉她："米米，妈妈今天给你买冰淇淋是为了奖励你，因为你收拾好了积木。"

米米的妈妈和她的同学通过正确的引导，并对米米表现出的期望行为（自己收拾玩具）给予了及时的表扬和奖励。可以预料，米米以后会更自觉地整理好自己的玩具。当然，还需要米米的妈妈时不时地关注和表扬米米表现出的这一行为。从行为矫正的角度讲，米米的妈妈对米米"自己收拾玩具"的行为实施了正强化。

（一）正强化法的定义

正强化法是指儿童在某种情境或刺激下，做出某一种行为，结果得到了一种正强化物，

如果这种正强化物能够满足儿童的需要，则以后在同样的情境或刺激下，该行为的出现概率会提高的一种行为矫正方法。正强化法是行为矫正技术中最基本、最有效的方法之一。正强化法对几乎所有的学前儿童问题行为均有矫治效果。

行为主义学习理论认为，强化是指某种行为发生之后，所跟随的结果能够导致将来该行为发生概率增加的过程。行为的增加通常指的是行为的发生次数、持续时间或者强度得到增加。在日常生活中，行为结果所导致的强化有两种形式：一种是行为出现之后获得了奖励；另一种是逃避或者回避了某些讨厌、害怕的东西。这两种过程都可称为强化，但两者有所区别。其中，行为结果是获得强化物的过程为正强化，而行为结果是逃避或者回避的过程为负强化。

（二）正强化法的使用

1. 正确选择要强化的行为

在制订正强化的矫正计划时，首先要确定的是正强化的目标行为是什么。正强化的目标行为应该是良好行为，而且这一行为应该是具体而明确的。在行为矫正中，这样的目标行为可称靶行为。这就要求干预者要用清晰的语言描述目标行为。另外，如果只是用正强化的技术来矫正个体的行为，那这个目标行为应该是个体已经能够表现出来、但是目前发生次数尚少的行为。如果个体的能力不足以表现出该行为，那么除了正强化技术的作用之外，还需要结合运用其他技术，如行为塑造技术。

2. 正确选择正强化物

对于个体而言，如果呈现的某个刺激或者事件被认为是能够满足个体需要的，那么这个刺激或者事件就可被认为是正强化物。选择什么样的事件或活动作为正强化物，一般要进行一个强化物偏好评估的过程。评估主要要达到两个目的：一是确定儿童所偏好的事物或活动；二是确定儿童对这些作为强化物的事物或活动的偏好程度并依次排序。

小资料

强化物的类型

强化物一般可分为五类：（1）消费性强化物，如糖果、饼干、饮料、水果等一次性消费品；（2）活动性强化物，如看电影（电视）、看画册（小人书）、过生日、郊游等活动；（3）操作性强化物，如玩球、涂颜色、绘画、跳绳、骑小车、做游戏等；（4）拥有性强化物，指在一段时间内孩子可拥有的东西，如有机会坐自己喜爱的椅子，穿自己喜欢的衣服，有一块属于自己的“小天地”，等等；（5）社会性强化物，指个体喜欢接受的语言刺激或身体刺激，如口头赞扬、拥抱等。

3. 正确实施正强化

首先，在实施正强化前，教师或干预者应该把计划告诉儿童，以期取得其积极配合。由于学前儿童对语言的理解能力有限，故需要教师或干预者尽量采用简单、生动的语言解释。其次，在所需要的行为出现后立即予以强化，不要耽搁很长时间。再次，给予强化物时，要向儿童描述被强化的具体行为。例如，表扬儿童时应说“你把玩具整理得真整齐”而不是说“你是一个听话的孩子”，这样能使儿童明确今后该怎么做。最后，分配强化物时，最好能结合其他奖励，如口头赞扬、拥抱、微笑等。此外，为了防止饱厌情况的出现，教师或干预者要有效控制每次正强化物的呈现量，以确保正强化物在整个治疗过程中最大有效性的发挥。

4. 逐渐脱离强化程序

当目标行为发生频率达到预期目标时，应该考虑正强化脱离的程序。正强化脱离的程序通常从两个角度考虑：一是将连续的正强化转为间歇正强化；二是逐渐减少可见强化物的使用，而采用社会性强化物来继续维持这个行为，从而帮助儿童逐渐脱离强化物的使用，而真正建立良好、积极的目标行为。

二、负强化法

案例：男孩东东 4 岁，上幼儿园中班。东东出生后由于母乳不足，采用人工喂养。半岁时父母外出打工，把他交由外婆抚养。直到上幼儿园，父母才把他接到身边。进入幼儿园以后，老师很快就发现东东有吮吸手指的习惯，特别是安静下来一个人的时候，东东都会不自觉地把手指放进嘴里。但是妈妈没怎么在意，认为东东长大一点这种行为自然就会消失。直到最近妈妈发现东东手指肿胀得厉害，才意识到问题的严重性。为了改变东东吮吸手指的坏毛病，妈妈甚至打过他的手。结果是东东吮吸手指的行为非但没有消失，频率反而越来越高。现在，周围的小朋友经常嘲笑东东。

吮吸手指是学前儿童常见的一种问题行为。为了矫正东东的这一问题行为，干预者在东东的手指上涂抹了黄连类的苦味剂，并告诉东东如果你再吮吸手指，将会尝到非常苦的味道。为加深东东的理解，干预者还将少许黄连让他尝了一下。经过一段时间后，东东吮吸手指的行为明显减少。从行为矫正的角度讲，干预者所采用的方法叫负强化法。

（一）负强化法的定义

负强化法是指儿童在某种情境或刺激下，做出某一种行为，结果可避免厌恶刺激（或称负强化物），则以后在同样情境或刺激下，该行为的出现频率会提高的一种行为矫正方法。对于儿童来说，之所以要做出某些行为来让一些刺激移去、减少或延缓出现，是因为这些刺激物令其感到讨厌或者烦恼，例如：不喜欢做的作业、不愿意参加的活动、难闻的气味、不喜欢的人等。负强化法可用来矫正儿童的自伤行为、咬指甲、吮吸手指、爱哭等问题行为。

厌恶刺激物的移去或者消除可以通过多种途径完成，主要可以归纳为两类：一是通过其他人的行动达到这一结果；二是儿童自身行为的直接结果，与其他人的行动没有关系。前者称为社会性负强化，后者称为自动负强化。

负强化法是通过儿童对即将出现的负强化物的逃避和回避来实现的。逃避是指儿童承受厌恶刺激后，只有从事某种特定的良好行为，该厌恶刺激才能终止。经过逃避过程，儿童逐渐知道当某种厌恶刺激的信号出现后，必须立即从事某种特定的良好行为，方能免受厌恶刺激的袭击，这就是回避反应。在回避过程中，儿童实际上并没有真正地体验到厌恶刺激，但是以往的经验告诉他，如果自己不做出某种行为，那么某种令其感到厌恶的刺激物就会到来。因此，回避是儿童主动做出回应的过程，回避行为所针对的是预防厌恶刺激而不是结束它。

（二）负强化法的使用

1. 确立目标行为

确立的目标行为必须明确具体，要说明用何种良好行为来替代不良行为，不良行为最好是可观察或可测量的。而且负强化过程中涉及厌恶刺激的使用，一旦目标行为发生，厌恶刺激就需要撤除。也就是说，厌恶刺激要出现在行为发生之前。因此，在制订矫正计划时，要注意分析负强化技术是否适用于目标行为。此外，还要考虑在良好行为发生之前是否可以设置个体厌恶的情境。

2. 选择适当的厌恶刺激

选择的厌恶刺激必须能使儿童产生极大的不适感，如难忍的强热、强冷、苦味等。选择的厌恶刺激应该是一种在预期行为出现时能立即终止的刺激物，且应是学校教育和社会道德所能容忍的，不会影响儿童的身心和安全。

3. 选定警告刺激

警告刺激又可称为条件厌恶刺激，它是几秒钟后厌恶刺激到来的信号。铃声、灯光乃至教师注视的目光、皱眉、口语等都可作为警告刺激。警告刺激以备回避程序之用，但最终警告刺激是要被去掉的。

4. 尽量减少不良行为产生的诱因

矫正初期要尽量控制不满意行为的刺激，尽量消除对不满意行为的可能的强化。

5. 当出现良好行为时，应结合正强化使用

当个体良好的目标行为出现之后，除了厌恶刺激出现变化之外，若同时能够及时地给予正强化，那么目标行为的形成和维持就会更加容易。这样的强化方式能够让个体对良好行为的结果有更深刻的印象，表现出良好行为的动机会更强。而且，负强化技术中需要使用厌恶刺激，因此这是一种消极的干预措施，结合正强化技术的使用在一定程度上可改善其消极性。

三、行为塑造法

案例：女孩楠楠3岁，之前一直由乡下的奶奶抚养，半年前爸爸妈妈把她接到城里，准备让她上幼儿园。但爸爸妈妈很快就发现楠楠过于安静，偶尔说的话也常常是成分残缺的短语而不是完整的句子，如“喝水”“累了”，在陌生人面前从不说话，到了幼儿园也只是坐在远离人群的地方摆弄玩具。妈妈带她去医院，医生怀疑她患有孤独症，但经过仔细的评估后，发现楠楠是因早期剥夺导致的发展迟缓。

通过分析发现，楠楠表现出两个方面的问题行为：一是语言表达技能不足；二是社会交往退缩。这两方面问题行为的解决需要一个循序渐进的过程，让楠楠一步步地学会完整的语言表达和与人交往的技能。行为塑造法有助于这类问题行为的矫正。

（一）行为塑造法的定义

行为塑造法指的是通过对连续趋近于目标行为的行为进行系统的、有区别的强化，并最终帮助儿童学会新的目标行为的一种行为矫正方法。

行为塑造法是根据斯金纳的操作条件反射原理设计出来的，目的在于通过强化（即奖励）而造成某种期望出现的良好行为。在日常生活中，行为塑造法常常被有意或无意地用来培养和发展儿童的新行为。比如，孩子咿咿呀呀学会说正确字词的过程就是一个塑造的过程。孩子在刚学习说话的时候，发音总是含糊不清的，但是父母总会将孩子所发出的声音与某些语言的音联系起来，并为之感到兴奋，不断鼓励孩子继续发出这些音，甚至模仿孩子的发音；当孩子发出这些声音的机会增加的时候，父母会对这些声音加以引导，让孩子所发出的声音更加接近正确的语音；当孩子能够发出这些声音的时候，父母又会感到高兴、兴奋。这样，孩子逐渐地能说出正确的字词。

在行为塑造的过程中，有两个非常关键的做法：一是行为目标的逐渐趋近；二是对不断变化的行为的区别强化。

（二）行为塑造法的使用

1. 定义目标行为

首先，要确定行为塑造的目标行为。例如，针对有攻击行为的儿童，我们希望个体在交往过程中攻击行为减少至消失，而合作、等待等亲社会行为出现的次数增加，因此，确定塑造的目标行为是亲社会行为的发生。

其次，要确定逐次趋近的阶段性目标，通过这些子目标行为的实现，最终达到目标行为的塑造。子目标一定是一小步一小步地来实现的目标，不可操之过急，不可一下子把目标定得太大，让儿童望而却步，或者不符合儿童心理和行为的基础。

此外，我们在确定目标行为的同时还应了解清楚儿童现在的行为特点和行为基础，了解出现这些行为的情境及原因，为行为塑造打好基础。

2. 确定初始行为

初始行为必须是个体已经出现的行为，至少偶尔出现过。另外，初始行为必须和目标行为有些关联。例如，儿童偶尔发生过的亲社会行为——能够从其他小朋友的手里接过玩具，而不是之前常常出现的攻击行为——抢玩具。

3. 选择塑造步骤

所选择的每一个更接近目标行为的步骤不能过于细小，否则会进展缓慢，过于费时；但每个步骤所体现的变化也不能过大，否则个体的进展会停止。因此，每次所选择的步骤必须适中，即该步骤经努力能完成。例如，我们制订的目标一为儿童能够不出现攻击行为，目标二为儿童能够用平和的态度与人交往，而不是马上要求儿童能够用友好、礼貌的亲社会行为与人交往、交流。让儿童在每个小的行为基础上积累自己的能力和自信，最终达到目标行为。

4. 确定塑造程序中使用的强化物

为儿童选定一个强化物，只要儿童做出正确的行为，指导者就马上提供强化物。强化物的选取必须建立在儿童的脾气、个性、气质、喜好、情趣之上，这样才能对儿童的行为进行一步步的塑造。强化物的量要适度，以免儿童很容易就得到满足，指导者可以考虑采用小奖品、表扬等强化物。儿童的欲望远远不及成人，因此我们在设定强化物时要从儿童的角度出发，如成人眼中微不足道的小贴画，在儿童眼中却是不错的奖励。

5. 对各个连续的趋近行为实施差别强化

在初始行为开始时，就要对行为的每个过程加以强化，直到确保该行为能够出现，然后再强化下一步骤的行为，而对前一步骤的行为则停止强化。一旦该步骤的行为能够保持一贯出现后，就可以停止对它的强化而继续下一步骤。按照这样的程序进行下去，直到目标行为出现为止。

行为塑造法主要涉及强化原则的应用，强化原则在新行为习惯的培育中的作用是值得肯定的。有时候，治疗者可能希望也同时采用惩罚的方法处理儿童在新行为塑造中出现的退步，如果用得适当，这也未免不可。例如，让儿童想象自己被其他小朋友排除在外的恶果，这样做时，要注意同时给儿童以鼓励，防止一退再退。在整个过程中，我们遵循循序渐进的方法，不断提高对儿童的要求，不断提高我们的目标行为，逐渐达到儿童行为塑造的目的。

四、代币制法

案例：男孩贝贝5岁，刚上幼儿园不久。由于父母工作忙，贝贝一直由姥姥、姥爷带着，姥姥、姥爷舍不得让他上幼儿园。眼看就要到上小学的年龄了，父母要贝贝学习如何与同龄小朋友相处，姥姥、姥爷只得放手，贝贝才得以走进幼儿园。其实，贝贝一直渴望跟同龄的小朋友玩，但过去一直都由姥姥看护着，机会不多，即使有了机会，小朋友们也不怎么理他，让他很生气。到了幼儿园，一下见到了二十来个小伙伴，真使他心里乐开了花。没有了姥姥的看护，贝贝以为可以随心所欲地和小朋友们玩了。但由于他是个插班生，大家都不怎么理他。贝贝可不管这些，见一个就缠一个玩，更糟糕的是不管对方是男孩还是女孩，他都喜欢去搂对方的脖子，要不就用手摸对方的脸，或者用手指戳对方的身体，让其他的孩子很不开心。老师当然要来制止，但贝贝满不在乎，在他看来，妈妈、姥姥喜欢他，会搂他、摸他，他喜欢别的孩子，自然也可以这样做。慢慢地，孩子们都躲着他，女孩子们的家长都认为贝贝有点“色”，是班上不可救药的捣蛋鬼。

很明显，贝贝缺少良好的社会交往技能。许多研究者发现，采用代币制法可以成功地培养和保持儿童的社会技能。因此，代币制法已经成为培养儿童社会行为技能的重要方法之一。

（一）代币制法的定义

代币制法是指用代币对个体行为进行强化的一套行为改变系统。

用代币作强化物，可以在任何场合使用，只要满意行为一发生即可发放；可以根据行为质量的好坏，对代币进行增减；可以利用兑换的时间差，使反应与支持强化物之间建立一个长时间延缓的桥梁；可以避免单一强化物易引起的饱厌现象。此外，代币制法的应用范围很广泛，它可矫正儿童的多动、攻击、胆怯、孤独等多种问题行为，既可用于个别矫正，又可用于群体矫正。

（二）代币制法的使用

1. 明确目标行为

目标行为的确定在很大程度上取决于矫正对象的类型，取决于希望完成的短期目标和长期目标，取决于干扰目标实现的具体行为问题。

确定目标行为最终要把焦点放在一个或一个以上所希望增加的良好行为上，并加以明确的界定，避免使用“不合作”“捣乱”“无恒心”等抽象和含糊的词语。例如，不要笼统地提“上课认真”“养成卫生习惯”，而要提出“当教师讲课时，必须安静地坐好”“饭前要洗手”等具体的行为要求。

2. 建立基线

实施代币制法前，必须根据特定的目标行为的反应特点，选择合适的方法，测定问题行为的基线数据，为矫正程序正式开始后观察行为的变化提供一个比较基础。

3. 确定代币

代币必须是马上可以利用的实物或象征性的东西；必须是可以计数，具有吸引力并且简单、轻便、可携的；必须是能够随时都可以方便发放的；必须是儿童不容易复制的；必须是不具备其他实用功能的，也不易与别的物体相混淆的东西。例如，可以是塑料棋子，或者教师可以在口袋里放一支特别颜色的笔在记录表上做记号。

4. 选定支持强化物

儿童在领取代币以后，必定会拿它来交换作为报酬的支持强化物。选择支持强化物的方法与选择强化物的方法基本一致。选择时既要考虑其强化价值，又要考虑到购置这些强化物的经济价值。其实，自由支配时间、玩玩具或看读物、骑一下小车，甚至帮助教师做事的机会都是常见的、容易的、可供选择的强化物。应尽可能广泛地使用不同的强化物，特别是在代币制程序执行的初期，可以使用一些易于发放和很快消费的支持强化物，如糖果等。

5. 拟订代币交换系统

代币交换系统应指出何种行为可以获得一个代币或几个代币（代币必须在期望行为发生后立即给予）；应给所有选定的有效支持强化物确定一个价值，让儿童知道积累多少代币才能换得相应的支持强化物；规定交换的时间、地点，并监督其交换。

6. 严格具体操作

把计划告诉儿童，让他了解操作的内容和要领。设计一个适当的储存柜，陈列支持强化物。在一个特定的时间内，应指派专人来强化某一特定行为。代币总在满意反应出现后立即以积极的且明显的方式发给。在发给代币时，友好的、微笑的赞许也应同时出现，且应告知儿童为什么得到代币。开始时，代币换取支持强化物的次数应多一些，然后逐渐减少。在履行职责时，教师应始终保持适当和稳定的情绪，以及操作的一致性。

7. 把代币制泛化到自然环境中去

当儿童的目标行为反应达到期望的满意程度后，还应帮助儿童脱离代币制，以适应自然环境。常用的方法有两种：一种方法是逐渐地取消代币，即通过逐渐减少赢得代币的数量，或逐渐延长目标行为和代币发放之间的时间来实现；另一种方法是逐渐降低其价值，即通过逐渐减少一定量的代币可兑换到支持强化物的数量，或逐渐延长获得代币和兑换支持强化物之间的时间来实现。具体采用何种方法更有效，要因人而异。

五、行为技能训练法

案例：女孩黎黎5岁，上幼儿园大班。黎黎自出生后一直由奶奶抚养，直到入园前才由父母领回家中。她刚入园时较胆小，性情比较孤僻、不合群。经过一段时间后，能在老师及同伴的带动和鼓励下参加一些活动。在语言方面，黎黎基础较好，对音乐也较感兴趣，但是近来她经常哭泣或不肯来园，有时坐在座位上一动也不动。据了解，由于过去跟奶奶住一起，极少有机会出去玩、交朋友。现在虽然和父母住在一起了，但是父母关系不和，母亲经常在外面玩，父亲较孤僻，不爱讲话，家庭气氛较沉闷。

要黎黎改变目前的状况，光凭说教是不行的，重要的是要给予黎黎足够的榜样示范。教师和家长要指导她该如何与人交流、交往。为了保证效果，教师和家长最好与黎黎做一些预演，通过情境的设置，让黎黎练习教给她的与人交流、交往的技能。当然，在这一过程中，对黎黎所取得点滴进步都要给予及时的表扬和肯定。这种矫正问题行为的方法被称为行为技能训练法。

（一）行为技能训练法的定义

行为技能训练法是指结合使用示范、指导、演习和反馈技术，帮助个体熟悉有用的行为技能的方法。行为技能训练法对儿童社会技能的学习和掌握效果明显。

（二）行为技能训练法的使用

1. 示范

训练者首先向儿童示范正确的行为，儿童观察示范行为然后进行模仿。示范可以是具体的，也可以是象征性的。进行具体的示范时，示范者在适当的情境中表现出正确的行为。进行象征性示范时，正确行为可通过视频、音频、动画片的形式表现出来。

在示范过程中应注意以下几点：

（1）当示范正确行为时，应示范出一个成功的结果（一种强化）。

（2）示范者应和学习者地位相似或具有较高的地位。

（3）示范行为的复杂程度要和儿童的精神发育水平或能力相当。

（4）要确保儿童将注意力集中到示范者身上。

（5）应在真实的情境中示范或者在对真实情境的角色扮演中示范。

（6）适当地重复示范行为，使儿童能够正确模仿。

（7）为了促进行为的泛化，应当用各种方法示范在各种情况下如何运用该行为。

（8）看过示范后，应尽快给学习者一个演习（模仿）的机会。对正确模仿要立即予以强化。

2. 指导

指导是指向儿童恰当地描述某种行为。要达到最好的效果，指导应是特异性的，应当对希望儿童表现出的行为进行准确的描述。因此要注意以下几方面：

（1）指导所用语言要符合儿童的理解水平。

（2）指导者应该是儿童所信任的人（如父母、教师或心理医生）。

（3）接受指导后，应尽快给儿童实践这种行为的机会。

（4）把指导和示范结合使用。

（5）只有当儿童注意力集中的时候才能给予指导。

（6）让儿童重复指导语，以保证已准确地听到了指导语。

3. 演习

演习指在接受指导或观察行为示范后对这种行为进行实践。演习是行为技能训练的一个重要部分，因为只有看到儿童表现出正确的行为，教师才能确定该儿童已经学会这种行为。此外，演习也提供了一个对行为进行强化的机会，提供了一个对行为表现进行评估和改正错误的机会。在演习的过程中应注意以下几点：

（1）应当在适当的时候对行为进行演习，或者在一个真实的情境下，或者在一个可以激发类似情境的角色扮演中，以保证训练后行为的泛化。

（2）设计演习时，应当使演习容易成功。

（3）正确的演习应当立即给予强化。

（4）不完全正确或错误的演习，应当给予更正性反馈。

（5）直到行为表现正确或至少能有几次正确表现的时候，才能停止演习。

4. 反馈

当儿童进行行为演习后，训练者应当立即给予反馈。反馈应当包括对正确行为的表扬或其他强化物，必要时还应包括对错误的更正，以及如何进行改善的进一步指导。在反馈的过程中应注意以下几点：

（1）应当在行为完成后立即给予反馈。

（2）反馈时，应当有对行为某些方面的表扬（或其他强化物）。即使行为没有完成正确的地方，至少应表扬儿童的努力参与。

（3）表扬应当是描述性的，应对儿童所说的或正确的地方进行描述。

（4）进行更正性反馈时，不要用否定的方式，不要把学习者的表现说成坏的或错误的，而应当是怎样才能做得更好或怎样才能改善行为表现的指导。

（5）进行更正性反馈前，要首先对某些方面进行表扬。

（6）一次只对行为的一个方面进行更正性反馈。

行为技能训练的目标是让儿童获得新的技能，并在训练环境之外的合适的环境中使用这些技能。因此，应在行为技能训练后加强泛化，具体做法包括：通过角色扮演，模拟真实情境；将真实生活情境与训练结合；布置训练之外的练习作业；安排好训练之外进行练习时的强化，通常由家长或教师执行。

第三节 问题行为减少和消除技术

行为过度是学前儿童问题行为的另一表现。行为过度通常指与同龄的个体相比，个体的行为发生次数太多，持续时间过长或者强度太大。此外，学前儿童不当的行为也是需要加以矫正的。这两类问题行为都可以采用惩罚法、消退法、区别强化法、前提控制法、系统脱敏法等行为减少和消除技术。

一、惩罚法

案例：媛媛和小朋友一起围坐在一张方桌旁，用橡皮泥做各种东西。过了一会儿，媛媛扔掉了一个自己用橡皮泥做的小狗，还打翻了别的小朋友做的小人。老师看到后平静地走到媛媛面前说："媛媛，跟我来。"然后把她带到教室的一角，指着一张椅子对她说："媛媛，因为你扔东西还打翻了别人的东西，所以你不能玩了。坐在这儿，直到我叫你再来玩。"2~3分钟后，老师走到媛媛身边说："你现在可以回去和大家一起玩了。"

媛媛因为自己的破坏行为，让老师下决心让她在一旁静一静，使她明白这种不良行为会让她失去和小朋友一起玩的机会和快乐。这对媛媛来说是一种惩罚。

（一）惩罚法的定义

惩罚法是指儿童在一定情境或刺激下产生某一不良行为后，及时使之承受厌恶刺激（又称惩罚物）或损失正在享用的正强化物，也就是将儿童的不良行为与某种不愉快的或惩罚性的刺激结合起来，多次重复配对出现，使儿童以后在类似情境或刺激下，该不良行为的发生频率降低，甚至消除的一种行为矫正方法。

惩罚有三种类型：体罚、谴责和暂停。

1. 体罚

体罚是指随着儿童不良行为的出现，及时施予一种厌恶刺激或惩罚物，以收到阻止或消除这种不良行为发生的功效。体罚对于儿童和家长而言，都会感到不愉快，应尽量避免使用。一旦不得不使用时要注意两点，一是对儿童的身体无严重性伤害；二是事先征得儿童家长的同意。

2. 谴责

谴责是指当儿童出现不良行为时，及时给予强烈的否定的言语刺激或警告语句，以阻止或消除不良行为出现。谴责也可以采用肢体语言，如瞪眼睛、用力抓住等。值得注意的是，谴责行为或语句的后面必须偶尔地跟随别的惩罚刺激，否则谴责会失去其惩罚的作用。

3. 暂停

暂停是指当儿童表现出某种不良行为时，及时暂停其正在享用的正强化物以阻止或减少这种不良行为再现，或把儿童移到正强化物较少的环境中去。例如，儿童正在参与有兴趣的活动时，若表现出不良行为，教师可及时停止其活动，等到儿童表现良好时再让他继续参加。

（二）惩罚法的使用

1. 选择被惩罚行为

选择的被惩罚行为应为具体行为，而非一般行为，如出现吸吮手指行为。

2. 选择惩罚物

为了使惩罚有效，选择的惩罚物必须有适当的强度。一般来说，被惩罚个体对惩罚物的厌恶程度存在个别差异。如有的儿童特别是女孩子，只要给予训斥就能令其改变错误行为；而有的儿童特别是调皮的男孩子对训斥根本不当一回事，此时就必须有较强的惩罚物跟上，惩罚才会有效果。

3. 惩罚程序实施前的注意事项

（1）尽量为替代行为的产生创造条件。要最大限度地引导和强化替代行为产生。

（2）尽量控制产生不良行为的情境出现。环境常常是诱发不良行为产生的一个重要因素，因此要消除或避免引起不良行为的情境出现。

（3）成人执行惩罚的态度必须一致。家庭教育中常常出现教育观念不一致现象，常见的情况是父严母慈，这种不一致的态度和标准的后果是儿童对长辈的态度不一致（如只怕父亲，不怕其他人），这将导致其不良行为不能真正得到改变。

4. 正式实施惩罚程序时的注意事项

（1）惩罚必须及时。不良行为发生后，惩罚与之的间隔时间越短，效果越好，而拖延惩罚的时间常常会使惩罚的效果减弱，甚至产生不良影响。

（2）施行惩罚时必须保持平静。在实施惩罚时，惩罚者易产生激动情绪，这可能会加重惩罚的强度。因此，惩罚者必须保持平静地面对事实的态度，这样可减少惩罚者由于情绪激动而造成的危害。

（3）惩罚应和替代行为的强化相结合。例如有一个儿童平时喜欢在水泥地上打滚或撞头，家长或教师除了要对该儿童在水泥地上打滚或撞头的行为给予惩罚外，还要设法强化他坐在椅子上听故事、参加游戏和搭积木等良好行为。

5. 惩罚法与其他强化法结合使用

使用惩罚法要慎重，一般在正强化法、消退法等方法无效的前提下，迫不得已时才采用。单一使用惩罚法具有局限性，大多数情况下要与其他强化法结合运用。这是因为：

（1）从教育的角度看，惩罚法是比较严厉的。强烈的惩罚会引起儿童不良的情绪反应，或导致儿童模仿成人的惩罚行为来对付别人，使用不当易对儿童造成一定伤害或不良影响。因此，惩罚法的使用以穷尽其他方法为前提，不能轻易使用。

（2）单独使用惩罚法容易产生一些伦理道德问题。例如，儿童上课玩东西，教师将儿童所玩东西没收以后，如果没有相应的处理结果，尤其是一些贵重的玩具等，那么就会让家长对教师产生不必要的误解。

（3）使用惩罚法容易让人上瘾，对儿童的身心健康带来危害。研究表明，经常使用惩罚法会让施罚者获得一些快感，从而造成惩罚法的滥用，使儿童产生较强的恐惧心理，从而给儿童的身心健康带来危害。

二、消退法

案例：3岁的女孩莎莎在沙滩上玩沙子，妈妈在旁边和别的小朋友的妈妈聊得热火朝天，莎莎几次过来叫妈妈看她堆的城堡，让妈妈帮忙挖个坑，妈妈都应付着说："你自己玩去吧。"觉得失宠的莎莎发现正常途径没能把妈妈的注意力吸引过来，于是她突然把别人的城堡摧毁，抢别人的工具。听到别人家孩子的哭声，莎莎的妈妈这才过来，制止莎莎。莎莎大哭大闹，大发脾气，弄得妈妈收不了场。

莎莎使用正常的"呼唤"和"请求"行为并未获得妈妈的关注和参与，最后采用极端的"破坏"行为反而引起了妈妈的注意。这种情境在我们的日常生活中其实比较常见，莎莎妈妈的不当反应强化了莎莎的问题行为，而对其正确的反应没有给予适时的关注。对于已经学会用"破坏""哭泣"等问题行为来获得成人关注的儿童来说，教师和家长要学会关注儿童的良好行为，而同时忽视儿童的不良行为，让儿童的不良行为慢慢地消退，最终用良好行为代替不良行为。这就是行为矫正的消退法。

（一）消退法的定义

消退法就是通过停止对某种行为的强化，从而使该行为逐渐消失的一种行为矫正方法。

在日常生活中，人们常常会在无意中使用消退技术，比如当别人喊自己的绰号时不予理会，慢慢地别人也就不再喊自己绰号了；儿童借哭闹的方式引起成人注意，若成人对此不予理会，儿童哭得没意思了，就会自行停止此行为。

与惩罚法快速抑制行为不同，消退法所导致的行为变化是缓慢的、渐进的。因此，即使在完全、彻底地实施了消退法之后，问题行为仍有可能会发生，特别是当行为形成的过程是间歇强化式时，行为减少的过程将更加缓慢。行为的缓慢减少很容易导致实施者对矫正技术有效性的错误判断，误认为没有效果而放弃，这种放弃会使行为矫正变得更加困难。

（二）消退法的使用

1. 确定消退行为

在确定消退行为时要注意以下几点：

（1）选择的行为要具体，遵循逐个解决的原则，矫治时不要企图一次解决儿童所有的不良行为，而只选择其中一个特定的行为，如咬指甲行为。

（2）由于情感抵触性行为及攻击行为在消退期间时有发生，因此行为在开始变好之前可能会变得更坏。

（3）尽可能选择一个能人为控制强化物的行为。

2. 准备阶段应该考虑的问题

（1）了解儿童不良行为在消退之前的发生频率，即建立一个行为基线。

（2）确定强化不良行为的强化物，以便能在处理期间撤销这一强化物。

（3）找出个体能从事的良好的替代行为。

（4）确定良好行为的有效强化物。

（5）在程序开始之前，确保所有的有关人员都知道什么行为正在被消退或什么行为正在被强化。

3. 程序实施过程中的注意事项

应注意促进替代行为的泛化和维持。在使用消退法时，注意要同时强化儿童出现的适应性行为，而且一定要坚持住，因为往往在开始时，情况可能比以往更糟。在消退过程中会出现撤除强化物之后儿童的行为反应有一个迅速增加的现象，研究者将这种现象称为消退爆发。也就是说，在儿童行为减少或消失之前会出现爆发性增加的现象，包括行为反应的频率、持续时间和强度等。比如，儿童如果以前常常通过哭闹的方式获得要求的满足，如果父母不再满足其要求，那么儿童的哭闹行为在减少之前将会更加厉害，哭闹的时间将更加长，哭的声音也会更加响亮。

有些儿童甚至还会出现新的更加严重的行为。当哭闹的行为达不到要求的满足时，一些儿童甚至会出现在地上打滚、用头撞地、用牙齿咬自己等更加严重的自我伤害性行为，以及用手打父母或者骂人等攻击行为。此时，如果实施者因害怕儿童会对自己造成伤害而放弃继续实施消退，最终会导致消退技术使用失败。因此，在实施过程中要非常小心地处理。

4. 逐渐脱离消退程序

儿童在消退程序内完全减少的行为可在另一种情境里再现。例如，在幼儿园中不良的攻击行为消失了，但当儿童在与小区中的儿童玩耍时有可能会出现攻击行为。因此，对于儿童类似攻击行为的自动回复现象，治疗者应有所准备。

三、区别强化法

案例：男孩杰杰5岁，总是喜欢一个人玩。当老师要求他和小朋友一起玩时，他就会具有攻击性，打其他小朋友或破坏玩具，甚至出现用拳头拍打自己头的自伤行为。直到老师让他一个人坐在教室的一张椅子上，他才慢慢安静下来。由于这种行为每天要发生 3~4 次，杰杰失去了很多与小朋友们一起玩的机会，小朋友也不敢理他了。

对于杰杰，我们既希望减少或消除他的攻击行为、破坏行为，又希望他能够学会与小朋友们友好相处，共同游戏和学习。这就要求对杰杰表现的良好行为和不良行为实施区别对待，良好行为要强化，而不良行为则要用消退或惩罚等方法予以消减或消除。这就是区别强化法。

（一）区别强化法的定义

区别强化法指的是采用强化物对某一组行为反应进行强化，但对其他行为反应不给予强化的一种行为矫正方法。

在当前的研究中，以下四种区别强化形式常常被用于减少不良行为。

1. 低比例行为的区别强化

问题行为在规定的发生频率内就可能给予强化。比如，杰杰如果一天只发生 1~2 次攻击和破坏行为就给予奖励，如果超过了 2 次就不给予奖励。

2. 不相容行为的区别强化

对与不良行为不能同时发生的良好行为进行强化，而当不良行为发生时则没有强化。比如杰杰的破坏和攻击行为与合作和亲和行为是不相容的，当杰杰表现出合作和亲和行为时就给予强化，而出现破坏和攻击行为则不予强化，甚至给予惩罚。

3. 替代行为的区别强化

指用一种行为代替另一种行为的区别强化，这两种行为并不是不相容的。比如让哭泣的孩子去玩玩具，玩玩具对于哭泣来说是一种替代行为，父母这样做的意图无非是希望孩子玩玩具之后不再哭。

4. 其他行为的区别强化

主要指在某一段特定时间间隔内不良行为不发生就给予强化。比如，课堂上 20 分钟内不随便插嘴，就会得到教师奖励。

（二）区别强化法的使用

1. 确定需要矫正的目标行为

不管采用何种区别强化程序，在制订行为干预计划时，首先要确定需要干预的不良行为是什么，这一行为目标是可观察和测量的，并且要用清晰的语言将其描述出来。

2. 确定区别强化的程序

根据目标行为的性质、发生情境及个体本身的特点，确定可以采取何种区别强化程序。在这一过程中，要注意上述四种区别强化程序并不适用于所有的不良行为，干预者要注意一些区别强化程序所存在的限制条件。比如，对于低比例行为的区别强化来说，这一程序并不适用于自我伤害、暴力或者具有潜在危险的行为。

在制订区别强化的行为干预计划时，要考虑是否选用多种区别强化程序，或者区别强化程序是否要与其他程序结合使用。一般来说，多种减少行为的干预程序一起使用更有助于有效地减少个体的不良行为。比如，其他行为的区别强化可以与不相容行为的区别强化一起使用，也可以与惩罚程序相结合。

3. 选择强化物并确定强化物的给予方式

区别强化程序之所以有效，最关键的一个原因在于采用了强化的方式来减少或者消除个体的不良行为。对于个体来说，强化物本身具有很大的吸引力，所以才会减少或者不发生不良行为。因此，在制订行为干预计划时，非常重要的一个任务就是选择适当的强化物，并确定强化物具体的发放时间和方式。

4. 根据计划的内容实施区别强化

计划制订好之后，就可以对个体的不良行为实施区别强化了。在干预过程中，要根据计划规定的内容对个体不发生不良行为或低比例发生不良行为的情况进行强化，或者对不良行为的不相容行为、替代行为进行强化。同时，要对个体行为的变化进行监控，当个体的不良行为逐渐减少时，要根据具体情况逐步提高对行为的要求，以尽快让不良行为的不发生或低比例发生成为个体的一种习惯。如果采用的是低比例行为的区别强化，那么随着个体发生不良行为的次数降低，对个体行为的低比例要求也可以随之下调。如果采用的是时间间隔的程序，那么可以根据个体行为的变化，逐渐延长时间间隔，使个体获得的强化量和强化次数也随之减少。

四、前提控制法

案例： 乔乔想做作业，但每次受放在一旁的游戏机的诱惑，总是做一会儿作业，玩一会儿游戏，经常因玩游戏过头了而不能及时完成作业。教师向乔乔的家长建议，在他学习的地方不要放玩具和游戏机；同时，多放一些跟学习有关的图书，并规定乔乔每次完成作业后才能玩半个小时左右的游戏机或玩具。一段时间后，乔乔每次都能按时完成作业了。

家长按教师的建议，移除了乔乔学习环境中的游戏机和玩具，给乔乔一个更容易安心学习的环境，并把乔乔喜欢的游戏机和玩具作为他及时完成作业的强化物，乔乔的学习问题得到了解决。从行为矫正的角度讲，家长采用了前提控制法，消除了不利于乔乔学习的环境刺激。

（一）前提控制法的定义

前提控制法是指通过对物理或社会环境中某些方面的操纵，以促发期望行为，并使竞争行为更不易出现的一种行为矫正方法。 所谓竞争行为，是指影响良好行为出现的行为。对于乔乔而言，玩游戏就是影响其按时完成作业的竞争行为。很明显，之前介绍的方法主要着眼于行为结果的控制，较少对影响行为的环境因素和事件等前奏事件进行处理，而前提控制法主要通过对导致行为产生的环境刺激和社会条件的控制来减少或消除问题行为。

斯金纳认为，人的行为存在包括前提、行为和后果“三段一致性”的关系。“三段一致性”是指后果（强化物或者惩罚物）只有与特定的被称为辨别刺激的前提在场的情况下发生的行为具有一致性。如果能消除或减少这个辨别刺激(前提),就有可能控制问题行为的发生。此外，通过“三段一致性”分析，可以帮助理解问题行为产生的前提、行为和结果之间的功能联系。

常用的前提控制法有以下六种。

1. 呈现期望行为的辨别刺激或线索

辨别刺激是指当某一行为被强化时出现的刺激。如要增加乔乔的学习行为，学习的辨别刺激就是在安静的地方有一张书桌、书和笔记本。

2. 为期望行为安排已形成事件

已形成事件是一种环境事件或生物状态，它使一种刺激的价值发生改变，变成一种强化物。如跑 5 分钟并大量出汗就建立了一种已形成事件，使得水更具强化作用，因此，就加强了饮水这种行为；一天没有吃饭，也建立了一种已形成事件，使得食物更具强化作用，因此加强了进食这种行为。使期望行为更易发生的方法之一就是为行为的结果建立一种已形成事件。

3. 减少期望行为的反应难度

即安排一种前提条件，来减少从事这种行为所需的努力。如果同种行为具有同等的强化效果，那么，反应难度小的行为就比反应难度大的行为容易发生。

4. 消除不期望行为的辨别刺激或线索

如要让儿童增加学习时间和学习行为，就要消除不期望行为的辨别刺激，包括不要在学习的地方放电视机、游戏机。

5. 消除竞争行为产生的已形成条件

如果能减少不期望行为结果的强化效果，就不会从事不期望行为，而更愿意从事期望行为。

6. 增加不期望行为的反应难度

比如，把乔乔的游戏机放在不易拿到的地方，只有通过家长才能拿到。这样，乔乔随时玩游戏机的可能性没有了，玩游戏机的难度加大了。

（二）前提控制法的使用

1. 确定需要矫正的目标行为

使用前提控制法矫正的目标行为，应该是与特定环境刺激或事件有关联的问题行为。

2. 确定采用哪种前提控制法

当需要提高某种期望行为的发生率或减少不期望行为的发生率时，就可以应用其中的一种或几种方法。如果个体曾经偶尔有过一种行为，就可以用前提控制法使该行为在适宜的时间发生的可能性增加。为了使行为保持下去，前提控制法可以和区别强化法一起使用。同样，如果个体的行为过多，前提控制法可以使该行为较少发生。在减少过度行为时，消退法和区别强化法常常与前提控制法一起使用。

那么,怎样确定什么时候该用哪种前提控制法呢？“三段一致性”分析可以帮你确定。

（1）期望行为的三段一致性分析。

尝试回答下列关于期望行为及其前提和结果的问题可获得更多信息：

1）区分和定义你准备促进的期望行为：你能减少这种行为的反应难度吗？

2）分析期望行为有关的前提情况：什么是期望行为的辨别刺激？什么线索可以促发这种期望行为？环境中已经存在的辨别刺激和线索有哪些？哪些还没有？哪些辨别刺激和线索已经用于前提控制？哪些还没有？

3）找出期望行为的强化物：这种强化是否与期望行为相伴随？这种强化是否已足够维持这种行为？你能通过已形成事件来增强强化的效果吗？

对这些问题的回答，可以帮助确定哪种前提控制法对促发期望行为会有效，以及哪种强化物可用于区别强化。

（2）不期望行为的三段一致性分析。

回答下列问题可以给你提供关于不希望的竞争行为及其前提和结果的一些信息：

1）区分和定义可能干扰期望行为的竞争行为：你能提高这些竞争行为的反应难度吗？

2）分析与竞争行为有关的前提刺激：什么是竞争行为的辨别刺激？什么线索可以促发竞争行为？环境中已存在哪些辨别刺激和线索？哪些不存在？哪些辨别刺激和线索可用于前提控制法？哪些你无法控制？

3）区分出竞争行为的强化物：这些强化物与竞争行为相伴随吗？它们是否足够保持这种行为？你能通过调节已形成事件以减弱强化物对竞争行为的强化效果吗？为了消退竞争行为，你能消退这些强化物吗？

对这些问题的回答，可以帮助确定用哪种前提控制法来降低竞争行为发生的可能性，以及如何与区别强化法、消退法一起运用。

五、系统脱敏法

案例：敏敏5岁，女孩，比较胆小。偶然一次看了一个恐怖片后，不敢自己一个人睡，要妈妈陪睡。妈妈心疼她，也就心软了，结果一直到现在都要妈妈陪着睡觉。有时候，妈妈等她睡着后偷偷走开，不一会儿她就醒了，跑到妈妈床上睡，要不然就睡不着。妈妈为了鼓励她，答应只要她自己睡，奖励什么都行，可是敏敏就是不肯。

敏敏对于独自睡觉的情境感到焦虑和恐惧，这种情绪已经影响到她的睡眠，如不及时加以矫治，可能会泛化为害怕一个人晚上呆着或怕走夜路等新的问题行为。个体对特定情境的恐惧并不能一下子就消除，需要逐步地加以消除。系统脱敏法被证明是矫治此类问题行为的最有效的方法之一。

（一）系统脱敏法的定义

系统脱敏法是指当儿童身体处于充分放松的状态时，让儿童逐渐地接近所害怕或感到焦虑的事物，或者逐渐地提高此类刺激物的强度，以逐渐降低儿童的敏感性，从而减轻和消除对该刺激物的恐惧或焦虑情绪的一种行为矫正方法。

系统脱敏法的主要理论依据是经典条件反射原理及沃尔普所提出的“交互抑制”原理。沃尔普认为，恐惧或焦虑不可能与松弛同时并存，它们相互抑制或排斥，而克制焦虑（或恐惧）最有效的反应是肌肉松弛，故以逐步松弛肌肉作为阳性刺激，用于对抗焦虑（或恐惧）情绪。系统脱敏法对学前儿童焦虑症、恐惧症、神经性厌食等病症的治疗有一定效果。

（二）系统脱敏法的使用

1. 放松训练

放松训练是指使儿童从紧张状态松弛下来的一种练习过程。放松有两层意思：一是指肌肉松弛；二是指消除紧张。放松训练的直接目的是使肌肉放松，最终目的是使整个机体活动水平降低，达到心理上的松弛，从而使儿童保持内环境平衡与稳定。

在一般情况下，放松训练程序要求患者先自行紧张身体的某一部位，如用力握紧手掌10秒钟，使之有紧张感，然后放松5~10秒，这样经过紧张和放松多次交互练习，个体在需要时，便能随心所欲地充分放松自己的身体。施行紧张松弛训练的身体部位有手、手臂、脸部、颈部、躯干、腿部等。

对于学前儿童来说，让他们理解放松的含义不太容易，因此常常根据其心理发展特点，采用游戏、音乐、奖励等阳性刺激法放松他们的心情，从而达到消除紧张的目的。例如，治疗者可以与儿童一起进行放松肢体的游戏活动，在游戏过程中建立良好的治疗关系，同时消除儿童的警戒心理。当治疗者与儿童关系融洽时，为其做全身的抚触按摩，也可达到消除儿童肌肉紧张的目的。

肌肉松弛训练以达到全身肌肉迅速进入松弛状态为合格，一般需6~10次练习，每次半小时，每天1~2次。治疗时，先让儿童收紧身体各部分的肌肉，然后逐渐放松下来，一直到全身完全放松为止。放松的顺序是先从手臂开始，然后是头部、颈部、肩部、背部、腰部，最后是大腿和下肢。为了放松，治疗者可以给儿童讲情节愉快、故事场景令人轻松的故事，让儿童想象故事中的情境，帮助其顺利进入放松状态。

2. 建立焦虑事件等级

实施系统脱敏法的关键是治疗者要对儿童建立焦虑（或恐惧）等级表。建立焦虑等级表所需要的原始资料，不能单凭主观想象。治疗者需通过访问、观察以及收集与儿童有关的家庭生活史、教育背景、现有社会关系等方面的信息，从而了解形成儿童问题行为的情境及产生焦虑的主要原因。同时，让儿童依据自己感到害怕的程度，对各种刺激情境排序，产生一份焦虑等级量表。焦虑程度为零的事件称作控制事件，通常以“在游乐园里玩耍”“听轻松愉快的儿童歌曲”等来作为控制事件，在儿童出现紧张或不适时引用，以帮助其放松。

3. 实施脱敏

实施脱敏可分为两种：一是想象脱敏；二是现实系统脱敏。

想象脱敏是指治疗者向患者口头描述其焦虑等级的某一事件，让患者进入想象中的情境并体验焦虑，同时配合全身放松训练，逐级抑制由弱到强的不同等级的焦虑，直到最后完全消除焦虑。

现实系统脱敏是指让患者直接接触或进入导致焦虑的现实刺激或情境，体验焦虑，反复多次以后，患者逐渐适应该情境，不再害怕，然后再将患者引入下一焦虑等级的现实情境。如此逐级反复进行，直到每一等级的焦虑被消除为止。

由于学前儿童想象力的发展较不完善，因此在实施脱敏过程中，一般采用现实系统脱敏，使儿童在亲身体验中克服焦虑或恐惧的情绪。在实施脱敏过程中，每次脱敏的时间不能过长，一般为 30 分钟左右；每次脱敏的事件也不能过多，最多不超过 4 个。治疗时不能操之过急，一定要确认个体对某个事件已经不再产生紧张情绪，才能进行下一事件的脱敏。同时，为巩固疗效，还需儿童做一些家庭作业。

第四节 认知行为矫正技术

行为矫正法的重点在于分析及矫正外显的问题行为。对于内隐的问题行为，如退缩、躯体主诉、焦虑或抑郁等，单纯依靠行为矫正技术有时很难奏效。在20世纪六七十年代，认知行为治疗理论被正式提出来并运用到临床实践中。这一理论的主要观点是，影响个体情感和行为的主要原因是个体错误的认知观点，因此，应该通过改变个体的不良认知来改变个体的行为。所谓不良认知，是指歪曲的、不合理的、消极的信念或思想，它们往往会导致情绪障碍和适应不良行为。认知行为疗法主要包括贝克的认知疗法、艾里斯的理性情绪疗法。

本章重点介绍理性情绪疗法和自我管理法这两种与认知改变有关的行为矫正技术。

一、理性情绪疗法

案例：男孩越越6岁，上幼儿园大班，家人都很宠爱他，在各方面都尽量满足他的要求。在幼儿园里，老师也非常关注他，他喜欢把小手举得高高的来回答老师的问题，和班上的小朋友也玩得很好。最近一个多月，他突然出现了问题，表现为情绪不稳定、退缩、乱扔玩具，对老师的提问也不再抢着回答，还趁老师不注意时偷偷地打比他小的女孩贝贝。父母也发现他有时在家里偷偷掐刚出生两个月的妹妹。

老师观察到越越的情绪反应和行为问题后，和越越的妈妈说明了情况。后来，妈妈在周末的时候与越越一起做游戏，边玩边与越越聊天，从中了解到，原来妈妈刚生了个妹妹，家人都十分疼爱她。越越每天见妈妈忙着照顾小妹妹，抱着妹妹睡觉、喂奶，感到自己被冷落。以前上幼儿园都是妈妈或爸爸接送，现在改由奶奶接送。爸爸下班后，也总是先亲亲妹妹，然后才亲他。再加上近段时间，越越家的很多亲戚都来家里看妹妹，都夸妹妹长得漂亮可爱，可是以前这些阿姨、舅舅们都是只夸越越的，每次来还会给他带礼物，而现在带的礼物都是给妹妹的。所以，越越觉得爸爸妈妈不再爱他了，只爱妹妹；亲戚也不喜欢他，只喜欢妹妹。因此，越越出现了以上的情绪和行为。

从行为学习理论的角度分析，越越的情绪和行为问题是由于妹妹的降临使得父母和亲戚对他的关注少了，因此，越越的情绪和行为问题是为了重新获得父母和亲戚对他的关注和重视。换句话说，如果越越的父母和亲戚不重新把关注的重点放在越越身上，其情绪和行为问题就不会减轻和消除，甚至会越来越严重。

但认知学习理论对此有另外的解释，其核心观点是越越对父母和亲戚的行为产生了误解，以为他们不再爱自己，不再关心自己，同时他认为是妹妹的到来导致父母和亲戚对他的关注和爱变少，因此，对妹妹产生敌意，并由此产生不良情绪和攻击行为。那么，对越越的行为矫正，主要是修正和改变其错误的认知观点。

（一）理性情绪疗法的定义

理性情绪疗法是通过去除患者的非理性的信念，以合理的信念取而代之来实现治疗目标的方法。它是由美国临床心理学家艾尔伯特·艾里斯在20世纪50年代提出的心理治疗方法。艾里斯认为，人同时具有理性与非理性的特质，既保持自我、快乐以及成长、自我实现的倾向，又有自我毁灭、自责以及逃避成长的倾向。而人的精神烦恼和情绪困扰大多来自于其思维中不合理、不符合逻辑的信念，它使人逃避现实，自怨自艾，不敢面对现实中的挑战。当人们长期坚持某些不合理的信念时，便会导致不良的情绪体验。

艾里斯通过临床观察，总结出西方日常生活中常见的11类不合理信念，这些不合理信念呈现出以下三个主要特征。

1. 绝对化要求

持这类信念的个体通常从自己的主观愿望出发，认为事情一定会发生或者不会发生。这类信念中常常会出现“必须”“应该”之类的字眼。比如，“别人必须对我好”“生活应该是很快乐的、轻松的”等。可当事情的发生、发展出乎其意料后，持有这样信念的个体往往极易产生情绪的困扰。他们会感到受不了、难以接受、难以适应，因而陷入负面情绪的泥潭之中。

2. 过分概括化

过分概括化有两方面的表现：一是对自己的非理性评价，即根据自己所做的一件或者几件事情来评价自己的价值，其结果是常导致自暴自弃、自责，认为自己一无是处、一文不值而产生焦虑或抑郁情绪。二是对别人的非理性评价，即根据别人所做的一件或者几件事情来评价他人的价值，别人稍有差错，就认为其很坏，结果一味责备他人，并产生敌意和愤怒情绪。

3. 糟糕至极

认为事件的发生会导致非常可怕或灾难性的后果。这种非理性信念常使个体陷入羞愧、焦虑、抑郁、悲观、绝望、不安等极端痛苦的情绪体验中而不能自拔。糟糕至极的想法常常是与个体对己、对人、对周围事物的要求绝对化相联系的。

上述三个特征造成了患者的情绪障碍，理性情绪疗法帮助患者改变其认知，用理性思维的方式来替代非理性思维的方式，最大限度地减少由非理性信念所带来的情绪困扰。

小资料

艾里斯提出的 11 类不合理信念

（1）每个人绝对要获得生活中重要人物的喜爱和赞许。

（2）在人生中的每个环节和方面都能有所成就。

（3）人不能犯错误，否则就得受到严厉的谴责和惩罚。

（4）人不能遭受挫折，事情要按自己的意愿发展。

（5）人对自身的痛苦和困扰无法控制和改变。

（6）面对现实中的困难和所承担的责任采取逃避行为。

（7）过分忧虑、担心危险和可怕的事。

（8）人必须依赖别人，缺乏独立性。

（9）过去的经历和事件对现在生活的影响是永远无法改变的。

（10）过分关心他人的问题。

（11）坚持寻求一个完美、正确的答案。

资料来源：昝飞编著：《行为矫正技术》，北京，中国轻工业出版社，2012。

（二）理性情绪疗法的使用

理性情绪行为治疗的过程可以用“ABCDEF 模式”来表明。其中，A 代表诱发事件（Activating Event）；B 代表信念（Beliefs），是指人对事件 A 所持的观点、认知、评价或看法；C 代表结果，即症状（Consequence），指的是所引起的情绪及行为后果；D 指的是与非理性的信念进行辩论（Disputing Irrational Beliefs）；E 指通过治疗达到的新的情绪及行为的后果（Effect）；F 则是指个体治疗或咨询后的新感觉（New Feeling）。在艾里斯的理性情绪疗法中，最关键的是 D，即与非理性的信念进行辩论。

从操作过程来讲，理性情绪疗法一般可以分为以下四个阶段。

1. 心理诊断阶段

这是治疗的最初阶段。首先，治疗者要与患者建立良好的工作关系，帮助患者建立自信心；其次，摸清患者所关心的各种问题，将这些问题根据所属性质和患者对它们所产生的情绪反应分类，从其最迫切希望解决的问题入手。

2. 领悟阶段

这一阶段主要帮助患者认识到自己不适当的情绪和行为表现或症状是什么，让其明白产生这些症状的原因是自己造成的，要寻找产生这些症状的思想或哲学根源，即找出非理性信念。

在寻找非理性信念并对其进行分析时要按顺序进行：第一，要了解有关诱发事件 A 的客观证据；第二，患者对 A 事件的感觉、体验是怎样的；第三，要患者回答为什么会对它产生恐惧、悲痛、愤怒的情绪，找出造成这些负性情绪的非理性信念；第四，分析患者对 A 事件同时存在理性的和非理性的看法或信念，并将两者区别开来；第五，将患者的愤怒、悲痛、恐惧、抑郁、焦虑等情绪和不安全感、无助感、绝对化要求和负性自我评价等观念区别开来。

3. 修通阶段

这一阶段，治疗者主要采用辩论的方法动摇患者的非理性信念，可以用夸张或挑战式的发问要患者回答他有什么证据或理论对 A 事件持与众不同的看法。通过反复、不断的辩论，患者理屈词穷，不能为其非理性信念自圆其说。他开始真正认识到，自己的非理性信念是不现实的、不合乎逻辑的，也是没有根据的，开始分清什么是理性的信念，什么是非理性的信念，并用理性的信念取代非理性的信念。这一阶段是心理情绪疗法最重要的阶段，治疗时还可采用其他认知和行为疗法，如认知家庭作业、理性情绪想象，或采用放松疗法以加强治疗效果。

4. 再教育阶段

这是治疗的最后阶段。为了进一步帮助患者摆脱旧有思维方式和非理性信念，还要探索是否存在与本症状有关的其他非理性信念，并与之辩论，使其最终养成用理性方式进行思维的习惯。

小资料

儿童常见的 10 类非理性信念

Waters（1982）列举了儿童常见的 10 条非理性信念，它们是：

（1）如果别人不喜欢我那就糟透了。

（2）如果我做错事情说明我很坏。

（3）每件事情都应该按照我的想法来做；我应该得到我想得到的东西。

（4）事情对我来说应该很容易。

（5）世界应该是很公平的，坏人应该受到惩罚。

（6）我不应该表现出我的情绪。

（7）成长应该是完美的。

（8）只有一个正确答案。

（9）我必须赢。

（10）对任何事情我都不应该去等。

资料来源：昝飞编著：《行为矫正技术》，北京，中国轻工业出版社，2012。

二、自我管理法

案例：男孩多多 5 岁，上幼儿园中班。多多在幼儿园或家里总是走来走去或东摸西看，不能安静地完成一项任务。每当这种情况出现时，多多父母总是想方设法去制止他不要这样，可收效甚微。为此，他们很烦恼。无奈之下，多多的妈妈咨询了医生，医生诊断多多的这些行为属于多动的表现。

对于多多的多动行为，除了可以采用之前介绍的正强化法、代币制法等加以矫治外，运用自我管理法也能够产生良好的矫治效果，关键是要让多多愿意并下决心通过自我管理来控制自己的多动行为。

（一）自我管理法的定义

自我管理法又称自我控制法，是指儿童通过内部言语进行自我指导、自我强化，以调控自身行为的方法。自我管理法对儿童的多动、攻击、冲动、退缩、焦虑、恐惧等行为问题的矫正有一定的效果。

在实际应用中，自我管理主要有两个目的：一是学会抑制即刻能带来满足的行为，如吃东西、打游戏、购物等；二是个体通过努力来增加某些良好行为，如锻炼身体、读书等。对于多多而言，主要帮助他学会抑制自己的多动行为，同时对自己表现出的良好行为进行自我强化。在具体实施过程中，最常见的技术包括自我指导、自我监控、自我奖励、生理反馈等，这里主要介绍前面三种技术。

1. 自我指导

自我指导指的是用于促进问题解决的一种自我对话。在自我指导过程中，个体可以在适当的时候对自己发出指令，对自己的行为进行指导。研究表明，自我指导就是一步步说出下列内容：有关问题的内容（我要做什么）、对问题的回答（我要安静地坐着）、注意集中（我要听清老师讲的话）、处理方法（不能安静时，我深吸一口气，再慢慢呼出来）以及自我强化（我完成了，我做得真好，太棒了）。可见，自我指导实际上是告诉自己应该做什么，不应该做什么。在这一过程中，个体通过不断地复述自我指令进行自我激励，去促使自己完成所要求的内容。

2. 自我监控

自我监控就是对自己的行为进行系统的观察和记录。有关自我监控的研究发现，如果个体能够对自己的行为进行系统的观察和记录，则常常能够使个体的行为发生有效的改变。

辛德尔最早提出了自我监控理论。他认为，自我监控就是个体调整自己的行为让自己变得更好的过程。他还对高自我监控者及低自我监控者进行了比较，认为有高自我监控能力的个体能够对自己的行为进行监控，使之符合不同环境的需要，而有低自我监控能力的个体很难监控自己的行为去适应不同环境的需要。

3. 自我奖励

自我奖励是指在自我控制中，由个体对自己的良好行为进行强化或对不良行为进行惩罚。

在自我强化中，要决定两个方面的内容：一是什么行为获得强化以及获得多少量的强化；二是行为达到标准之后，个体什么时候可以获得强化。如果强化是个体自己执行，那么强化物本来就在个体的掌握中，有时会出现不管目标行为是否达成都给予强化物的情况，因此，更加要确定强化的具体时间。虽然自我强化不需要他人的协助，但是如上所述，容易出现错误强化的情况，为了避免这种情况出现，可以请他人监督或者让他人协助实施强化。

自我惩罚与自我强化类似，在实施过程中，也需要决定什么情况下要给予惩罚，如何实施惩罚以及什么时候惩罚。如果个体表现出不良行为或者表现出的目标行为没有达到预定的标准，都可以进行惩罚。由于惩罚物都带有厌恶性，有时候个体即使发生不良行为也不愿意对自己实施惩罚，或者惩罚较轻微，因此，自我惩罚有时会失败。请他人实施惩罚或者监督惩罚可以帮助个体避免这种情况出现。

（二）自我管理法的使用

在日常生活中，如果个体非常明确地意识到自己的行为存在问题，且希望通过努力改变自己的行为，那么可以尝试通过自我管理法来进行自我矫正。但只有个体有强烈的改变行为的意愿，自我管理的实施才有可能。

若要开展自我管理，个体可以自己制订这一计划，也可以求助于干预者。此时，干预者扮演的则是一个咨询员的角色，其主要作用是为个体自我管理的计划提供咨询，帮助其分析开展自我管理过程中应该执行的步骤，向个体解释为何安排这些步骤，并在确保个体全部理解这些步骤之后再让其开展自我管理。在自我管理过程中，干预者也可以承担监督员的角色，监督个体执行自我管理程序的过程，特别是要监督个体进行自我奖惩的实施。

不管是个体还是干预者，都可以按照下列步骤开展自我管理的问题行为矫正计划。

1. 确定自我管理的目标及具体的行为

制订自我管理的计划，第一步要明确的是要矫正的问题行为是什么，最终要达到的行为目标是什么。个体需要学会对自己正在做什么以及怎么想有清醒的认识，这样他们才能调整自己的行为和想法来达到目标。

自我管理计划的目标通常有两个：一个是增加良好行为；另一个是减少不良行为。如果自我管理计划的目标为增加良好行为，那么，在自我管理过程中，个体要努力减少与此良好行为相反的不良行为；如果是减少不良行为，那么个体就要通过自我管理的方式来增加与此不良行为相反的良好行为。因此，个体要清楚地说明要增加的良好行为是什么，努力控制的不良行为是什么。

在这个过程中，还要确定行为应该达到的水平，即个体希望通过自我管理计划所要达到的行为水平是什么。当然，这首先得依赖于个体对自己行为的基线水平要有清醒的认识，这样才有可能合理地确定行为应该达到的水平。

2. 对目标行为进行具体分析，确定自我管理的方法与策略

在实际工作中，有多种自我管理的方法可以用来进行自我矫正。因此，在制订计划时，要确定该如何对所确定的行为通过自我管理进行矫正。但是，所制订的自我管理策略是否有效依赖于个体对该行为的认识，要具体确定其发生的频率、持续时间、强度以及是否有特定的发生时间、发生地点，该行为的具体功能是什么。只有对行为分析详细、正确，所选择的自我管理策略才会有效。

如果采取自我指导的策略，那么在计划中就要确定个体能够对自己行为进行指导的语言指令是什么，该如何学会在合适的时候使用这些语言指令。比如，如果要教有多动行为的孩子在注意力分散时使用“停止”这一个词来促使自己的注意力能够及时地从分散状态

中回来，那么，干预者就要在计划中制订详细的策略，来教孩子在注意力不集中的时候能够意识到自己注意力不集中了，并大声或轻声、无声地告诉自己应该停止注意力不集中的行为。

如果采用自我监控的策略，那么在制订计划时要明白什么时候对自己的行为进行观察和记录以及具体的观察和记录内容是什么，这样在自我监控的时候才能有的放矢。另外，还要确定应该采用什么样的方法进行记录。

如果采用自我奖惩法，那么在计划中要明确说明在什么情况下可以获得强化，在什么情况要获得惩罚，以及强化和惩罚的量分别是多少。另外，什么时候谁来实施奖惩，也是一个需要回答的问题。在制订计划时，还可以考虑是否采取其他的方法，比如刺激控制、放松训练、行为契约等。

3. 实施自我管理的计划

自我管理的计划制订好之后，就可以实施自我管理了。在实施过程中，个体要做好自我指导、自我观察和记录以及自我奖惩。

一般来说，如果个体要对行为实现自我控制，通常需要干预者对其进行自我管理的训练。比如，在实现自我指导之前，可以先连续地使用外部指导的策略，然后逐渐地退出或减少外部指导策略，转向内部的指导。在这个过程中，干预者可以对自我发出指令这一行为进行示范，并在之后让个体进行模仿。

在指导学前儿童实施自我管理时，干预者先要向儿童示范如何在完成任务的过程中通过大声地讲出内容对自己的行为进行指导，儿童进行模仿，通过大声地说话指导自己完成任务；然后，干预者示范用低语来指导自己完成任务，儿童模仿用低语对自己进行指导；接着，干预者使用无声的方式对自己进行自我指导，比如采取停顿、托下巴、抬头思考等方式，儿童对这些方式进行模仿。通过这一过程，干预者帮助儿童掌握自我指导的方法，对自己的行为进行管理。

自我管理是个体自己对行为进行控制、约束，在具体实施过程中，常常因为一些影响因素而导致失败。下列措施有助于自我管理更好地实施：

（1）公开化。

向周围的同学、家人、朋友做出公开的承诺，让他们知道你将开始执行或者正在执行某一行为的自我管理计划，希望大家能够理解并给予帮助、提醒和监督，这样的承诺有助于增加个体的压力。即使个体想放弃，周围的人也会适时提醒，督促其继续。如果个体要求周围的人参与到对其行为的奖惩计划中来，那么，周围的人也能够对其行为进行监控，有助于自我管理计划的实施。

（2）寻找一个自我管理计划的参与同伴。

如果有一个同伴能一起参与到这一自我管理的计划中来，那么实现的可能性就会更高。比如，如果两个幼儿一起参与多动行为的自我管理计划，他们相互之间就可以进行督促、鼓励，这种既有合作又有竞争的自我管理效果会更好。

（3）设置环境线索，提醒自己进行自我管理。

在个体实施自我管理计划过程中，可以通过重新安排环境，让周围环境中充满提醒个体进行行为改变的线索或者提醒物。比如，学生可以在课桌上贴上“停止”卡片，若上课时出现注意力不集中，这张卡片就可以起到提醒作用。个体还可以贴一些自我激励的卡片或图画，如“加油”“坚持就是胜利”。个体也可以将自我观察和记录的内容贴在墙壁上，一方面起到提醒的作用，另一方面也是对自己的一种激励。

在自我管理的实施过程中，还可以引入其他方法，如行为契约的程序，通过与父母或者教师等人签订行为管理的契约，以更好地对自己的行为进行管理。

本章小结

行为矫正是指依据学习的原理和技术，分析和矫正儿童问题行为的过程。根据问题行为性质、产生和维持的条件不同，矫正的方法也不同：对于行为表现不足的问题行为，通常采用正强化法、负强化法、代币制法和行为塑造法等加以增加或增强；对于行为表现过度的问题行为，通常采用惩罚法、消退法、区别强化法、前提控制法和系统脱敏法等加以减少或消除；而对于内隐问题行为，还要采用认知行为矫正技术，如理性情绪疗法、自我管理法等，通过改变儿童的认知和信念，以达到修正其问题行为的目的。

知识结构图

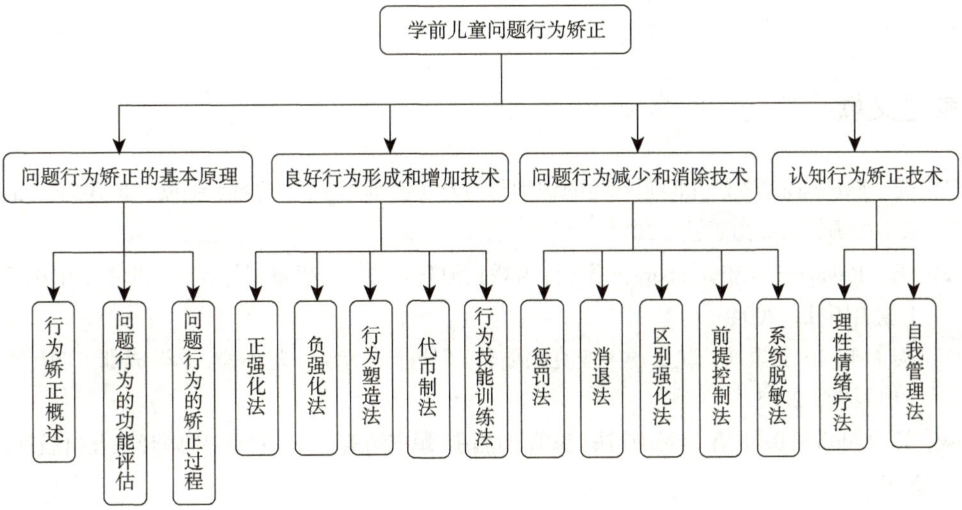

关键概念

行为　　行为矫正
行为功能　　行为功能评估
行为矫正的过程　　正强化法
负强化法　　行为塑造法
代币制法　　行为技能训练法
惩罚法　　消退法
区别强化法　　前提控制法
系统脱敏法　　理性情绪疗法
自我管理法

讨论及思考题

1. 对行为的理解不同对行为矫正有什么影响？
2. 问题行为的功能有哪些？为什么要进行问题行为功能评估？
3. 增加良好行为的矫正方法有哪些？结合实例谈谈如何使用这些方法。
4. 减少或消除问题行为的矫正方法有哪些？结合实例谈谈如何使用这些方法。
5. 认知行为矫正的技术有哪些？它们主要能矫治哪些问题行为？

参考文献

[1]［美］Eve Essa 著．幼儿问题行为的识别与应对（教师篇）．王玲艳，张凤，刘昊，译．北京：中国轻工业出版社，2011.
[2]［美］Raymond G.Miltenberger 著．行为矫正原理与方法．胡佩诚等，译．北京：中国轻工业出版社，2004.
[3]［美］亚伯·艾里斯，凯瑟琳·麦克赖瑞著．理情行为治疗．刘小菁，译．成都：四川大学出版社，2005.
[4]［美］Judith S. Beck 著．认知疗法：基础与应用．翟书清等，译．北京：中国轻工业出版社，2001.
[5] 张彩云编著．学生行为问题与教育方案．北京：中国轻工业出版社，2009.
[6] 冯夏婷编著．幼儿问题行为的识别与应对（家长篇）．北京：中国轻工业出版社，2012.
[7] 董会芹著．学前儿童问题行为与干预．北京：清华大学出版社，2013.
[8] 邓琼芳编著．读懂孩子的心——儿童常见问题心理解析．北京：北京工业大学出版社，2010.
[9] 黄伟合，贺荟中著．功能性行为评估与干预．北京：华夏出版社，2013.

图书在版编目（CIP）数据

学前儿童心理健康教育 / 华炜主编. —北京：中国人民大学出版社，2014.10
ISBN 978-7-300-20233-4

Ⅰ.①学… Ⅱ.①华… Ⅲ.①学前儿童—心理健康—健康教育 Ⅳ.①G615

中国版本图书馆CIP数据核字（2014）第243529号

实践应用型学前教育专业规划教材
学前儿童心理健康教育
华 炜 主 编
刘九林 顾颖颖 卞红梅 副主编
Xueqian Ertong Xinli Jiankang Jiaoyu

出版发行	中国人民大学出版社		
社　　址	北京中关村大街31号	**邮政编码**	100080
电　　话	010-62511242（总编室）		010-62511770（质管部）
	010-82501766（邮购部）		010-62514148（门市部）
	010-62515195（发行公司）		010-62515275（盗版举报）
网　　址	http://www.crup.com.cn		
经　　销	新华书店		
印　　刷	天津鑫丰华印务有限公司		
开　　本	787 mm × 1092 mm　1/16	**版　　次**	2015年2月第1版
印　　张	15.75	**印　　次**	2025年9月第8次印刷
字　　数	355 000	**定　　价**	32.00元

版权所有　侵权必究　　印装差错　负责调换